Renate Rasch

Textaufgaben für Grundschulkinder zum Denken und Knobeln

Mathematische Probleme lösen – Strategien entwickeln

Klett | Kallmeyer

Bibliografische Information der Deutschen Nationalbibliothek
Die Deutsche Nationalbibliothek verzeichnet diese Publikation in der Deutschen Nationalbibliografie; detaillierte bibliografische Daten sind im Internet über http://dnb.d-nb.de abrufbar.

Impressum

Renate Rasch
Textaufgaben für Grundschulkinder zum Denken und Knobeln
Mathematische Probleme lösen – Strategien entwickeln

3. Auflage 2023

Redaktion: Susanne Lesaar, Freiburg
Realisation: Matthias Schiller
Druck: Beltz Grafische Betriebe GmbH, Rheinbreitbach
Printed in Germany

ISBN: 978-3-7727-1028-5

Renate Rasch

Textaufgaben für Grundschulkinder zum Denken und Knobeln

Mathematische Probleme lösen – Strategien entwickeln

Klett | Kallmeyer

Vorwort

In einem Projekt zu problemhaltigen Textaufgaben konnte über mehrere Schuljahre hinweg beobachtet werden, wie Kinder solche Aufgaben lösen. In zwei Klassen wurde jeweils im Zeitraum von drei bzw. vier Schuljahren vierzehntägig von den Kindern eine Textaufgabe bearbeitet. Von den kleinen Aufgabenlösern haben wir viel gelernt. Das erworbene Wissen spiegelt sich in der vorliegenden Publikation wider. Mein Dank und meine Anerkennung gelten an dieser Stelle den zahlreichen Grundschulkindern, die unsere Aufgaben bereitwillig und zum großen Teil mit Freude bearbeiteten, und den Lehrerinnen Beatrice Kasten und Sabine Wilke, die das Projekt mit Geduld und Engagement begleiteten.

Ein hauptsächliches Ziel des Einsatzes dieser Aufgabengruppe ist es, mathematisches Denken über die grundlegenden Rechenkompetenzen hinaus zu entwickeln. Mathematische Sachverhalte bieten einen guten Ausgangspunkt für diese Art der Denkförderung. Durch den Situationsrahmen gelingt es schon Grundschulkindern, anspruchsvolle mathematische Zusammenhänge aufzunehmen und zu verarbeiten. Problemhaltige Textaufgaben sollten ein Übungsfeld für Schülerinnen und Schüler aller Leistungsgruppen sein. Mit analogen Aufgaben in einem kleineren Zahlenraum gelingt es auch den weniger fitten Rechnern, Beziehungen zu knüpfen und Lösungswege zu entwickeln.

Durch anspruchsvolle Textaufgaben werden vorrangig Problemlösefähigkeiten angesprochen und letztlich auch trainiert. Eine wichtige Fähigkeit, die dabei erworben werden kann, ist das Entwickeln von Strategien. Unterstützt wird diese Fähigkeit durch heuristisches Arbeiten. Diese Art der Problemlösung kann charakterisiert werden als ein offenes Lösungsverhalten, als ein probierend-suchendes Vorgehen. Auf der Suche nach Lösungen entdecken die Kinder ungewohnte Wege, die sie so vorher noch nicht kannten. Sie entwickeln neue Strategien und erweitern dabei ihr mathematisches Denken. Die mathematische Substanz, die dabei angesprochen wird, umfasst die Rechenkompetenzen und das Zahlgefühl.

Das Modellieren beim Sachrechnen ist nicht nur mit Sachaufgaben verbunden, die einen komplexen Realitätsausschnitt widerspiegeln, wie dies beispielsweise bei Fermi-Aufgaben der Fall ist. Das Kennzeichen problemhaltiger Textaufgaben sind komplexe innermathematische Zusammenhänge. Auch dadurch wird die Modellierungskompetenz in besonderer Weise angesprochen. Die kleinen, verzwickten Situationen müssen mitunter förmlich entpackt werden, um sie zu verstehen und um Denk- und Rechenprozesse in Gang zu setzen. Mitunter ist weit und breit keine Rechenaufgabe zu erkennen, mit der die Mathematisierung der Textaufgabe in Angriff genommen werden könnte. Die Kinder müssen daher nach anderen Darstellungen für mathematische Zusammenhänge suchen.

Um ein Gefühl für die individuelle Leistungsfähigkeit der Grundschulkinder zu bekommen, wurden zunächst Lösungsinterviews mit Schülerinnen und Schülern aller vier Grundschuljahre geführt. Einige ausgewählte Interviews und

Schlussfolgerungen daraus sind im ersten Kapitel nachzulesen. Im zweiten Kapitel wird auf die Kompetenzen verwiesen, die durch problemhaltige Textaufgaben entwickelt werden können. Zuvor erfolgt eine Einordnung der Problemaufgaben in die jeweilige Sachaufgabenfamilie. Darüber hinaus wird das pädagogische Konzept vorgestellt, dass dem Unterricht zugrunde lag. Das dritte Kapitel umfasst die Erprobung von Textaufgaben über vier Grundschuljahre hinweg in zwei verschiedenen Grundschulklassen.

Die gesamten Textaufgaben für die Klassenstufen 1 – 4 sind für die Bearbeitung in einem sogenannten „Reisetagebuch" geeignet. In diesem linienlosen Schülerheft sollten Textaufgaben bearbeitet werden, für die eine Lösung (in der Regel) nicht sofort zugeordnet werden kann. Es muss nachgedacht werden. Um wichtige Lösungsgedanken nicht zu verlieren, werden die Schülerinnen und Schüler angeregt, sich Notizen zu machen, sich skizzenhaft die Situation auf dem Papier zu veranschaulichen, kleine grafische Modelle als Ausdruck von Zuordnungen zu entwickeln, tabellenartige Darstellungen oder Zahlenkolonnen zu entwerfen bzw. Rechnungen zuzuordnen. Alle diese Aktivitäten dienen dem Ziel, die Suche nach der Lösung mit eigener Kraft zu unterstützen.

Für die Verschriftlichung der Lösungswege wird keine starre Reihenfolge angestrebt. So kann der sogenannte Antwortsatz durchaus auch am Beginn des Lösungsprozesses stehen, da beispielsweise die Lösung schon beim Überlegen ermittelt wurde. Erst nach dem Notieren der Lösung würde in diesem Fall das Grundschulkind versuchen, den Lösungsweg darzustellen. Sprachlich fitte Kinder schreiben einen kleinen Lösungstext, andere zeichnen. Lernende mit einem guten mathematisch-symbolischen Lösungsniveau fügen passende Rechnungen aneinander.

Nach dem Vorstellen einer Aufgabe zu Beginn der Unterrichtsstunde wird diese ins Reisetagebuch eingeklebt und es kann auf der dazugehörigen DIN-A4-Seite mit dem offenen Bearbeiten begonnen werden. Ein Teil der Aufgaben wird mit gleichem Text, aber unterschiedlich großen Zahlen doppelt angeboten. Diese einfache Form der Differenzierung hat sich in vorangegangenen Projekten bewährt. Der Vorteil: Es lässt sich in Reflexionsphasen mit allen Kindern einer Klasse über gleiche Zusammenhänge diskutieren. Die tiefgründige Auseinandersetzung mit einer Aufgabe ist dem Nacheinander-Abarbeiten von Textaufgaben vorzuziehen.

Ich hoffe, dass Sie beim Lesen Lust bekommen, die eine oder andere Textaufgabe in Ihrem Unterricht zu erproben, und dass Sie Ihre Grundschulkinder gern beim Denken und Knobeln begleiten werden.

Renate Rasch, Landau, im Juni 2016

1 Lösungsvoraussetzungen: Interviewprotokolle

Wir beobachteten zunächst Schülerinnen und Schüler aller Jahrgangsstufen beim Lösen problemhaltiger Textaufgaben, um ein Gefühl für die Lösungsfähigkeiten der Kinder zu bekommen. Nachfolgend werden exemplarische Beispiele vom Schulanfang bis zur Klassenstufe 4 dargestellt. Wegen der besseren Vergleichbarkeit wird immer die gleiche Problemaufgabe zugrunde gelegt. Eine Ausnahme bildet die Aufgabe, die zu Beginn der Grundschulzeit gestellt wurde.

Insgesamt waren 100 Kinder beteiligt, in jeder Klassenstufe circa 20. Die dargestellten Beobachtungen können demzufolge nur Tendenzen aufzeigen.

1.1 Klasse 1

Abb. 1 – 3: Eine Erstklässlerin bei verschiedenen Versuchen, eine problemhaltige Textaufgabe zu lösen

1.1.1 Schuljahresbeginn (September)

Voraussetzungen

Zwischen 75 und 80 Prozent der Erstklässler brachten ein gutes additives Grundverständnis – basierend auf ihren Zählkompetenzen – mit in den Mathematikunterricht. Wenn in Sachsituationen der Zahlenraum die Zehn überstieg, waren etwa 70 Prozent der Schulanfänger in der Lage, bereitliegendes Material lösungsunterstützend zu nutzen. Einige wenige Kinder nutzten auch schon spontan das Papier, skizzierten etwas oder notierten einzelne Zahlen. Der größte Teil der Erstklässler ging hoch motiviert an das Lösen der vorgelesenen Textaufgaben heran. Vor allem in Verbindung mit dem Material wurde geduldig probiert, es wurden Legestrategien entwickelt und wieder verworfen. Oft geschah dies so lange, bis die Lösung gefunden wurde. Das folgende Aufgabenbeispiel, die schwierigste Aufgabe, die die Schulanfänger bearbeiteten, wurde von 60 Prozent der Kinder erfolgreich gelöst. Die erfolgreichen Kinder nahmen dabei Material zu Hilfe.

Lernziele

Auf der Grundlage von Sachsituationen können Schulanfänger gut in mathematisches Denken eingeführt werden. Auch wenn sie weder Plus noch Minus noch das Notieren von Rechenaufgaben beherrschen, sind sie in der Lage, die Verknüpfungen in den Sachaufgaben zu erkennen und diese mit Materialunterstützung operativ umzusetzen. Ein großer Teil der Schulanfänger kann schon einzelne Zahlen schreiben. Ohne das exakte Schriftbild zur Verfügung zu haben, notieren sie gern ihre Lösungszahl. Das Sachrechnen kann also frühzeitig in Verbindung mit Verschriftlichungen erfolgen. Der Aufgabentext kann zwar noch nicht gelesen werden, wenn er aber von Anfang an im eigenen Heft zur Verfügung steht, lernen die Kinder, ihn beim Lösen der Aufgabe einzubeziehen sowie Zahlen und Textteile nach und nach immer besser aufzunehmen.

A

Aufgabe: Kaffeetrinken bei den 7 Zwergen hinter den 7 Bergen:
Jeder Zwerg isst 2 Stücke Kuchen. Wie viele Kuchenstücke wurden gegessen?

Operative Anforderungen

- Schluss von der Einheit auf die Vielheit

Mögliche Strategien

- (zählendes) Zusammenfügen mehrerer gleicher Summanden
- Zuordnungen entwickeln und sich ergebende Anzahlen auszählen

Lösungsinterview – Fallbeispiel 1 (erfolgreich)

(Nach dem Vorlesen beobachtet: gute Zahlbegriffsentwicklung; hohe Kommunikationsfähigkeit; flexibler Zugriff auf lösungsunterstützendes Material)

S[1] *(nach dem Hören der Aufgabe)*: Warte, da muss ich jetzt mal mit denen machen *(zeigt auf die Arbeitsmittel)*.

I: Ja, dann nutze die Stäbchen oder Steinchen *(schiebt ihr die Stäbchen hin)*.

S: Also, jeder kriegt zweie *(legt zwei Paare)*. Jetzt haben zweie gekriegt *(legt weiter)*, jetzt haben dreie gekriegt *(Interviewerin bestätigt)*. Jetzt haben vier gekriegt, jetzt fünf, jetzt sechs und jetzt sieben.

I: So, jetzt kannst du zählen.

S *(zählt still – erst ohne, dann mit Antippen der Stäbchen – und ermittelt)*: 14.

I: Genau, 14 Kuchenstücke brauchen sie, wenn jeder zwei isst. Kannst es aufschreiben.

S: Wie viel war's noch mal?

I: 14.

1 „S" steht für „Schülerin" bzw. „Schüler" und „I" für „Interviewerin".

S: Wie geht denn die, 'ne Eins und 'ne Zwei?
I: Nein, du hörst es *(spricht die Zahl deutlich vor)*.
S: 'Ne Eins und 'ne Vier?
I: Genau.

Lösungsinterview – Fallbeispiel 2 (erfolgreich)
(Nach dem Vorlesen beobachtet: hohe Lösungsmotivation – verbunden mit Geduld – beim Legen und Überlegen)
S *(wiederholt, nachdem er tief Luft geholt hat)*: Jeder isst zwei Stücken Kuchen, sieben Zwerge sind das ja.
I: Und jeder isst zwei Stücken Kuchen.
S *(legt zwei Stäbchen auf sein Heft und überlegt laut)*: Bleibt bestimmt noch eins übrig.
I: Nein, es bleibt nichts übrig.
S *(denkt laut und legt weiter Stäbchen an den oberen Rand des Heftes)*: Sieben Zwerge, da muss ich erst mal hier 'ne Sieben hinmachen *(legt sieben Stäbchen nebeneinander an den unteren Rand des Heftes und schiebt diese dicht zusammen; die schon gelegten Stäbchen am oberen Heftrand legt er zur Seite und schiebt die Stäbchen von unten an diesen Platz. Denkt wieder laut.)*.
Sieben Zwerge, zwei gegessen *(blickt auf die Stäbchen und betrachtet kurz die Zweierbündel)*. Gut, noch mal *(legt abermals sieben Stäbchen an den unteren Heftrand und lässt die anderen oben liegen, ordnet jetzt jedem dieser Stäbchen zwei von oben zu)*.
Zweier, Zweier, Zweier … *(Da er die Stäbchen für diese Zuordnung zu eng gelegt hat, legt er alles wieder neu – weiter auseinander – und führt sein Zuordnungsgeschäft noch einmal vollständig aus. Schließlich zählt er die zugeordneten Stäbchen und erhält so das Ergebnis.)* 14.
I: Klasse, genau richtig, kannst' de die 14 aufschreiben.
S: Wie geht denn 'ne 14?
I: 'Ne Eins und 'ne Vier.

Zusammenfassung
Die erfolgreichen Kinder benötigten für das Lösen circa eine Minute. Sie waren in der Lage, sich nach dem Hören der Aufgabe selbst für oder gegen das die Denkprozesse unterstützende Material zu entscheiden. Die weniger erfolgreichen Schulanfänger benötigten im Durchschnitt die doppelte Arbeitszeit. Sie machten vor allem auf Defizite bezüglich des Operationsverständnisses und der Zahlbegriffsentwicklung in Verbindung mit geringeren Zählfähigkeiten aufmerksam. Es fiel auf, dass das additive Grundverständnis, von dem ausgehend die anderen Kinder ihre operativen Kompetenzen entwickelten, bei den schwächsten Schulanfängern noch nicht stabil war. Darüber hinaus war zu beobachten, dass die Kinder mit weniger guten Voraussetzungen beim Repräsentieren von Mengen und Teilmengen mit Material unsicher waren.

1.1.2 Schuljahresende (Juni)

Voraussetzungen
Am Ende der ersten Klasse war bei den interviewten Kindern deutlich sichtbar, welch großes Lösungspotenzial ihnen inzwischen zur Verfügung stand durch die seit September entwickelten Rechenkompetenzen und die parallel dazu erworbenen Fähigkeiten zum Einsatz von Arbeitsmitteln. Dies galt zunächst grundsätzlich für alle Lernenden.

Unterschiede wurden jedoch recht schnell deutlich: Kinder mit guten Kopfrechenfähigkeiten benötigten weniger Zeit zum Lösen der Aufgaben und konnten sich (mit den sicheren Rechenkompetenzen als Hintergrund) besser auf die in der Textaufgabe genannten Zusammenhänge konzentrieren als die weniger fitten Kopfrechner. Zu erkennen war auch, dass die Kinder einen Lösungsvorteil hatten, die in der Lage waren, verschiedene Unterstützungskomponenten (Material, Verschriftlichungen) zu nutzen.

Lernziele
Schon am Ende der ersten Klasse wurde deutlich, dass Lernprozesse gut vorangebracht werden können, wenn Sachsituationen Berücksichtigung finden, die das vorherrschende additive Denken der Kinder aufbrechen und auf andersartige, bisher nicht vertraute Zusammenhänge aufmerksam machen. Dadurch werden nicht nur Fähigkeiten im Problemlösen entwickelt, auch das Modellieren von Sachsituationen und das Darstellen von Überlegungen werden angeregt.

A

Aufgabe: Max und Jan haben zusammen 10 Sammelbilder.
Max hat 4 mehr als Jan. Wie viele Sammelbilder hat Max, wie viele hat Jan?

Operative Anforderungen
- Vergleichsaufgabe (beide Vergleichsmengen sind gesucht)

Mögliche Strategien
- Zehn Plättchen oder Steinchen legen, vier wegnehmen, den Rest halbieren. Man erhält zwei gleiche Teile. Zu einem Teil werden die vier Plättchen oder Steine wieder dazu gepackt. Max hat also sieben Sammelbilder, Jan hat drei.
- Zehn Plättchen oder Steinchen legen, vier dazulegen, die Hälfte bilden. So gelangt man zum größeren Teil, der kleinere umfasst drei Plättchen o. ä.
- Zehn Plättchen oder Steinchen legen und in zwei Teilmengen zerlegen. Diese dann so anpassen, dass der Unterschied zwischen beiden vier ist.

Lösungsinterview – Fallbeispiel 1 (erfolgreich)
(Nach dem Vorlesen beobachtet: Der Schülerin gelang es gut, verschiedene lösungsunterstützende Repräsentationsformen zu nutzen und miteinander zu verbinden. Sie dachte laut und zeigte gleichzeitig zielgerichtete Aktivitäten bei der Nutzung des Materials. Sie arbeitete konzentriert am eingeschlagenen Lösungsweg, korrigierte diesen mitunter auch. Durch das laute Denken und die geschickten Strategien mit dem Material erreichte sie eine hohe Bewusstheit beim Lösen.)

S *(greift zum Material und wiederholt)*: Vier hat Max.

I *(wiederholt)*: Max und Jan haben zusammen zehn Sammelbilder, Max hat vier mehr als Jan. Wie viele hat Max, wie viele hat Jan?

S: Vier und dann muss ich noch zehn und dann ... *(überlegt)* ... Also vier hat Max mehr *(hält vier Würfelchen in der Hand; I bestätigt; S überlegend)* ... Zusammen haben sie zehn *(nimmt entschlossen einen Zehnerstab)*, dann *(schaut auf den Zehnerstab)* ... Vier hat der mehr, also eins, zwei, drei, vier *(zählt bis vier am Zehnerstab und grenzt den Abschnitt mit einer Hand von den übrigen sechs ab)*.
Dann *(auf den Zehnerstab schauend)*, he, das geht nicht – ach so, dann brauch' ich noch vier *(greift zu den Würfelchen)*. Halt, nee, insgesamt sind's zehn, noch mal *(schiebt die vier Würfel wieder zur Seite)*. Eins, zwei, drei, vier, – die hat schon mal der Max mehr *(markiert diesen Abschnitt mit dem Finger wiederum am Zehnerstab und zählt dann wie folgt auf dem verbleibenden Abschnitt mit beiden Zeigefingern, von außen beginnend, bis sich die Finger treffen)*.
Dann, das ist's erste und das ist's erste, das ist's zweite und das ist's zweite ..., dann *(spricht verzögert)* hat Jan drei und Max sieben.

Lösungsinterview – Fallbeispiel 1 (nicht erfolgreich)

S *(nimmt zehn Würfelchen und beginnt mit stillen Zählaktivitäten)*: Das find' ich jetzt grad' nicht so einfach.

I: Ja, du hast recht, das ist eine schwierige Aufgabe. Du kannst ja mal versuchen. Wenn du weißt, die haben zusammen zehn – das kannst du dir ja mal hinlegen.

S *(zehn einzelne Würfelchen legend)*: Das sind jetzt zehn, sechs und vier.

I: Jetzt kannst du noch einmal überlegen. Also Max hat vier mehr als Jan.

S *(überlegt)*: Hat er da sechs, weil ...

I: Warum denkst du sechs?

S: Weil ich's so nämlich teilen kann.

I: Weil sechs und vier zehn gibt. Dann kann man mal probieren, das zeig' ich dir: Das könnte man jetzt denken, der eine hat sechs und der andere hat vier. Legen wir das mal genau nebeneinander, sechs auf der einen Seite, vier auf der anderen. Dann sehen wir, der andere hat dann nur zwei mehr.

S *(bestätigt die Überlegungen der Interviewerin)*

I: Musst mal gucken, ob du das noch anders legen kannst, dass auf der einen Seite vier mehr sind.

S *(versucht noch eine Weile)*: Oh, Gott, das ist mir zu schwer.

Zusammenfassung
33 Prozent der Erstklässler konnten die Aufgabe mit Materialunterstützung im Rahmen der Interviews lösen. Auffallend war die enge Verbindung zwischen den Denkprozessen der Kinder und ihren handelnden Aktivitäten. Denken und Handeln erfolgten sozusagen parallel, sodass die Denkprozesse immer sofort auch in den Darstellungen mit dem Material sichtbar wurden. Dies regte wiederum das Weiterdenken an.

1.2 Klasse 2 (Schuljahresmitte / Februar)

Abb. 4 – 6: Konzentrierte Zweitklässlerin beim Lösen einer Textaufgabe

Voraussetzungen
Ähnlich wie in Klasse 1 fanden wir auch in Klasse 2 sehr motivierte Schülerinnen und Schüler. Bei den schwierigeren Aufgaben gab es noch eine enge Bindung an das Material. Denken und Handeln waren miteinander verknüpft.

Die fitten Kopfrechner allerdings versuchten zuerst, die problemhaltige Textaufgabe ohne diese Unterstützung zu bewältigen. Erst wenn sie daran gescheitert waren, nutzten sie nach Aufforderung das Material.

Begleitende Aktivitäten auf dem Papier konnten bei keinem der Kinder beobachtet werden.

Lernziele
Spätestens in der zweiten Klasse sollten die Kinder lernen, dass sich Lösungsprozesse duch Notizen unterstützen lassen und dass das Darstellen der Lösungen auf der Grundlage des eigenen Denkens erfolgen sollte.

A

Aufgabe: Max und Vera haben zusammen 12 (10) Sammelbilder. Max hat 4 mehr als Vera. Wie viele Sammelbilder hat Max, wie viele hat Vera?

Operative Anforderungen

- Vergleichsaufgabe (beide Vergleichsmengen sind gesucht)

Mögliche Strategien

- Zehn (zwölf) Plättchen oder Steinchen legen, vier wegnehmen und den Rest halbieren. Man erhält zwei gleiche Teile. Zu einem Teil werden die vier Plättchen oder Steine wieder dazu gepackt. Max hat also sieben (acht) Sammelbilder, Jan hat drei (vier).
- Zehn (zwölf) Plättchen oder Steinchen legen, vier dazulegen und jetzt die Hälfte bilden. Auf diese Weise gelangt man zum größeren Teil und der kleinere umfasst dann drei (vier) Plättchen oder Steinchen.
- Zehn (zwölf) Plättchen oder Steinchen legen und in zwei Teilmengen zerlegen. Diese dann so anpassen, dass der Unterschied zwischen beiden vier ist.

Lösungsinterview – Fallbeispiel 1 (mit Hilfe)

S *(schaut sich den Text noch einmal an)*: Was, wie viel hat wieder Vera? *(zeigt dabei auf den Text)*
I *(auch auf den Text zeigend)*: Max hat vier mehr als Vera.
S: Und wie viel hat Vera?
I: Das wird nicht gesagt. Nur, dass sie zusammen zwölf haben.
S *(überlegt kurz)*: Max hat zehn.
I: Dann schreib's erst einmal auf.
S *(notiert: 10 Max)*
I: Und wie viel hat Vera?
S *(notiert für Vera 6)*
I: Wie viele haben jetzt die beiden zusammen?
S *(notiert 16)*
I: Die haben aber nur zwölf.
S: Ja, aber der hat zehn und der hat sechs.
I: Dann kann es ja aber nicht stimmen, die haben nur zwölf, mehr haben die nicht.
S *(korrigiert die 16 und ersetzt sie durch 12)*
I: Du hast ausgerechnet, dass sie zusammen 16 haben, also irgendetwas stimmt da nicht. Willst du's dir mal legen, vielleicht siehst du's da?
S *(überlegt wieder)*: Ah, ich weiß es: Max hat zehn und die Vera zwei.
I: Dann haben sie zwar zusammen zwölf, aber hat dann wirklich Max vier mehr als Vera?
S *(scheint etwas ratlos)*
I: Ist schwer, stimmt's? Willst du's dir mal legen?
S *(lehnt dies ab und überlegt auf die Aufgabe schauend)*: Ah *(freudig)*, Max hat acht und Vera hat vier.
I: Das ist richtig, wie hast du dir's jetzt überlegt, kannst du es erklären?
S: Ich habe erst die vier von der zwölf weggenommen und dann die 8 ausgeteilt.

Lösungsinterview – Fallbeispiel 2 (erfolgreich)

S *(auf den Text zeigend)*: Also Vera hat ja zehn.
I: Nein, beide Kinder haben insgesamt zehn.
S: Sechs hat die Vera und zehn hat Max.
I: Dann hätten sie ja 16, aber sie haben insgesamt nur zehn.
S: Mhm *(etwas ratlos)*.
I: Das ist eine schwere Aufgabe.
S: Die anderen gingen eigentlich ganz schön schnell.
I *(bejaht dies)*: Kannst auch Material zur Hilfe nehmen.
S *(legt einen Zehnerstab vor sich hin)*: Also, Vera kann schon mal nicht die sechs haben, wenn insgesamt zehn, dann hat sie ja *(beendet den Satz nicht und überlegt wieder)*. Also, ich glaube, die Vera hat doch sechs und noch zwei und der Max hat dann noch mal zwei ... und so haben sie dann auch zehn.
I: Musst du's dir mal hinlegen. Nimmst die kleinen Würfelchen. Da kannst du gucken, ob das stimmt.
S *(legt sechs und zwei und zwei, dann sechs und zwei Würfel)*: So müsste es eigentlich sein.
I: Aber dann wären es zusammen nicht zehn. Du hast schon fast richtig gedacht, die beiden musst du noch verteilen *(zeigt auf die beiden Würfel, die S noch zur Seite gelegt hatte)*.
S *(legt einen Würfel zu den sechs Würfeln und einen zu den zwei Würfeln)*: Ja! So stimmt's! *(freut sich)*

Zusammenfassung

50 Prozent der Kinder konnten die Aufgabe mit Materialunterstützung lösen. Die durchschnittliche Bearbeitungszeit verlängerte sich auf vier Minuten. Der kleine Zahlenraum, der durch die Aufgabe angesprochen wird, ließ diese zunächst für die Kinder einfach erscheinen. Erst auf den zweiten Blick wurden sie auf das Problem aufmerksam. Man konnte ähnliche Denkmuster (orientiert an den vertrauten Grundmodellen des Rechnens) wie am Ende der Klasse 1 beobachten. Zunächst wurden die Lösungen zehn und 14 vermutet, dann sechs und vier. Für die weitere Suche nach dem Ergebnis ließen sich die Zweitklässler dazu anregen, das vorhandene Material zu nutzen.

1.3 Klasse 3 (Schuljahresmitte / Februar)

Abb. 7 – 9: Lösungsüberlegungen eines Drittklässlers

Voraussetzungen

Drittklässler sind mit den vier Grundrechenoperationen vertraut. Daraus ergeben sich vielfältige Möglichkeiten, Beziehungen zwischen Zahlen und zwischen Rechenarten zu sehen und beim Rechnen flexibler zu nutzen. Hinzu kommt der höhere Automatisierungsgrad bei Grundaufgaben. Für einen großen Teil der Schülerinnen und Schüler bestehen also sehr gute Voraussetzungen für die Bewältigung problemhaltiger Sachaufgaben.

Und doch war zu beobachten, dass sich die Fähigkeiten im Textaufgabenlösen nicht in jeder Hinsicht weiterentwickelt hatten. Ältere Grundschulkinder lösten Textaufgaben bewusster und weniger intuitiv. Sie suchten vor allem nach Rechnungen, die ihnen vertraut waren. Gelang es ihnen nicht, solche zuzuordnen, gaben sie schneller auf als junge Lösende. Man konnte beobachten: Das Wissen hatte eine höhere Festigkeit erreicht – mit dem Preis, dass es weniger flexibel gehandhabt wurde.

Lernziele

Wichtig ist der Erwerb der verschiedensten Darstellungskompetenzen. Da die klassische Rechenaufgabe bei problemhaltigen Textaufgaben allein nicht zielführend ist, müssen andere Lösungsmöglichkeiten hinzukommen, wie das Entwickeln von Zuordnungen oder das Zusammenstellen von Kombinationen.

Die Funktion lösungsbegleitender Notizen zur Entlastung des Arbeitsgedächtnisses sollte bei Drittklässlern zum Lösungsalltag bei problemhaltigen Textaufgaben gehören.

A

Aufgabe: Tim und Paul haben zusammen 30 Lego®-Steine. Tim hat 6 mehr als Paul. Wie viele hat Tim? Wie viele hat Paul?

Operative Anforderungen
- Vergleichsaufgabe (beide Vergleichsmengen sind gesucht)

Mögliche Strategien (siehe auch: Absatz „Mögliche Strategien" bei der Problemaufgabe für Klasse 2, S. 15)
- Die Hälfte von 30 bilden, dann hat jeder erst einmal 15. Jetzt können die beiden Teile schrittweise verändert werden, bis der Unterschied sechs ist.
- Die Hälfte von 30 bilden, jeder hat 15. Der Unterschied muss sechs sein, also bekommt der eine drei Steine dazu und beim anderen müssen dann drei weggenommen werden. Dann ist der Unterschied sechs.
- Mit 30 und sechs kann man eine Divisionsaufgabe bilden: 30 : 6 = 5. Die beiden Lösungszahlen müssen deshalb zur Sechserreihe gehören. Eine dieser Zahlen muss kleiner und die andere größer als 15 sein. Die beiden Sechserzahlen müssen die 15 sozusagen in die Mitte nehmen, da bleiben nur zwölf und 18.

Lösungsinterview – Fallbeispiel 1 (mit Hilfe)

S *(nach dem Hören und Mitlesen der Aufgabe)*: Uih! *(liest den Text selbst noch einmal und murmelt)* Das sind 15 und sechs weg sind neun *(notiert 15 – 6 = 9 und ergänzt dann 15 + 6 = 21)*. Paul und Tim.

I: Das sind zwar jetzt zusammen 30, aber wenn du jetzt die beiden Zahlen vergleichst, neun und 21, da stimmt das nicht, was in der Aufgabe steht, dass der eine sechs mehr hat als der andere. Bei dir hat ja der eine viel mehr.

S: Mhm. Aber 15 und sechs ist 21, das stimmt.

I: Ja, das stimmt.

S: Wieso kann das dann nicht stimmen?

I: Du hast überlegt, von 30 die Hälfte ist 15 und hast bei dem einen sechs dazu und bei dem anderen sechs weggenommen – dann ist aber der Unterschied zwölf. Der darf aber nur sechs sein.

S: Aber er hat ja sechs mehr.

I: Ja, trotzdem.

S: Hilfe! *(überlegt)* Fünf mal sechs is ja 30. Also muss ich jetzt die Sechserreihe durchgehen, um das Ergebnis zu haben.

I: Könnte sein, probier's mal.

S: Gibt nichts.

I: Denkste? Mach's mal so, dass ich's höre. Guck mal, welche Zahlen in der Nähe der 15 liegen bei der Sechserreihe.

S: Zwölf, die einzige Zahl, die bei der 15 liegt, ist zwölf.

I: Das ist die, die kleiner ist. Und die, die größer ist?

S: 18.

I: Jetzt probiere, ob die beiden Zahlen stimmen.

S *(nach kurzer Überlegung)*: Stimmt.

Lösungsinterview – Fallbeispiel 2 (mit Hilfe)

S *(liest kurz im Text nach)*: Die haben zusammen 30 Lego®-Steine *(überlegt)*. Sechs mehr, da hat der ... 30 kann man teilen, 15 / 15, oder? Hat Tim 16 und Paul 14?

I: Könnte sein, dann wären es zusammen 30. Aber der Unterschied stimmt, glaube ich, nicht, musst du mal gucken bei 16 und 14, ob Tim sechs mehr hat.

S: Oh! *(überlegt kurz)* Tim hat 21 und der andere hat neun.

I: Musst du gucken, ob da einer sechs mehr hat als der andere.

S: 15 plus sechs ist 21, ja.

I: Der eine hat 21 und der andere hat neun, einer muss sechs mehr haben als der andere. Das kann ja nicht sein, da hat ja der eine viel mehr, da war ja dein erstes Ergebnis fast besser. Was hattest du da für einen Unterschied bei 16 und 14?

S *(überlegt)*

I: Willst du dir die Arbeitsmittel nehmen, die Stäbchenbündel?

S *(überlegt dann doch ausschließlich im Kopf weiter)*: 16, das geht schon mal nicht. 17, nee, glaub ich. Die Aufgabe ist eigentlich überhaupt nicht lösbar. Krieg ich nicht raus! *(greift dann doch zu den Arbeitsmitteln und legt 30 Stäbchen vor sich in eine Reihe, bildet zwei Teilmengen und vergleicht)* 17 / 13 *(überlegt wieder)*. 18 / 12?

I: Musst mal überprüfen, ob die beiden Bedingungen stimmen: zusammen 30, und ob der Unterschied sechs ist.

S: Zehn plus zehn ist 20, 28 plus zwei ist 30.

I: Und die andere Bedingung: Einer hat sechs mehr als der andere?

S: Ja, das stimmt.

I: Dann versuchst du mal, alles aufzuschreiben.

S: Also, was hab' ich jetzt gesagt, 18. Und das andere war zwölf. Schreibe ich hier *(schreibt: 18 + 12 = 30)*.

I: Dann versuche noch die Namen der Kinder zuzuordnen und schreibe sie darunter.

S: Tim hat 18 und Paul hat zwölf.

Zusammenfassung

Im ersten Lösungsinterview wird das inzwischen zur Verfügung stehende mathematische Handwerkszeug sichtbar. Zusammen sind es 30 Lego®-Steine, der Unterschied beträgt sechs Steine. Durch diese Zahlenkombination (die eine ist durch die andere teilbar) wird angeregt, mithilfe von Malaufgaben die Lösung zu suchen. Und tatsächlich ist dies bei einer solchen Zahlenkonstellation – die Differenz ist Teiler der Summe – möglich.

Die Rechenentwicklung im Laufe der Schuljahre führt dazu, dass das Rechnen ohne Materialunterstützung erfolgen kann. Sind allerdings knifflige Zusammenhänge zu bewältigen, ist es mitunter sinnvoll, unter Einbeziehung von Material nachzudenken, wie es die jüngeren Grundschulkinder noch ganz selbstverständlich tun.

1.4 Klasse 4 (Schuljahresmitte / Februar)

Abb. 10 – 12: Ein Viertklässler beim Lösen einer Vergleichsaufgabe

Voraussetzungen

In Klasse 4 werden letzte grundlegende Rechenfähigkeiten im Bereich der natürlichen Zahlen erworben. Diese wurden von den fitten Kindern zum Teil erstaunlich gut beherrscht. Uns überraschte aber, dass wir kaum eine heuristische Lösungskultur vorfanden. Die Viertklässler bemühten sich darum, passende Rechenaufgaben zuzuordnen. Wenn ihnen dies nicht gelang, herrschte ziemliche Ratlosigkeit.

Auffallend war, dass der Kopf häufig der alleinige Träger der Denkaktivitäten geworden war. Selten wurde das Papier genutzt, um lösungsbegleitend, quasi zur Entlastung des „Arbeitsspeichers“, etwas zu notieren. Vom Material schienen die Viertklässler zu weit entfernt zu sein, um dieses lösungsunterstützend nutzen zu können.

Lernziele

Ähnlich wie in Klassenstufe 3 sollten anspruchsvolle Aufgaben kontinuierlich die alltäglichen Anforderungen ergänzen. Auf diese Weise wird das bisher erworbene mathematische Wissen in Bewegung gehalten und heuristische Strategien, die Schulanfänger spontan einsetzen, werden nicht verlernt.

Typisch für die vorgestellte Gruppe von Sachaufgaben ist das Annehmen von Lösungszahlen, das Prüfen der Bedingungen, das eventuelle Ändern der eingesetzten Lösungszahlen entsprechend der Aufgabenbedingungen. Dabei können verschiedene Möglichkeiten der Veranschaulichung genutzt werden: das Notieren, das Skizzieren, das Legen mit Material. Das Zuordnen einer klassischen Rechenaufgabe ist bei problemhaltigen Textaufgaben häufig nicht möglich.

A

Aufgabe: Tim und Paul haben zusammen 30 Lego®-Steine. Tim hat 6 mehr als Paul. Wie viele hat Tim? Wie viele hat Paul?

Operative Anforderungen und mögliche Strategien
▶ siehe Problemaufgabe für Klasse 3, S. 17

Lösungsinterview – Fallbeispiel 1 (erfolgreich)

S *(notiert nach kurzer Überlegung 18 und 12)*

I: Kannst du aufschreiben, wie du gedacht hast?

S *(nimmt den Stift in die Hand und will zunächst beginnen)*: Also, s' is' schwer.

I: Dann erklär's.

S: Also, erst hab' ich probiert mit zehn und 16 und dann hab' ich's. Und wo's dann eben nicht funktioniert hat, hab' ich's eben ein paar höher gemacht, zwei höher, und da bin ich dann eben so draufgekommen.

I: Und wie bist du ausgerechnet auf zehn und 16 gekommen, das sind doch zusammen gar nicht 30.

S: Ja, die sind, na weil, die sind so nah beieinander, also, es is' so, ich bin so draufgekommen, weil da hab' ich im Moment nur noch dran gedacht, dass der eine eben sechs mehr hat und der andere zehn.

I: Ach so.

S: Der andre hat eben weniger. Und da war ich dann noch nicht soweit, dass ich's zusammengerechnet hatte. Und eben, wo ich's dann zusammengerechnet hatte, wusste ich, dass es nicht funktioniert, und da bin ich dann höher gegangen, weil's weniger war.

Lösungsinterview – Fallbeispiel 2 (mit Hilfe)

S *(wiederholt und notiert, während der Text vorgelesen wird, einzelne Informationen: 30 Lego, 6 mehr)*: Also Tim und der andere Junge hat insgesamt 30 *(notiert nochmals 30, überlegt kurz und notiert tabellenartig 15/15, gibt dem einen Jungen sechs dazu, nimmt von der anderen Menge wieder sechs weg, erhält also 21/9)*.

I: Überprüfe, ob das stimmen kann, sie haben zusammen 30 und der eine Junge hat sechs mehr als der andere.

S: Ja. Zusammen 30 und der eine sechs mehr *(schaut auf seine Aufzeichnungen)*, ja. Also der mehr hat, hat 21 Lego® und der andere hat eben neun.

I: Aha, und der, der mehr hat, hat der sechs mehr?

S: Ja, is' hier *(zeigt auf sein Zahlenpaar 21/9)*.

I: Sechs mehr als der andere, der, der 21 hat, hat doch viel mehr als neun. 21 sind doch viel mehr als neun.

S *(denkt nach)*

I: Da kann doch nicht sechs dazwischen sein.

S: Ach so. Is' neun, der hat gleich ... *(spricht und schreibt)* Eins zurück, 20/10, dann hat der zehn mehr; eins zurück, 19/11, dann hat der acht mehr; eins zurück, 18/12, he? *(überlegt noch mal kurz)* Dann hat der eben sechs mehr. Ja, ist korrekt.

I: Genau.

Lösungsinterview – Fallbeispiel 3 (nicht erfolgreich)

S: Eh, das is' ja aber 'ne Knobelaufgabe.

I: Woran hast du das gemerkt?

S: Na, weil da nicht steht, vielleicht eine genauere Angabe, deswegen. Also zusammen haben sie 30 *(schreibt: Paul hat 14 = 16)*. Wer hat mehr, Paul, nee, Tim *(schaut auf den Text, überlegt)*. Muss man sich ja, ehrlich gesagt, was ausdenken.

I: Kannst du dir erst was ausdenken, da musste gucken, ob's stimmt.

S: 14 und ... *(überlegt, klopft mit dem Bleistift auf den Tisch)*. Nee, das haut jetzt wieder nich' hin, is' ja gemein! *(überlegt)* Nee, haut das hin?

I: Das kann man aber auch ausrechnen.

S: Ach, nee. Das muss trotzdem noch 30 ergeben, wenn der sechs mehr hat?

I: Ja! *(lacht)*

S: Na, klasse.

I: Aber davon könntest du doch erst mal ausgehen, Paul hat 14, wie viel hätte dann Tim? Da kannst du doch erst mal probieren.

S: Das geht ja nicht, denn da müsste doch 'ne 6 sein, aber es sind ja nur zwei mehr *(bei 14 und 16)*.

I: Aber, wenn du schon zwei Zahlen hast, da kannst du doch schon probieren, dass du auf sechs mehr kommst.

S: Na, klasse. Muss er unbedingt sechs mehr haben?

I: Ja.

S: Ach! *(stöhnt erneut)*

I: Du kannst dir auch die Stäbchen nehmen. Kannst auch bei einem Bündel das Gummi entfernen, sind immer zehn gebündelt. Das eine Bündel müsstest du jetzt so verteilen, das einer sechs mehr hat.

S: Paul, nee Tim *(folgt dem Rat der Interviewerin und legt sich das Material zurecht)*, 's is' 'ne Knobelaufgabe. Also vier können's schon mal nicht sein, aber es gibt ja keine andere Aufgabe mit 'ner sechs, dass man auf die 30 drauf kommt. Außer man rechnet mal. Ach! *(stützt sich den Kopf und stöhnt wieder)* Können wir die Aufgabe überspringen?

I: Ja.

Zusammenfassung

38 Prozent der Dritt- und Viertklässler waren erfolgreich. Bis zur Lösungsfindung wurden durchschnittlich sechs Minuten benötigt. Bezüglich des prozentualen Anteils der Lösungshäufigkeit gab es zwischen der dritten und vierten Klassenstufe keinen Unterschied. Es gab wie in den Klassenstufen 1 und 2 typische fehlerhafte Lösungsüberlegungen, die aus vertrauten Rechenmustern abgeleitet wurden. Am häufigsten entstand die Lösung: „Paul hat neun und Tim hat 21.“ Es wurde die Hälfte von 30 gebildet und zur 15 dann sechs dazugezählt bzw. sechs weggenommen. Dass so aber die in der Textaufgabe genannten Bedingungen nicht erreicht werden, wurde in der Regel nicht bemerkt. Die Interviews belegen, dass sich die erfolgreichen Kinder eher von gewohntem Denken lösen konnten.

2 Kompetenzen entwickeln

2.1 Sachaufgabenvielfalt

Mit der Unterscheidung von Sachaufgabentypen wird deutlich, wie unterschiedlich die Anforderungen an die Lösungskompetenzen von Grundschulkindern sind. Zur Einschätzung dieser Anforderungen wurde der klassische Problemlösebegriff herangezogen. Durch die Zuordnung der Sterne wurde nur eine grobe Übersicht angestrebt. Den einzelnen Bereichen könnten wiederum Untergruppen mit einer differenzierten Bewertung zugeordnet werden.

2.1.1 Routineaufgaben

Modellieren	*	Problemlösen	

Aufgabenbeispiel	Anforderungen
Die 33 Kobolde des Waldes fürchten den Donner. Als das Gewitter kommt, verstecken sich 12 in einer Höhle, die anderen suchen Schutz unter einem großen Stein. Wie viele sind unter dem Stein? (Kl. 1 / 2)	Die Sachaufgaben spiegeln die Grundmodelle des Rechnens wider. Die Anforderung besteht im Übertragen der Zusammenhänge in Rechenoperationen.

2.1.2 (Offene) Rechengeschichten

Modellieren	**	Problemlösen	

Aufgabenbeispiel	Anforderungen
Es gibt Tiere mit 2, 4, 6 oder mehr Beinen. Schreibe eine Rechengeschichte. Schreibe, zeichne, rechne.	Mathematische Sachzusammenhänge müssen auf der Grundlage der vorgegebenen Bedingungen erzeugt werden.

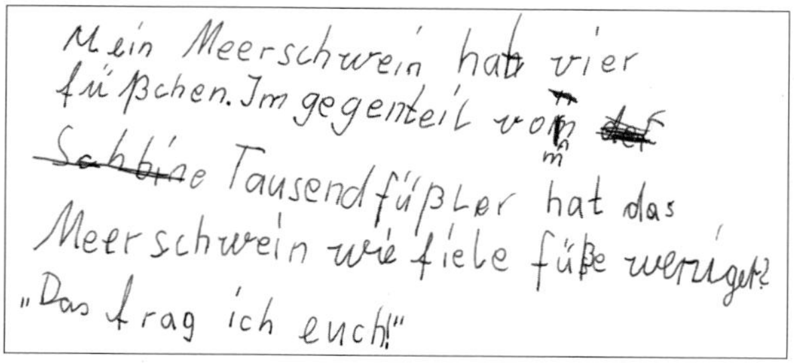

Abb. 13: Beispiel für die Rechengeschichte einer Schülerin (Kl. 3)

2.1.3 Problemaufgaben

Modellieren	**	Problemlösen	***

Aufgabenbeispiel	Anforderungen
Mama, Papa und Murks fahren mit dem Dampfer. Für Kinder kostet es nur die Hälfte. Sie bezahlen insgesamt 10 Euro. Wie viel kostet die Karte für einen Erwachsenen und wie viel kostet sie für ein Kind? (Kl. 1) 	Die Anforderungen führen über die Grundmodelle des Rechnens hinaus. Die Lösenden geraten an eine Denkbarriere, die überwunden werden muss. Vorhandenes Lösungswissen muss umstrukturiert und teilweise weiterentwickelt werden. **Lea, wie bist du auf deine Lösung gekommen?** Ich hab' einfach gerechnet und nachgedacht und dann bin ich auf einmal drauf gekommen. Ich habe gedacht, 8 + 2 = 10 und die Hälfte von 8 ist 4 und auch wieder von 4 die Hälfte ist 2, und weil 8 + 2 gleich 10 ist, habe ich dann gedacht, es ist das richtige Ergebnis.

Abb. 14: Lösungsdarstellung einer Erstklässlerin

2.1.4 Authentische Sachaufgaben

Modellieren	**	Problemlösen	

Aufgabenbeispiel	Anforderungen
Giraffen sind nahezu rund um die Uhr auf den Beinen, um jederzeit die Flucht vor ihren Feinden ergreifen zu können. Mehr als 7 Minuten Tiefschlaf am Tag kommen da nicht zusammen. Wie viel Tiefschlaf hat eine Giraffe in einer Woche ungefähr?	In den Aufgaben werden Inhalte aus Natur, Sport, Technik, Geschichte aufgegriffen. Die Zahlen sind authentisch und können nicht ausgetauscht werden. Das Rechnen mit Größen gehört in der Regel zu den Anforderungen, gegebenenfalls auch das Entnehmen von Informationen aus längeren Texten und das Zuordnen von Fragestellungen.

2.1.5 Fermi-Aufgaben

Modellieren	***	Problemlösen	**

Aufgabenbeispiel	Anforderungen
In einem Sportzentrum auf den Philippinen steht das weltgrößte Paar Schuhe mit einer Breite von 2,37 Metern und einer Länge von 5,29 Metern. Wie groß wäre der Riesenmensch ungefähr, dem dieses Paar Schuhe passen würde?	Es besteht eine große Lücke zwischen Anfangslage und Ziel. Die Angaben sind häufig unvollständig. Ein Lösungsansatz muss erst entwickelt werden. Häufig werden Kompetenzen im Schätzen und Umrechnen von Größenangaben benötigt. Der Rechenaufwand ist mitunter hoch (Taschenrechner verwenden).

2.1.6 Kapitänsaufgaben

Modellieren	*	Problemlösen	

Aufgabenbeispiel	Anforderungen
In einer Schulklasse sind 12 Mädchen und 13 Jungen. Wie alt ist die Lehrerin?	Die Lösenden müssen die fehlende Sinnhaftigkeit erkennen und bestenfalls die Bearbeitung ablehnen. Eventuell kann die Aufgabe so umformuliert werden, dass gerechnet werden kann.

Zum Weiterlesen

Erichson, C. (1992): Von Lichtjahren, Pyramiden und einem regen Wurm. Erstaunliche Geschichten, mit denen man rechnen muss. Hamburg: Verlag für pädagogische Medien.

Erichson, C. (2010/2012): Geschichten, mit denen man rechnen kann (Heft 1 und 2). Textbezogenes Sachrechnen für die Grundschule: Arbeitshefte für das 2./3. und 3./4. Schuljahr. Stuttgart: Verlag für pädagogische Medien.

Franke, M./Ruwisch, S. (2010): Didaktik des Sachrechnens in der Grundschule. Heidelberg: Spektrum.

Klunter, M./Raudies, M./Veith, U. (2014): Sachrechnen. Sachrechenkompetenzen langfristig entwickeln. Braunschweig: Westermann.

Rasch, R. (2003/2008): 42 Denk- und Sachaufgaben. Wie Kinder mathematische Aufgaben lösen und diskutieren. Seelze: Kallmeyer.

Rasch, R. (2007): Offene Aufgaben für individuelles Lernen im Mathematikunterricht der Grundschule 3/4. Aufgabenbeispiele und Schülerbearbeitungen. Seelze/Stuttgart: Kallmeyer/Verlag für pädagogische Medien.

Rasch, R. (2011): Offene Aufgaben für individuelles Lernen im Mathematikunterricht der Grundschule 1/2. Aufgabenbeispiele und Schülerbearbeitungen. Seelze/Stuttgart: Kallmeyer/Verlag für pädagogische Medien.

Ruwisch, S./Schaffrath, S. (2009): Fragenbox Mathematik: Kann das stimmen? Stuttgart: Ernst Klett Verlag.

Ruwisch, S./Schaffrath, S. (2014): Wald- und Feldtiere in Zahlen – Kartei Grundschule Mathematik. Mit Sachtexten Größenvorstellungen aufbauen. Seelze: Friedrich Verlag.

2.2 Problemlösen, Modellieren, Darstellen

Die in unseren Studien eingesetzten Sachaufgaben sind zum größten Teil der Leitidee „Zahlen und Operationen" zuzuordnen. Bezüglich der allgemeinen Kompetenzen werden insbesondere das Problemlösen, das Modellieren und das Darstellen angesprochen.

2.2.1 Problemlösen

Problemlösende Aktivitäten werden dann ausgelöst, wenn die Lösenden an eine Denkbarriere geraten und nach Wegen suchen müssen, um diese Hindernisse zu überwinden. Auch wenn für einen Teil der Schülerinnen und Schüler Sachaufgaben generell mit Problemen verbunden sind, sind es nur bestimmte Aufgabentypen, die das Problemlösen im klassischen Sinn ansprechen.

Mit problemhaltigen Sachaufgaben wird die wichtige Kompetenz des probierenden und suchenden Lösens auf der Grundlage des eigenen Vorwissens angesprochen. Bisher erworbenes Wissen muss abgerufen, neu durchdacht und eventuell umstrukturiert werden. Im Mittelpunkt stehen die dabei entdeckten Lösungsstrategien.

Das Suchen nach einer Lösung kann durch folgende heuristische Strategien unterstützt werden:

- An die erste Stelle tritt für Grundschulkinder das *probierende Lösen*: Auf der Grundlage inhaltlicher Überlegungen werden Lösungszahlen angenommen und mit den Bedingungen abgeglichen. Je nach Vorwissen der Schülerinnen und Schüler kann das mehr oder weniger systematisch erfolgen. Mitunter ist es sinnvoll, zunächst nur eine Bedingung zu beachten, die andere(n) zu vernachlässigen und sie nach den ersten Überlegungen dann wieder dazuzunehmen. Dadurch kann zunächst die Komplexität der Aufgabenstellung reduziert werden.
- In engem Zusammenhang mit dem probierenden Lösen steht das *Veranschaulichen*. Dies kann skizzenhaft geschehen, mit unterschiedlichem Material erfolgen oder auch durch das Notieren von Bedingungen unterstützt werden.

2.2.2 Modellieren

Das Modellieren beinhaltet vier Phasen, die idealtypisch nacheinander ablaufen. In der Lösungsrealität überlagern sich diese Phasen und werden von Grundschulkindern mehr oder weniger bewusst vollzogen. Da in den zugrunde liegenden Projekten vor allem Problemaufgaben eine Rolle spielten, wurde der folgende Modellierungskreislauf gewählt. Dieser eignet sich gut, um bei Aufgaben mit vorwiegend innermathematischen Problemstellungen Modellbildungsprozesse abzubilden.

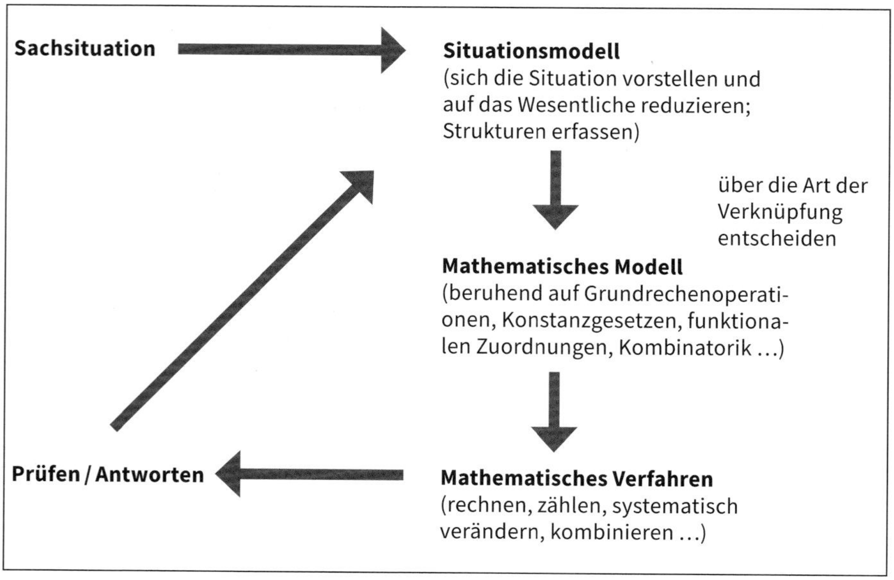

Abb. 15: Modellierungskreislauf in Anlehnung an Franke / Ruwisch, 2010, S. 70 ff.

1. Zunächst muss ein *Situationsmodell* erstellt werden. Die in der Textaufgabe für das Lösen wichtigen Sachzusammenhänge sollten sich die Grundschulkinder vorstellen können. Dazu ist es wichtig, dass der Text möglichst ohne Informationsverluste aufgenommen werden kann. Bei anspruchsvollen Textaufgaben ist es deshalb von Vorteil, dass die Aufgaben vorgelesen werden. Am wirkungsvollsten ist es, wenn dies die Lehrkraft tut.
2. Mit einem klaren Situationsmodell im Kopf lässt es sich einfacher nach einem passenden *mathematischen Modell* suchen. Grundschulkinder nutzen häufig zunächst ihr additives Grundverständnis. Auf dieser Basis gelingt es ihnen, Zahlzerlegungen vorzunehmen, Differenzen zu bestimmen, das Vervielfachen und das Teilen zu bewältigen. Je mehr Operationswissen dazu kommt, desto leichter fällt es ihnen, Operationen ohne den Umweg über die Addition zuzuordnen. Neben dem Grundverständnis für die Operationen benötigen die Aufgabenlöser Wissen über Rechengesetze und Operationsbeziehungen, um auch anspruchsvollere Mathematisierungen vornehmen zu können. Dazu gehören neben assoziativen Beziehungen[2] vor allem ein Gefühl für das Erhalten einer Summe oder einer Differenz[3].

2 Summanden und Faktoren kann man beliebig zusammenfassen.

3 Eine Summe bleibt gleich, wenn man die beiden Summanden gegensinnig verändert. Was man bei einem Summanden dazugibt, muss man bei dem anderen wegnehmen. Eine Differenz bleibt gleich, wenn man Minuend und Subtrahend gleichsinnig verändert. Wenn man beim Minuenden etwas dazu- oder wegnimmt, muss man das in gleicher Weise auch beim Subtrahenden tun.

3. Mit der Zuordnung des mathematischen Modells setzen in der Regel Lösungsprozesse ein, *mathematische Verfahren* werden ausgeführt. Es wird gezählt, gerechnet, Zuordnungen werden vorgenommen, Paare werden gebildet.
4. Das *Prüfen* der Lösung(en) auf Sinnhaftigkeit schließt sich an. Die Ergebnisse werden noch einmal mit dem Situationsmodell in Beziehung gesetzt.

Bei anspruchsvollen Verknüpfungen ist die Entwicklung eines klaren Situationsmodells in problemhaltigen Textaufgaben oft nicht sofort in allen Details möglich und muss im Verlauf des Modellierungsprozesses präzisiert werden. Da die Technik des Entwickelns von Gleichungen mit Unbekannten Grundschulkindern noch nicht zur Verfügung steht, müssen mathematische Modelle allein durch inhaltliche Überlegungen erzeugt werden. Das Prüfen der Lösung ist bei komplexen Situationen oft noch nicht uneingeschränkt möglich.

Problemlösen und Modellieren sind Kompetenzen, die zahlreiche Berührungspunkte haben. So ist bei beiden Prozesskomponenten das Verstehen der Sachsituation entscheidender Ausgangspunkt für das Lösen.

2.2.3 Darstellen

Abb. 16: Lösungsdarstellung eines Erstklässlers

Beim Sachrechnen wird ein großer Teil der Lösungsarbeit im Kopf geleistet. Dieses „innere Sprechen" ist als Begleiter der Lösungsprozesse wichtig, aber für die Entwicklung von Sachrechenkompetenzen nicht ausreichend. Das Verschriftlichen von Lösungsgedanken trägt dazu bei, dass Lösungswege eine höhere Bewusstheit erlangen und bestenfalls bei analogen Aufgaben als erworbene Wissensbausteine wieder zur Verfügung stehen.

Lösungsgedanken zu problemhaltigen Textaufgaben können auf die verschiedenste Weise dargestellt werden. Die klassische Variante ist es, den Überlegungen Rechenaufgaben zuzuordnen. Diese symbolische Art der Verschriftlichung wird im Verlauf der Grundschulzeit immer besser erlernt. Aber es ist nur eine mögliche Form, die in Textaufgaben genannten Beziehungen abzubilden.

Die Arbeit mit Textaufgaben muss mit einfacheren Formen beginnen: dem Notieren von Lösungszahlen, dem Skizzieren von Lösungssituationen. Die genannten Formen kommen schon für Erstklässler infrage, die anspruchsvollere mathematische Darstellungsformen erst noch erlernen müssen. Reihen- und tabellenartige Auflistungen, mit denen man Zuordnungen und Abhängigkeiten darstellen kann, kommen hinzu. Je komplexer und anspruchsvoller die Textaufgabe ist, desto bedeutsamer wird die Kompetenz des Verschriftlichens – nicht nur, um Lösungen und Lösungswege darzustellen, sondern auch, um Gedanken festzuhalten. Die Lösungssprache auf dem Papier sollte sich idealerweise so entwickeln, dass sie von jedem Kind individuell zur Unterstützung genutzt werden kann.

Insbesondere leistungsstärkere Kinder können darüber hinaus lernen, ihren Lösungsweg zu beschreiben und Argumente für ihr Vorgehen zu notieren. Da sie ihre Aufgaben in der Regel schneller lösen als ihre Mitschüler, wird durch diese Art der Verschriftlichung die Lösungszeit auch von ihnen optimal genutzt.

Zum Weiterlesen

Bruder, R./Collet, C. (2011): Problemlösen lernen im Mathematikunterricht. Berlin: Cornelsen.

Greefrath, G. (2010): Didaktik des Sachrechnens in der Sekundarstufe. Heidelberg: Spektrum.

Lurija, A. R. (1982): Sprache und Bewußtsein. Berlin: Springer.

Möwes-Butschko, G. (2010): Offene Aufgaben aus der Lebensumwelt Zoo. Problemlöse- und Modellierungsprozesse von Grundschülerinnen und Grundschülern bei offenen realitätsnahen Aufgaben. Münster: WTM-Verlag.

Polya, G. (1949): Schule des Denkens. Vom Lösen mathematischer Probleme. Tübingen und Basel: Francke.

Rasch, R. (2001): Zur Arbeit mit problemhaltigen Textaufgaben im Mathematikunterricht der Grundschule. Eine Studie zu Herangehensweisen von Grundschulkindern an anspruchsvolle Textaufgaben und Schlussfolgerungen für eine Unterrichtsgestaltung, die entsprechende Lösungsfähigkeiten fördert. Hildesheim: Franzbecker.

Rasch, R. (2007): Offene Aufgaben für individuelles Lernen im Mathematikunterricht der Grundschule 3/4. Aufgabenbeispiele und Schülerbearbeitungen. Seelze/Stuttgart: Kallmeyer/Verlag für pädagogische Medien.

Rasch, R. (2011): Offene Aufgaben für individuelles Lernen im Mathematikunterricht der Grundschule 1/2. Aufgabenbeispiele und Schülerbearbeitungen. Seelze/Stuttgart: Kallmeyer/Verlag für pädagogische Medien.

Schipper, W. (2009): Handbuch für den Mathematikunterricht an Grundschulen. Braunschweig: Schroedel.

Schukajlow, S. (2011): Mathematisches Modellieren. Schwierigkeiten und Strategien von Lernenden als Bausteine einer lernprozessorientierten Didaktik der neuen Aufgabenkultur. Münster: Waxmann.

Sturm, N. (2013): Wie knacke ich das Problem? Zeichnen, auflisten, tabellieren oder doch einfach nur rechnen. Beiträge zum Mathematikunterricht. Münster: WTM-Verlag.

Walther, G. et al. (2007): Bildungsstandards für die Grundschule: Mathematik konkret. Berlin: Cornelsen.

Wygotski, L. (1964): Denken und Sprechen. Berlin: Akademischer Verlag.

2.3 Problemaufgaben im Unterricht

Grundlegend für den Einsatz problemhaltiger Textaufgaben im Unterricht war für uns der pädagogische Ansatz der beiden Schweizer Didaktiker Peter Gallin und Urs Ruf. Sie entwickelten das dialogische Lernen, bei dem sich individuelles und gemeinsames Lernen ergänzen. Die Autoren gebrauchen unter anderem die Begriffe „singuläres und reguläres Wissen". Das singuläre Wissen wird beschrieben als das Wissen, das dem Kind zur Zeit des Aufgabenlösens zur Verfügung steht. Dieses ist oft noch unvollkommen und vielleicht auch nicht ausreichend, um die Aufgabe vollständig zu lösen. Von der Lehrkraft wird dieses singuläre Wissen angenommen und wertgeschätzt. Die Wertschätzung wird auch in einer kleinen schriftlichen Rückmeldung unter dem Arbeitsprodukt jedes Kindes zum Ausdruck gebracht. Auf diese Weise wird die Lösungskraft des Kindes gestärkt und es kann sich motiviert auf den Weg zum regulären Wissen (vollständige, richtige Lösungen) begeben.

Diese Zusammenhänge wurden in unseren Projekten dem Lösenlernen anspruchsvoller Textaufgaben zugrunde gelegt. Zeithorizont für diese Entwicklung sind mehrere Grundschuljahre. Fortschritte sieht man aber schon nach einigen wenigen Unterrichtsstunden. Problemhaltige Textaufgaben sollten circa zweimal im Monat zum Einsatz kommen und damit die Grundschulkinder kontinuierlich begleiten.

2.3.1 Individuelle Wege im Reisetagebuch

Abb. 17: Aufbau einer Reisetagebuchseite

Ein Instrument des dialogischen Lernens beim Ansatz der Schweizer Autoren ist das sogenannte „Reisetagebuch", ein Schülerarbeitsheft, in dem keine Strukturen für das Arbeiten vorgegeben werden. Schülerinnen und Schüler werden angeregt, sich mit und in diesem Heft einen eigenen Denk- und Arbeitsraum zu schaffen und dort ihr singuläres Wissen abzubilden. Sie werden mit dem weißen Papier dazu ermutigt, das, was der Kopf leistet, auf ihre individuelle Art nach außen zu tragen und auf den zur Verfügung stehenden DIN-A4-Seiten darzustellen. Im Verlauf des Textaufgabenkurses lernen die Lösenden immer besser, die verschiedensten Darstellungsformen (Rechnungen, Grafiken, Skizzen, Texte, Tabellen ...) für die Lösungssuche zu nutzen.

Die Lehrkraft versieht die Schülereinträge mit der schon erwähnten schriftlichen Rückmeldung, in der, wenn möglich, das Besondere der Leistung des Kindes hervorgehoben wird. Denk- und Rechenfehler sind Bestandteil des Lernprozesses. So sollten es auch die Lernenden erfahren.

2.3.2 Das Lernen strukturieren: „ICH – DU – WIR“

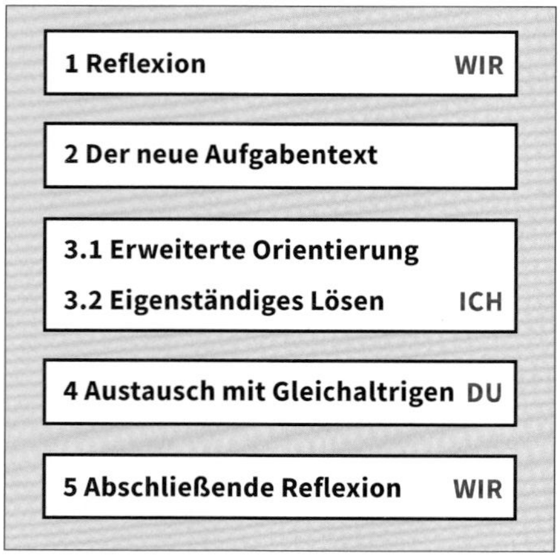

Abb. 18: Unterrichtsstruktur

Auch bei der Unterrichtsstruktur lehnten wir uns an die Konzepte von Peter Gallin und Urs Ruf an. Mit der Struktur „ICH – DU – WIR“ bekommt zunächst das singuläre Wissen des Kindes den notwendigen Raum. In den zahlreich geführten Lösungsinterviews haben wir gelernt, dass dieser Start das individuelle Denken am besten voranbringen kann. In einer DU-Phase (Austausch mit Partner oder Gruppe) kann das singuläre Wissen des Einzelnen schon eine erste Bestätigung bzw. Korrektur und Erweiterung finden. Spätestens beim abschließenden Treffen im Plenum (WIR-Phase) kommt das reguläre Wissen hinzu.

Folgender Unterrichtsverlauf wurde von uns erfolgreich eingesetzt:

1. In einer *Reflexionsrunde* zur zurückliegenden Aufgabenbearbeitung stand das reguläre Lösungswissen im Mittelpunkt, aber es wurden auch Denk- und Lösungswege besprochen, die nicht zum richtigen Ergebnis geführt hatten. Die Kinder erhielten noch im Sitzkreis ihre Hefte zurück und wurden mit dem darin enthaltenden Vermerk der Lehrkraft auch für das Lösen der aktuellen Denkaufgabe motiviert.
2. *Die neue Textaufgabe wurde vorgestellt.* Die Lehrkraft las die Problemaufgabe ausdrucksvoll vor, in der Regel zweimal. Auf diese Weise konnten die teilweise komplexen Inhalte ohne Brüche in den Kopf der Kinder gelangen, für das Erstellen des Situationsmodells wurde damit eine gute Grundlage geschaffen.
3. Kinder, die sofort mit dem Lösen beginnen konnten, gingen mit ihrem Heft und der neuen Aufgabe zum Platz, klebten den Aufgabenzettel ein und begannen mit der *individuellen Arbeitsphase.* Die anderen blieben im Eingangskreis und hatten die Möglichkeit, Fragen zu stellen und sich mit den im Kreis verbliebenen Kindern und der Lehrperson zur Textaufgabe auszutauschen. In Anlehnung an Galperins „etappenweise Ausbildung geistiger Handlungen“

nannten wir diese Phase *„erweiterte Orientierung"*. Die Kinder wurden beim Aufbau des Situationsmodells unterstützt, aber es gab keine direkten Hinweise zum Lösungsweg. Immer, wenn weitere Kinder das notwendige Anfangsverständnis erworben hatten, verließen sie den Kreis ebenfalls und begannen mit der Lösungsarbeit am Platz. Mitunter befanden sich dann nur noch ein oder zwei Kinder im Eingangskreis, bis auch diese allein starten konnten. Diese Unterstützungsphase dauerte nur wenige Minuten.

4. Nach dem eigenständigen Lösen trafen sich die Kinder, ausgerüstet mit ihrem Heft und einem Stift, mit einem oder mehreren Partnern zum *Austausch*. Die Partner stellten sich ihre Lösungen gegenseitig vor. Jedes einzelne Kind hatte jetzt auch die Möglichkeit, die eigenen Darstellungen zu ergänzen und Lösungen zu korrigieren.
5. In einer kurzen, abschließenden gemeinsamen *Reflexionsrunde* wurden verschiedene Lösungswege von den Kindern vorgestellt.

Wir haben versucht, diesen Ablauf immer im Rahmen von 45 Minuten zu verwirklichen.

Zum Weiterlesen

Freudenthal, H. (1973): Mathematik als pädagogische Aufgabe. Band 2. Stuttgart: Klett.

Gallin, P. / Ruf, U. (1991): Sprache und Mathematik in der Schule. Zürich: Lehrmittelverlag des Kantons Zürich.

Gallin, P. (2010): Dialogisches Lernen. Von einem pädagogischen Konzept zum täglichen Unterricht. Grundschulunterricht, 57(2), 4 – 9.

Galperin, P. J. (1980): Zu Grundfragen der Psychologie. Beiträge zur Psychologie. Band 4. Berlin: Volk und Wissen.

Ruf, U. / Gallin, P. (1993): Sprache und Mathematik aus der Schule. Ein Bericht aus der Praxis. Journal für Mathematik-Didaktik, 14, 1 – 28.

Ruf, U. /Gallin, P. (1995): Sprache und Mathematik. Ich mache das so! Wie machst du es? Das machen wir ab. Zürich: Lehrmittelverlag des Kantons Zürich.

Ruf, U. / Gallin, P. (1998): Dialogisches Lernen in Sprache und Mathematik. Band 1: Austausch unter Ungleichen. Seelze: Kallmeyer.

Ruf, U. / Keller, S. / Winter, F. (2008): Besser lernen im Dialog. Dialogisches Lernen in der Unterrichtspraxis. Seelze: Kallmeyer.

Sturm, N. (2015): Barrieren überwinden – aber wie? Die Grundschulzeitschrift, 29 (283 / 284), 36 – 39.

Sturm, N. (2015): Problemhaltige Textaufgaben. Leifaden für den Austausch in Zweierteams. Die Grundschulzeitschrift, Material, 29 (283 / 284), 2 – 3.

Wagenschein, M. (1980): Physikalismus und Sprache. Gegen die Nichtachtung des Unmessbaren und Unmitelbaren. In: Schäfer, G. / Loch, W. (Hg.): Kommunikative Grundlagen des naturwissenschaftlichen Unterrichts. Weinheim: Beltz, 11 – 37.

3 Unterrichtsdokumentation

In zwei Grundschulklassen erprobten wir die nachfolgenden Textaufgaben. In den Klassenstufen 1 und 4 arbeiteten wir nur in jeweils einer der beiden Grundschulklassen. Es zeigte sich, dass auch schwächere Kinder mit den Aufgaben zurechtkommen, wenn der Zahlenraum angepasst wird.

Aus diesem Grund formulierten wir, wenn es sich anbot, zwei inhaltsgleiche Aufgaben mit unterschiedlichen Zahlen. Dies hat den Vorteil, dass alle Kinder auf ihrem Niveau über die gleichen mathematischen Zusammenhänge nachdenken und in der Reflexion alle Kinder angesprochen werden können, also die Lerngemeinschaft als Ganzes vorangebracht werden kann.

3.1 Textaufgaben in Klasse 1

Heranführen der Erstklässler

„Was sind Textaufgaben? (Texte – Textaufgaben) Es wird ein kleiner Text erzählt, anschließend eine Frage gestellt. Ihr sollt versuchen, die Frage zu beantworten. Man muss zählen oder rechnen, um eine Antwort zu finden. Zur Hilfe könnt ihr das Material, das ihr auch sonst zum Rechnen nutzt, einsetzen.

Damit ich sehe, was ihr gezählt und gerechnet habt, schreibt ihr das unter die Textaufgabe. Ihr könnt Zahlen schreiben, Rechenaufgaben, alles, was ihr zur Aufgabe wisst. Schreibt auf, was erst im Kopf war.

Erst versucht jeder für sich die Lösung zu finden. Wenn ihr fertig seid, geht mit eurem Heft und einem Stift zu Mitschülern, die ebenfalls fertig sind, besprecht euch und tauscht euch aus.

Hört aufmerksam zu, was die anderen Kinder berichten. Ergänzt in eurem Heft, was euch bei den anderen gefällt. Korrigiert eure Lösung, wenn ihr denkt, das kann nicht stimmen.

Danach schauen wir uns an, was ihr geschafft habt, was wir gelernt haben.“

3.1.1 Interpretation der Textaufgaben

A

Aufgabe 1 (September)

Wir springen in der Hofpause über ein Seil. „Lange Haare, kurze Haare, Igelschnitt, Glatze!“, sprechen wir dazu. Jeder soll 8-mal springen. Nach dem 5. Mal bleibe ich hängen. Wie viele Sprünge fehlen bis zu 8-mal?

Überlegungen zur Aufgabe

Schon die erste Textaufgabe sollte Denkprozesse anregen, die über das im Mathematikunterricht bisher Betrachtete hinausreichen. Die Aufgabe wurde, wie auch die folgenden, zweimal vorgelesen. Wir bemühten uns, die Aufgaben wie kleine Geschichten zu lesen bzw. zu erzählen.

- *Problemlösen*: Das Bestimmen einer Differenz zwischen zwei Ordnungszahlen wurde als Anforderung zum Einstieg gewählt. Das Rechnen an sich war noch nicht erlernt. Voraussetzungen, die zu erwarten waren, sind Zählprozesse und darauf beruhendes Wissen zu Zahlbeziehungen.
- *Modellieren*: Die Erstklässler waren begeisterte Seilspringer in den Hofpausen. Beim Schwingen des Seils wurden kleine Texte gesprochen. Es konnte davon ausgegangen werden, dass vor diesem Hintergrund die Aufgabe gut verstanden wurde und ein passendes Situationsmodell zugeordnet werden konnte. Auf das mathematische Modell waren wir gespannt.
- *Lösung*: Bis zum achten Mal Springen fehlen noch drei Sprünge.

Lösungsbeispiele und Interpretation

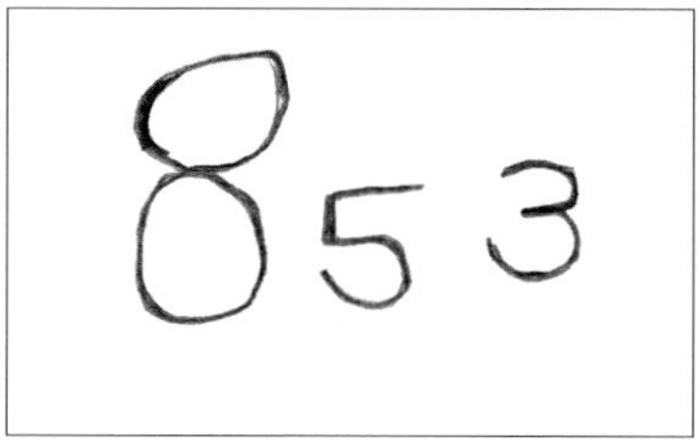

Abb. 19 – 20: Lösungsdarstellungen von Nils (links) und Paula (rechts)

Die Erstklässler zeigten überzeugend, wie mathematischen Texten schon vor der Verfügbarkeit von schulischem Operationswissen begegnet werden kann. Sie fanden interessante Möglichkeiten für die Darstellung ihrer Überlegungen und Lösungen. Die Möglichkeit der freien Aufgabenbearbeitung regte einzelne Erstklässler an, Rechenaufgaben (oft vorschulische Erfahrungen) zu notieren, die sie schon kannten. Diese Besonderheit – das Notieren von Rechnungen, die man schon bewältigt – hielt während der ersten Klasse an.

Lehrer / innen-Kommentare

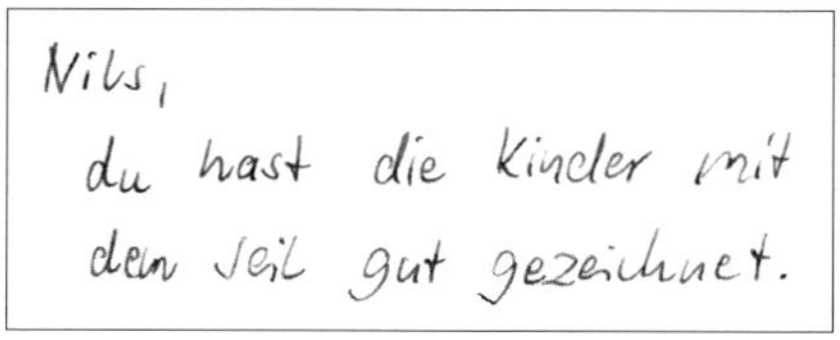

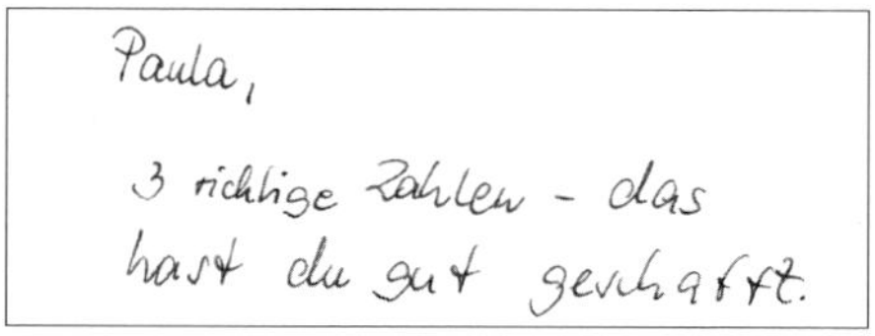

Abb. 21 – 22: Lehrer / innen-Kommentare dazu

Das Bestärken der anfänglichen Lösungsfähigkeiten spielte eine große Rolle. Deshalb waren die Kommentare vor allem während der Klassenstufe 1 auf die erfolgreichen Lösungsbestandteile gerichtet (auch für die Kinder, die ihre Überlegungen noch nicht sichtbar machen konnten, vgl. die Zeichnung von Nils). Die Bemerkungen sollten kurz und einfach sein. Die Kommentare wurden vorgelesen.

Kompetenzentwicklung

In der Reflexionsphase wurde, ausgehend von den Lösungsgedanken der Kinder, an der einen oder anderen Stelle gezeigt, was die Erstklässler so noch nicht wussten bzw. konnten: Wie viele Sprünge sind es von fünf bis acht und wie lässt sich diese Überlegung als Rechenaufgabe schreiben?

Aufgabe 2 (September)

Heute hatte ich Glück. Ich habe Geld gefunden: 1 Cent, 5 Cent und 2 Cent. Wie viele Cent habe ich gefunden?

Überlegungen zur Aufgabe

- *Problemlösen*: Die zugrunde liegende additive Situation ist noch keine besondere Herausforderung. Diese besteht im Umgang mit der Zählgröße Geld (bei der zwischen Anzahl und Wert unterschieden werden muss) und den drei Summanden, die zu berücksichtigen sind.
- *Modellieren*: Beim Aufbau des Situationsmodells stellen die Schulanfänger häufig die drei Münzen und nicht den Cent-Betrag ins Zentrum ihrer Überlegungen.
- *Lösung*: Das Kind hat acht Cent gefunden.

Lösungsbeispiele und Interpretation

Abb. 23–24: Lösungsdarstellungen von Paula (links) und Florian (rechts)

Es war beeindruckend, wie schnell gerade diese jungen Grundschulkinder Fortschritte machten. So gab es zwar noch einige Kinder, die den Wert der Münzen nicht als Kardinalzahl repräsentieren konnten – also als Zahlen, mit denen man auch rechnen kann –, den meisten Erstklässlern gelang dies aber schon. Je nach Entwicklung, notierten sie ausschließlich Zahlen oder zeigten auch schon Versuche, die vollzogene Verknüpfung darzustellen. Zu berücksichtigen ist, dass das Rechnen im Unterricht noch nicht erarbeitet wurde.

Lehrer / innen-Kommentare

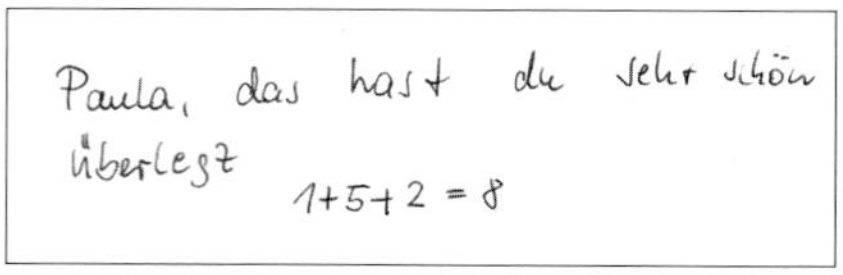

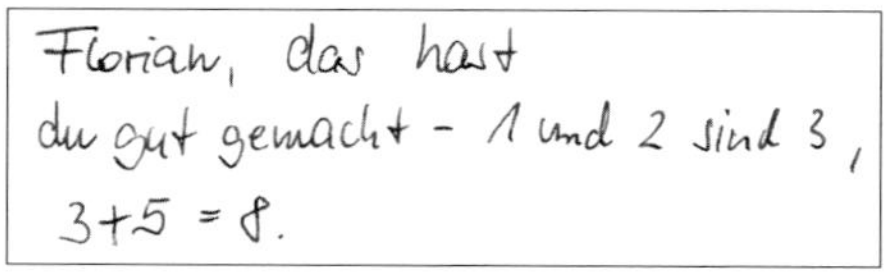

Abb. 25 – 26: Lehrer / innen-Kommentare dazu

Die Rückmeldung für die beiden Kinder sollte ihre Ansätze bestärken und Florian bei seinem ersten Notationsversuch einer Rechnung unterstützen.

Kompetenzentwicklung
Wie kann man die Cent-Beträge zusammenfügen? Wie kann man das aufschreiben? Eine entsprechende Addition könnte notiert werden, um die mathematisch-symbolische Entwicklung zu unterstützen.

A

Aufgabe 3 (Oktober)
Du kannst eine Aufgabe auswählen:
„Gerecht mit deiner Schwester teilen“, sagt Mama, als sie mir die Schokoladenriegel gibt. Ich zähle 8 Stück. Wie viele muss meine Schwester bekommen?
Oder:
„Gerecht mit deiner Schwester teilen“, sagt Mama, als sie mir die Schokoladenriegel gibt. Ich zähle 12 Stück. Wie viele muss meine Schwester bekommen?

Überlegungen zur Aufgabe

- *Problemlösen*: Für den größten Teil der Schulanfänger ist die Aufgabe noch problemhaltig. Strategien zum Halbieren einer Zahl wurden noch nicht erlernt und es muss, in der Regel mithilfe von Material, nach Lösungswegen gesucht werden. Ein kleiner Teil der Kinder kann allerdings schon Faktenwissen zuordnen.
- *Modellieren*: Die Situation kann gut verstanden werden. Ein mathematisches Modell, das passen könnte, ist zu diesem Zeitpunkt nur einigen Kindern vertraut.

▸ *Lösung*:
Aufgabenvariante 1: Die Schwester muss vier Schokoladenriegel bekommen.
Aufgabenvariante 2: Die Schwester muss sechs Schokoladenriegel bekommen.

Lösungsbeispiele und Interpretation

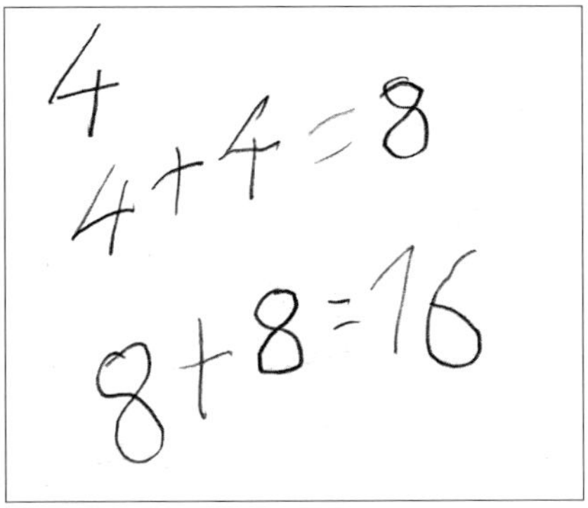

Abb. 27 – 28: Lösungsdarstellungen von Alina (links) und Valeria (rechts)

Wie erwartet, nutzten die Erstklässler eine additive Sicht, um die Teil-Teil-Ganzes-Beziehung zu erzeugen. Der größte Teil der Kinder setzte das vertraute Arbeitsmittel zur Unterstützung der Kopfrechenaktivitäten ein. Alina konnte den Situationszusammenhang schon nahezu perfekt widergeben.

Lehrer / innen-Kommentare

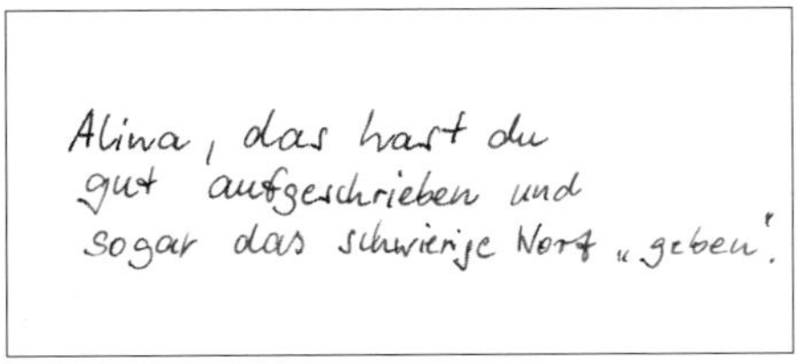

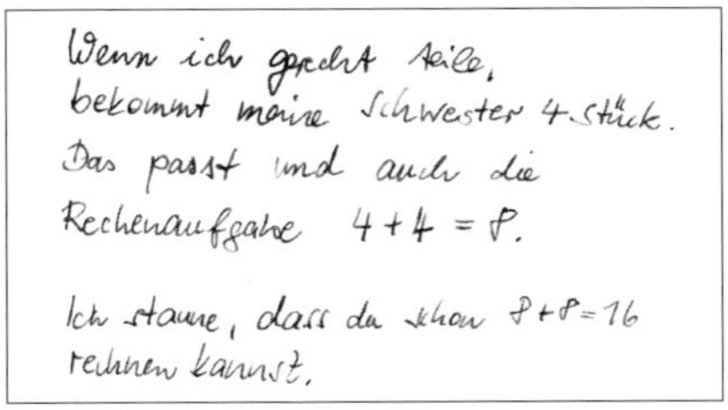

Abb. 29 – 30: Lehrer / innen-Kommentare dazu

Die Lehrkraft betonte nicht nur die mathematisch-symbolische Form, die die Kinder schon vollständig bzw. ansatzweise genutzt hatten. Auch das Einbeziehen erster Worte bei der Darstellung der Lösung wurde hervorgehoben.

Kompetenzentwicklung
Folgende Überlegungen könnten in der Reflexion thematisiert werden: Wie kann man die Hälfte einer Zahl bilden? Man kann auch das Verdoppeln nutzen und die Lösung auch als Verdopplungsaufgabe notieren.

A

Aufgabe 4 (Oktober)
Ihr könnt eine Aufgabe auswählen:
Beim Spiel „Mensch ärgere Dich nicht®" habe ich 3-mal eine 2 gewürfelt. Um wie viele Felder konnte ich vorrücken?
Oder:
Beim Spiel „Mensch ärgere Dich nicht®" habe ich 3-mal eine 6 gewürfelt. Um wie viele Felder konnte ich vorrücken?

Überlegungen zur Aufgabe

Das Spiel „Mensch ärgere Dich nicht®" war allen Kindern bekannt. Die Kinder hatten ein gutes Regelwissen und brachten ihre Meinung zu den Texten ein, z. B.: „Dreimal eine Sechs kann nur gewürfelt werden, wenn kein weiterer eigener Spielstein mehr im Feld ist." „Dreimal eine Zwei gewürfelt", kann interpretiert werden als: „Immer, wenn ich dran war, habe ich eine Zwei gewürfelt, dreimal hintereinander."

- *Problemlösen*: Der Aufgabentext kann auf multiplikative Situationen bzw. auf die fortgesetzte Addition gleicher Summanden aufmerksam machen. Für die Erstklässler ist die Bewältigung solcher Zusammenhänge noch eine Herausforderung.
- *Modellieren*: Wenn den Kindern das Spiel vertraut ist, ist der Aufbau des Situationsmodells gut zu bewältigen. Auch das Zuordnen eines mathematischen Modells in Form der Addition gelingt.
- *Lösung*:
  Aufgabenvariante 1: Das Kind konnte sechs Felder vorrücken.
  Aufgabenvariante 2: Das Kind konnte 18 Felder vorrücken.

Lösungsbeispiele und Interpretation

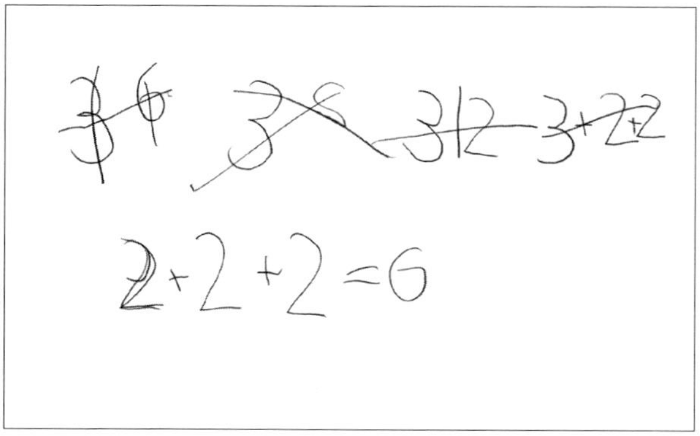

Abb. 31 – 32: Lösungsdarstellungen von Alina (links) und Marie (rechts)

Die beiden Beispiele verweisen auf das Vorwissen der Kinder zu Rechenaufgaben. Die Erstklässler bildeten die im Kopf vollzogenen Verknüpfungen untereinander oder nebeneinander, zum großen Teil noch ohne Rechenzeichen, ab. Marie konnte die Pluszeichen schon zuordnen.

Lehrer / innen-Kommentare

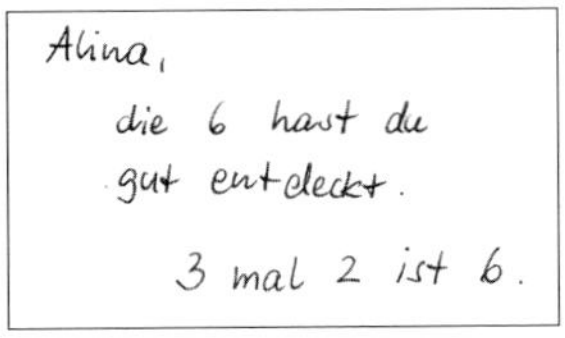
Alina,
die 6 hast du
gut entdeckt.
3 mal 2 ist 6.

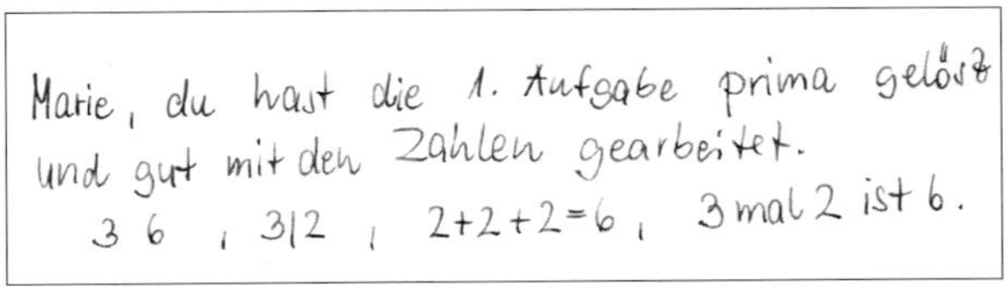
Marie, du hast die 1. Aufgabe prima gelöst
und gut mit den Zahlen gearbeitet.
3 6 , 3|2 , 2+2+2=6 , 3 mal 2 ist 6.

Abb. 33 – 34: Lehrer / innen-Kommentare dazu

Alina notierte zunächst die Lösung „6“, die sie im Kopf errechnet hatte. Erst nach dem Zeichnen des Spielfeldes stellte sie auch schriftlich eine Zahlbeziehung her, indem sie die Zahlen drei und sechs untereinander notierte. Der Kommentar der Lehrerin sollte zur gedanklichen Vervollkommnung der vorgenommenen Verknüpfung beitragen.

Die Lehrerin bekräftigte die Notation von Marie und wollte diese leistungsstarke Schülerin durch die Anmerkung auf eine weitere Möglichkeit hinweisen, die in den Texten geschilderten mathematischen Zusammenhänge darzustellen. Wichtig ist, dass in der Reflexionsphase ein solcher Kommentar von der Lehrerin interpretiert wird, z. B.: „2 + 2 + 2, also 3-mal 2“.

Kompetenzentwicklung

Wie kann man solche Gedanken aufschreiben, z. B.: „3 mal 2 ist 6“? Es könnte eine Plusaufgabe sein: 22 + 2 oder auch eine Malaufgabe, 3 · 2 = 6. Eventuell können sich Letzteres einige der fitten Kinder schon merken.

A

Aufgabe 5 (November)

In wenigen Wochen ist es wieder soweit und wir schmücken den Weihnachtsbaum. Am liebsten hänge ich die silbernen Glaskugeln mit den vielen Glitzersteinchen an den Baum. Man muss damit besonders vorsichtig sein. Die Kugeln sind in 3 Kisten verpackt, in jeder Kiste liegen 4 Kugeln. Wie viele Glitzersteinchen-Kugeln können wir aufhängen, wenn keine entzweigeht?

Überlegungen zur Aufgabe

Auch durch diese Sachsituation mit multiplikativen Charakter soll das mathematische Denken der Erstklässler angeregt werden.

- *Problemlösen*: Eine mögliche Strategie muss erst entwickelt werden. Aus dem Unterricht ist diese Art der Verknüpfung noch nicht vertraut. Das Veranschaulichen kann lösungsunterstützend eingesetzt werden.
- *Modellieren*: Die Situation können sich die Kinder gut vorstellen. Für das mathematische Modell können sie ihre additiven Kompetenzen nutzen.
- *Lösung*: Es können zwölf Kugeln aufgehängt werden, wenn keine entzweigeht.

Lösungsbeispiele und Interpretation

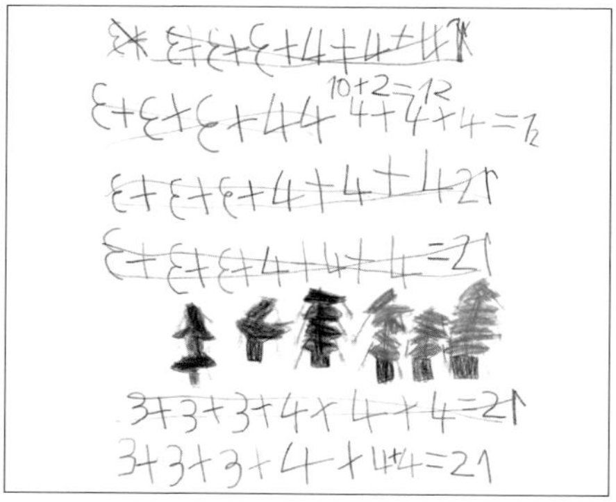

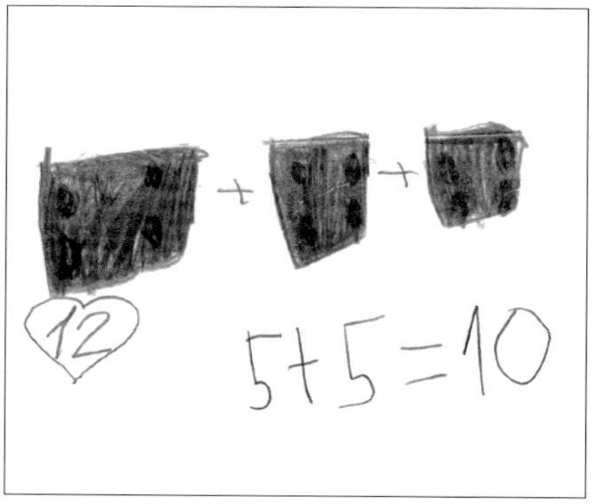

Abb. 35 – 36: Lösungsdarstellungen von Paula (links) und Vivien (rechts)

Paulas Bemühungen beeindruckten uns besonders. Sie „überschätzte“ die Situation. Aus drei Kisten machte sie dreimal drei Kisten und blieb lange bei diesem Situationsmodell, das sie immer wieder ins gleiche mathematische Modell umsetzte. Erst in der Phase des Austauschs mit den Gleichaltrigen bemerkte sie ihren Irrtum und ergänzte in der zweiten Zeile rechts die richtige Lösung.

Interessant an Viviens Ansatz ist die Verknüpfung von bildhaftem und symbolischem Denken. Im Anschluss notierte sie Rechnungen, die sie schon beherrschte, ohne Bezug zur Textaufgabe. Die Erstklässler schrieben häufig weitere Rechnungen ins Reisetagebuch, im Sinn von: „Das kann ich schon.“ Nach kurzer Überlegung gestatteten wir diese Ausflüge, das Treiben von Mathematik sollte schließlich nicht nach unserem Auftrag aufhören. Außerdem wurde so die unterschiedliche Zeit, die für die Aufgabe(n) benötigt wurde, ausgeglichen.

Lehrer / innen-Kommentare

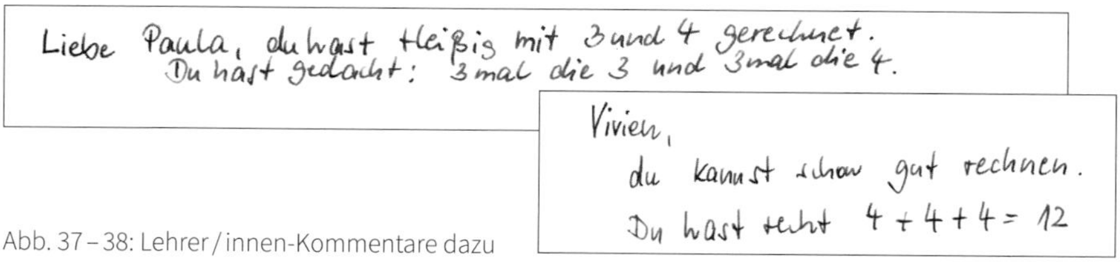

Abb. 37 – 38: Lehrer / innen-Kommentare dazu

Kinder wie Paula lernen durch die Anmerkungen der Lehrerin auch, dass das Denken nicht nur in eine Richtung gehen muss und dass man sich auch in die Gedanken des / der anderen hineinversetzen kann. Dies sorgt für ein offenes Lernklima, das man bei diesen teilweise schwierigen Aufgaben braucht. Für Vivien betonte die Lehrerin die mathematisch-symbolische Form, die in der Darstellung steckt.

Kompetenzentwicklung
Bewusst gemacht werden könnte ein mögliches mathematisches Modell: das Addieren gleicher Summanden (4 + 4 + 4) und für die leistungsstärkeren Kinder eine Multiplikation (3 · 4).

A

Aufgabe 6 (Februar)
Du kannst eine Aufgabe auswählen:
Die Vögel frieren im Winter vor dem Fenster, erzählt ein Gedicht von Bertolt Brecht. Ich helfe den Vögeln und trage regelmäßig Futter ins Vogelhaus. Gerade habe ich unsere Futterstelle wieder mit Sonnenblumenkernen gefüllt. Ich beobachte 11 Meisen. 4 Meisen fliegen schnell wieder davon. Wie viele picken noch am Vogelhaus?
Oder:
Die Vögel frieren im Winter vor dem Fenster, erzählt ein Gedicht von Bertolt Brecht. Ich helfe den Vögeln und trage regelmäßig Futter ins Vogelhaus. Gerade habe ich unsere Futterstelle wieder mit Sonnenblumenkernen gefüllt. Ich beobachte 14 Meisen. Die Hälfte der Meisen fliegt schnell wieder davon. Wie viele picken noch am Vogelhaus?

Überlegungen zur Aufgabe
Die erste Aufgabenvariante beinhaltet eine Operation und bringt diese deutlich zum Ausdruck. Der Begriff „Hälfte“ in der zweiten Aufgabe ist vor allem für leistungsschwächere Kinder anspruchsvoll.

- *Problemlösen*: Problemlöseaktivitäten werden nicht angesprochen.
- *Modellieren*: Situationsmodell und mathematisches Modell sind angesichts des dynamischen Handlungsverlaufs gut zuzuordnen. Etwas schwieriger ist die zweite Aufgabenvariante. Der Lösungsweg führt hier über zwei Operationen, das Bilden der Hälfte und das Subtrahieren der Hälfte von der Ausgangszahl.
- *Lösung*:
  Aufgabenvariante 1: Sieben Meisen picken noch am Vogelhaus.
  Aufgabenvariante 2: Es sind auch hier sieben Meisen, die sich noch am Vogelhaus Futter holen.

Lösungsbeispiele und Interpretation

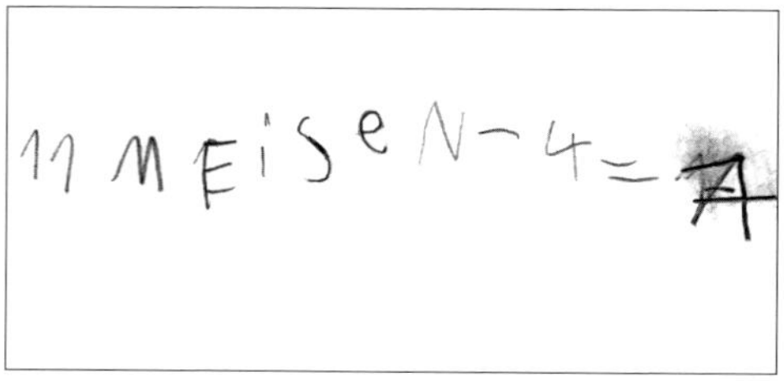

Abb. 39 – 40: Lösungsdarstellungen von Marie (links) und Valeria (rechts)

Marie übernahm situative Elemente aus dem Text in die Rechenaufgabe. Dies stützt die Verbindung zwischen der Situation und der symbolischen Ebene und sollte im Anfangsunterricht statthaft sein. Valeria konnte schon früh perfekte mathematisch-symbolische Darstellungsformen zuordnen.

Lehrer / innen-Kommentare

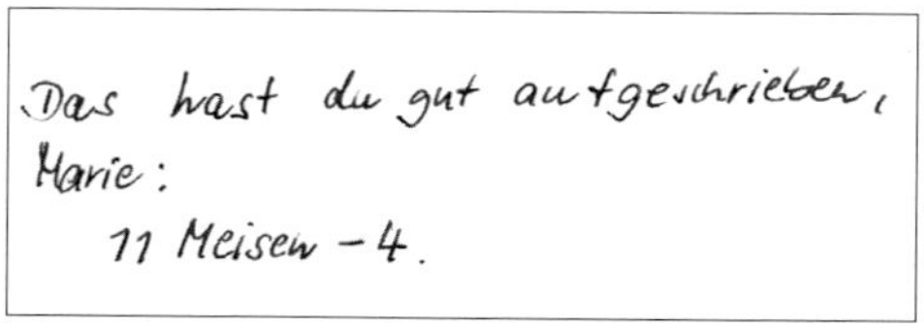

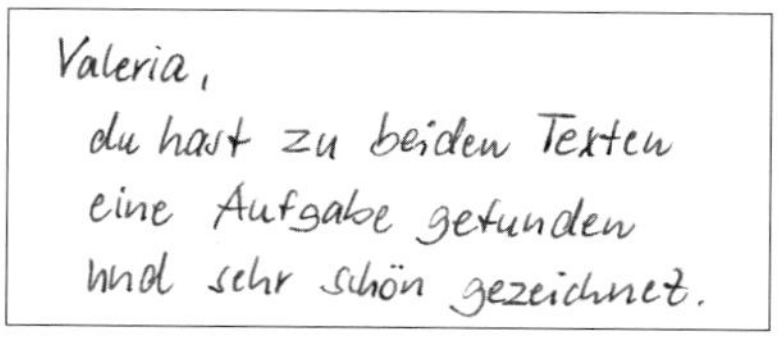

Abb. 41 – 42: Lehrer / innen-Kommentare dazu

Die Kommentare sollten das Besondere an Maries und Valerias Leistung hervorheben und die Kinder auf ihrem Weg zum Lösen von Textaufgaben bestärken, Marie für ihre Rechenaufgabe und Valeria für die Tatsache, dass sie auch für den schwierigeren Text Rechenaufgabe und Lösung erarbeitet hat.

Kompetenzentwicklung

In der Reflexionsphase könnte diskutiert werden: Wie hätte man aufschreiben können, dass von 14 Meisen die Hälfte davonfliegt, z. B. als Plus-Aufgabe (7 + 7 = 14) oder als Minusaufgabe (14 – 7 = 7) oder – wie es ein weiteres Kind gemacht hatte – als Malaufgabe (2 · 7 = 14)?

A

Aufgabe 7 (März)

Du kannst eine Aufgabe auswählen:

Die Krokusse strahlen mit ihren leuchtenden Farben schon dem Frühling entgegen. Gestern habe ich 25 Stück in unserem Garten gezählt. 9 blühen gelb und 8 blau. Die restlichen sind weiße Krokusse. Kannst du herausfinden, wie viele Krokusse eine weiße Blüte haben?

Oder:

Die Krokusse strahlen mit ihren leuchtenden Farben schon dem Frühling entgegen. Gestern habe ich 13 Stück in unserem Garten gezählt. 5 blühen gelb und 3 blau. Die restlichen sind weiße Krokusse. Kannst du herausfinden, wie viele Krokusse eine weiße Blüte haben?

Überlegungen zur Aufgabe

Die beiden Aufgabenvarianten können durch den unterschiedlichen Zahlenraum (vertrauter Zwanzigerraum und ein Zahlenraum, der darüber hinaus geht) verschiedene Leistungsgruppen ansprechen.

- *Problemlösen*: Eine Teil-Ganzes-Beziehung mit drei Teilen eines Ganzen muss berücksichtigt werden. Ungewohnt ist das Denken ausgehend von der Summe.
- *Modellieren*: Das Erstellen des Situationsmodells ist keine besondere Herausforderung. Bei der mathematischen Modellbildung können sowohl additive Aspekte als auch Differenzen zugrunde gelegt werden.
- *Lösung*:
  Aufgabenvariante 1: Acht Krokusse blühen weiß.
  Aufgabenvariante 2: Fünf Krokusse haben eine weiße Blüte.

Lösungsbeispiele und Interpretation

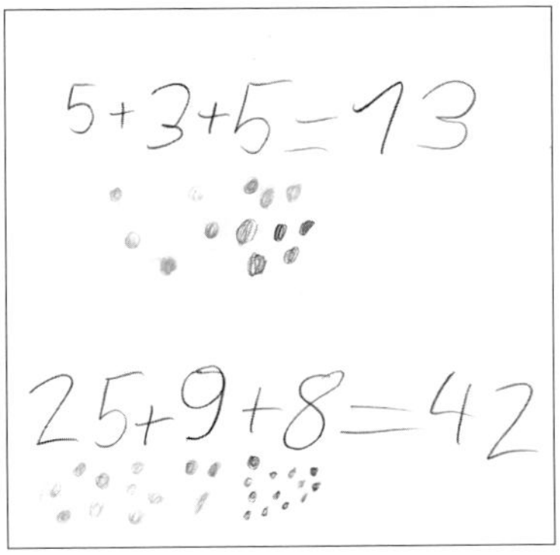

Abb. 43–45: Lösungsdarstellungen von Alina (links) und Florian (beide Darstellungen rechts)

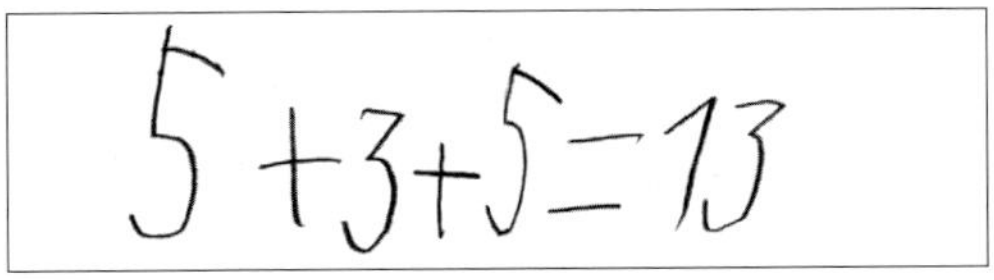

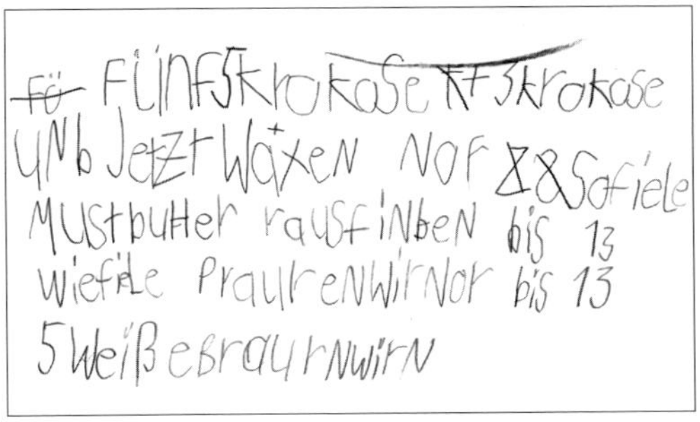

Die Anregung durch die Lehrerin, zu notieren, wie gedacht wurde, griffen leistungsstärkere Schüler / innen auf. Allerdings waren die Texte zunächst eine Herausforderung für den / die Leser / in, wie hier bei Florian (sinngemäß): „Fünf Krokusse und drei Krokusse und jetzt mussten noch so viel herausgefunden werden bis 13, wie viele brauchen wir noch bis 13. Fünf weiße brauchen wir noch." Alina wagte sich auch an die schwierige zweite Aufgabe heran. Durch den großen Zahlenraum konnte sie allerdings die Zusammenhänge nicht so gut überblicken wie bei der ersten Aufgabe.

Lehrer / innen-Kommentare

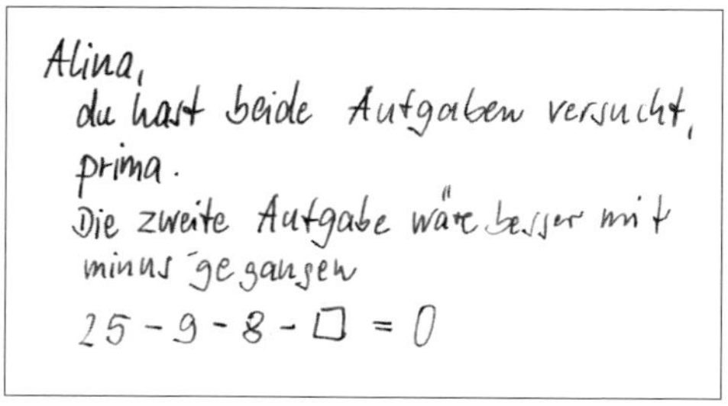

Alina,
du hast beide Aufgaben versucht, prima.
Die zweite Aufgabe wäre besser mit minus gegangen
25 - 9 - 8 - □ = 0

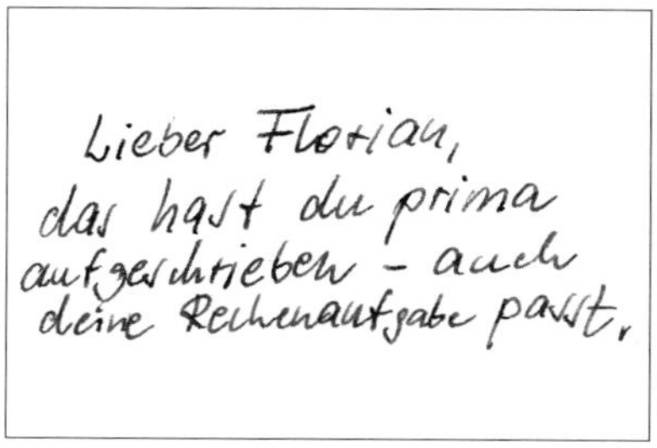

Lieber Florian,
das hast du prima aufgeschrieben – auch deine Rechenaufgabe passt.

Abb. 46 – 47: Lehrer / innen-Kommentare dazu

Das Entwickeln von passenden Mathematisierungen zu Textaufgaben war von Anfang an ein wichtiges Ziel und wurde dementsprechend in den Kommentaren hervorgehoben, ebenso, wie schon erwähnt, das Schreiben von Texten zu den eigenen Überlegungen.

Kompetenzentwicklung

Da die Erstklässler in der Regel auf ein additives Zusammenfügen zurückgreifen, kann darüber hinaus auf die Möglichkeit zu subtrahieren hingewiesen und eine entsprechende Aufgabe notiert werden: 13 – 5 – 3 = 5. Daran schließt sich das Prüfen der Lösung an: 5 + 3 + 5 = 18.

A

Aufgabe 8 (März)

Du kannst eine Aufgabe auswählen:

Kai ist traurig. Er hat Geld verloren. Er läuft zurück und sucht auf dem Boden. Nichts. Ratlos blickt er auf den Rest in seiner Hand. Es sind noch 25 Cent. Mit 60 Cent ist er losgegangen. Wie viele Cent hat er verloren?

Oder:

Kai ist traurig. Er hat Geld verloren. Er läuft zurück und sucht auf dem Boden. Nichts. Ratlos blickt er auf den Rest in seiner Hand. Es sind noch 15 Cent. Mit 30 Cent ist er losgegangen. Wie viele Cent hat er verloren?

Überlegungen zur Aufgabe

Wenn es gelang, versuchten wir, mit den Texten kleine Geschichten zu erzählen und die Kinder auch emotional anzusprechen. Bei der vorliegenden Aufgabe konnten sich die Kinder nach dem Vorlesen der Aufgaben sofort in Kais Lage hineinversetzen und waren hoch motiviert festzustellen, wie viel Geld jeweils fehlte. Den Umweltbezug, den das „Geld“ ins Spiel bringt, nutzten wir für das Einbinden etwas größerer Zahlenräume.

- *Problemlösen*: Obwohl es keine typische Problemaufgabe ist, besteht Problemgehalt durch den größeren Zahlenraum und durch die ungewohnte Reihenfolge bei der Darstellung der Teil-Ganzes-Beziehung (erst der Teil, dann das Ganze).
- *Modellieren*: Die Situation ist von den Erstklässlern gut nachzuvollziehen. Beim Mathematisieren steht die Suche nach Differenzen im Mittelpunkt. Diese können durch die Subtraktion oder Addition bestimmt werden.
- *Lösung:*
  Aufgabenvariante 1: Kai hat 35 Cent verloren.
  Aufgabenvariante 2: Kai hat 15 Cent verloren.

Lösungsbeispiele und Interpretation

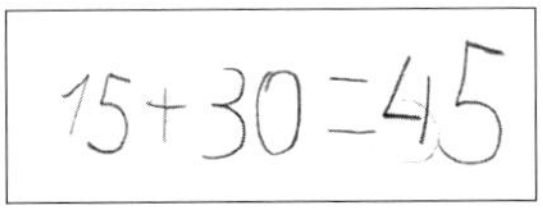

Abb. 48 – 50: Lösungsdarstellungen von Max (links oben) und Songyl (Darstellungen links unten und rechts)

Während Max die notwendige Operation gut erkennen konnte und dies symbolisch und schriftsprachlich notierte (wenn auch die schriftliche Entsprechung der Rechenaufgabe mit einem Fehler), erkannte Songyl nicht, dass eine Differenz gebildet werden muss. Sie nutzte die verbleibende Zeit nach der vermeintlichen Lösung für das Notieren der verschiedensten Rechenaufgaben, die sie inzwischen schon automatisiert hatte.

Lehrer / innen-Kommentare

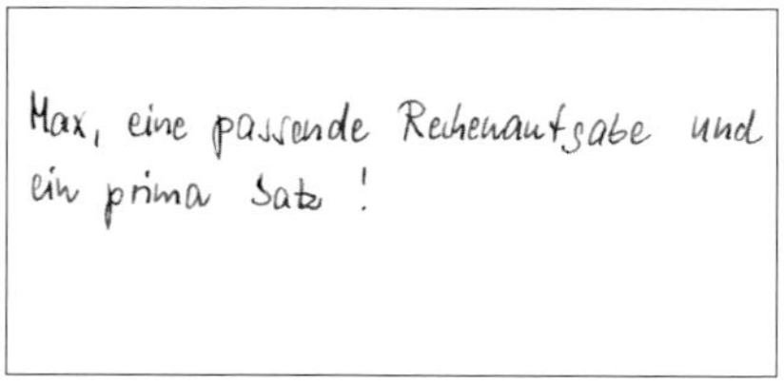
Max, eine passende Rechenaufgabe und
ein prima Satz!

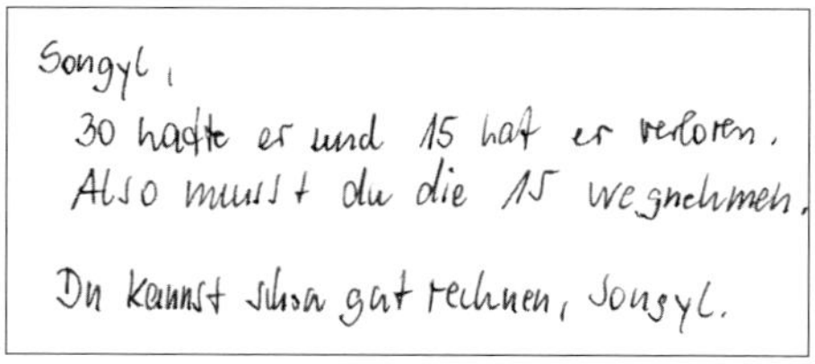
Songyl,
30 hatte er und 15 hat er verloren.
Also musst du die 15 wegnehmen.
Du kannst schon gut rechnen, Songyl.

Abb. 51 – 52: Lehrer / innen-Kommentare dazu

Die Lehrerin betonte die Leistung von Max. Songyl wies sie auf ihren Irrtum hin und bestärkte gleichzeitig ihre Rechenfähigkeiten.

Kompetenzentwicklung
Eine Rolle spielen könnte noch einmal der Zusammenhang: 15 und eine Zahl muss 30 ergeben, also 15 + eine Zahl = 30 (15 + ? = 30). Als Rechenaufgabe kann auch 30 – 15 = 15 zugeordnet werden.

A

Aufgabe 9 (April)
Kitty und ihr Bruder Malte haben wieder einmal Streit. Wer hatte nun die meisten Schokoriegel gegessen? Kitty sagt: „Ich habe 4 weniger als 10 gegessen." Malte erwidert: „Bei mir waren es 8 weniger als 16." Kannst du den Streit schlichten und beweisen, wer die meisten Riegel gegessen hat?

Überlegungen zur Aufgabe
Das Einbeziehen der wörtlichen Rede betont einen authentischen Erzählcharakter bei Textaufgaben, die Aufgabe spricht die Kinder nicht zuletzt dadurch an.

- *Problemlösen*: Knifflig ist die sprachliche Repräsentation („4 weniger als 10"; „8 weniger als 16"). Darüber hinaus muss für die Lösung eine längere Gedankenkette aufgebaut werden: die Anzahl Riegel des ersten Kindes, dann die Anzahl Riegel des zweiten Kindes und schließlich der Vergleich beider Anzahlen.
- *Modellieren*: Für den Aufbau des Situationsmodells wird etwas Zeit gebraucht. Die wörtliche Rede und die schon erwähnten sprachlichen Besonderheiten müssen erst verarbeitet werden. Konnte ein mathematisches Modell zugeordnet werden, benötigen die Kinder ihre Kenntnisse zur Subtraktion.
- *Lösung*: Kitty hat sechs Riegel gegessen, Malte hat acht Riegel gegessen. Malte hat also mehr Riegel gegessen. Beweisen lässt sich dies durch die zugehörigen Rechenaufgaben 10 – 4 = 6 und 16 – 8 = 8.

Lösungsbeispiele und Interpretation

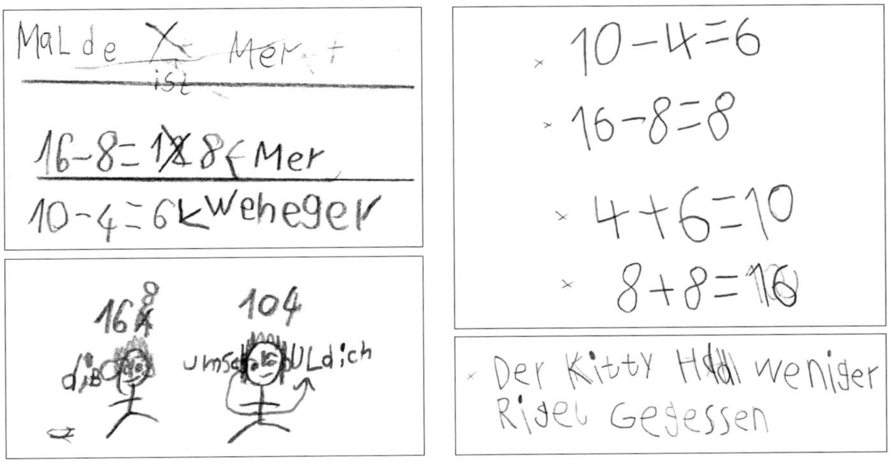

Abb. 53 – 56: Lösungsdarstellungen von Nils (beide Darstellungen links) und Paula (beide Darstellungen rechts)

Beide Kinder belegten ihre Überlegungen mit Rechnungen und Texten. Nils schrieb zuerst die Antwort. Dies zeigt, dass er die Lösung im Kopf ermittelt hatte. Im Anschluss dokumentierte er seine Überlegungen. Paula belegte zusätzlich mit Umkehraufgaben ihre Überlegungen. Auch sie notierte einen Satz, um auf ihre Gedanken bekräftigend hinzuweisen.

Lehrer / innen-Kommentare

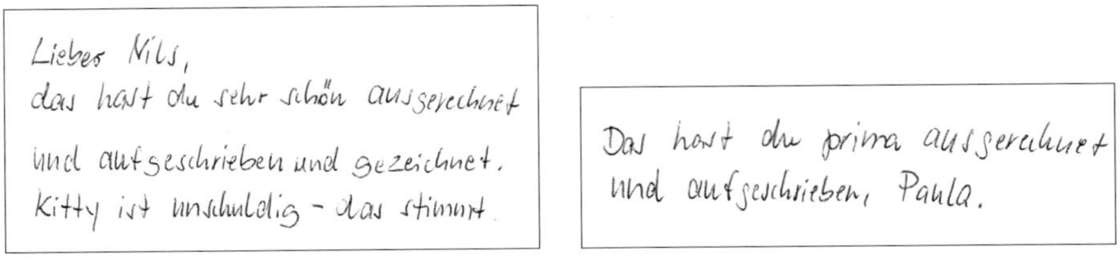

Abb. 57 – 58: Lehrer / innen-Kommentare dazu

Für Paula wurde das Nutzen von Umkehraufgaben hervorgehoben und für Nils die Art und Weise, wie er seine Lösungsdarstellungen durch schriftliche Bemerkungen unterstützt hatte.

Kompetenzentwicklung

Folgende Überlegungen könnten noch einmal bewusst gemacht werden: „4 weniger als 10“. Wie lässt sich das in eine Rechnung bringen? 10 – 4, aber auch: 4 + ? = 10.

A

Aufgabe 10 (April)
Du kannst eine Aufgabe auswählen:
Prinzessin Tausendschön lädt viele Kinder in ihr Schloss ein zu einem Frühlingsfest. Dieses Mal sind 14 Kinder mehr gekommen als bei dem Fest im vorigen Jahr. 70 Gäste zählt die Prinzessin. Wie viele Gäste hatte Prinzessin Tausendschön im vorigen Jahr?
Oder:
Prinzessin Tausendschön lädt viele Kinder in ihr Schloss ein zu einem Frühlingsfest. Dieses Mal sind 6 Kinder mehr gekommen als bei dem Fest im vorigen Jahr. 21 Gäste zählt die Prinzessin. Wie viele Gäste hatte Prinzessin Tausendschön im vorigen Jahr?

Überlegungen zur Aufgabe

- Diese Aufgabe sprach vor allem die Mädchen unserer Projektklasse an.
- *Problemlösen*: Die Textaufgabe ist keine typische Problemaufgabe. Problemgehalt entsteht für Erstklässler durch die Notwendigkeit, die Umkehroperation hinzuzuziehen.
- *Modellieren*: Beim Aufbau des Situationsmodells muss demzufolge beachtet werden: Es waren mehr Gäste gekommen, also mussten es im vergangenen Jahr weniger gewesen sein. Die zusätzlichen Gäste müssen also „weggenommen“ werden.
- *Lösung*:
  Aufgabenvariante 1: Im vorigen Jahr hatte Prinzessin Tausendschön 56 Gäste.
  Aufgabenvariante 2: Im vorigen Jahr hatte Prinzessin Tausendschön 15 Gäste.

Lösungsbeispiele und Interpretation

Valeria wies dieses Mal die Aufgaben, die zur Textaufgabe gehörten, deutlich aus.

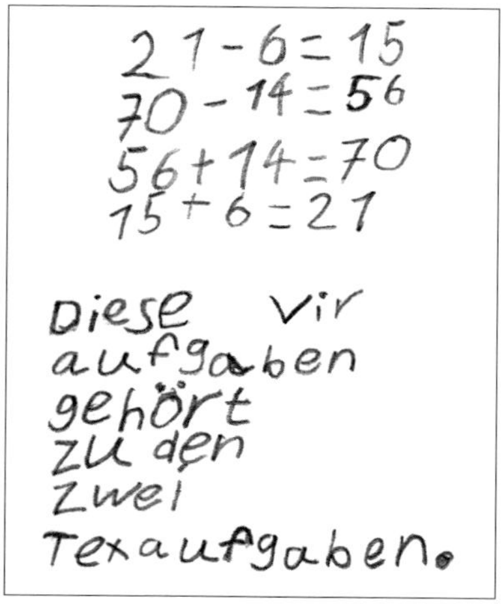

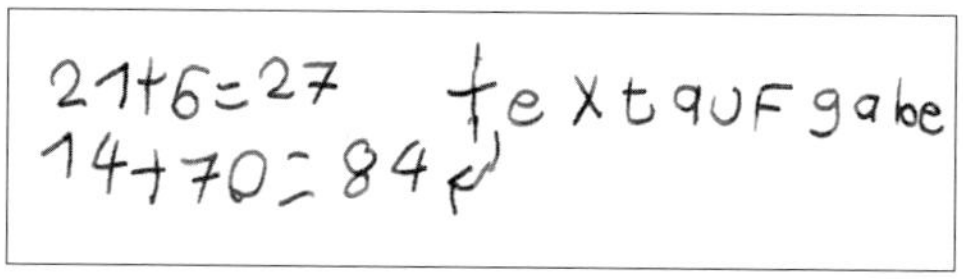

Abb. 59 – 60: Lösungsdarstellungen von Valeria (links) und Nils (rechts)

Mehrmals hatten wir die Kinder darauf aufmerksam gemacht, dass dies wichtig ist, wenn sie weitere Rechnungen notieren möchten, wie es auch Valeria meistens tat. Nils konnte kein korrektes mathematisches Modell zuordnen. Das reversible Denken, das bei dieser Aufgabe benötigt wird, ist anspruchsvoll.

Lehrer / innen-Kommentare

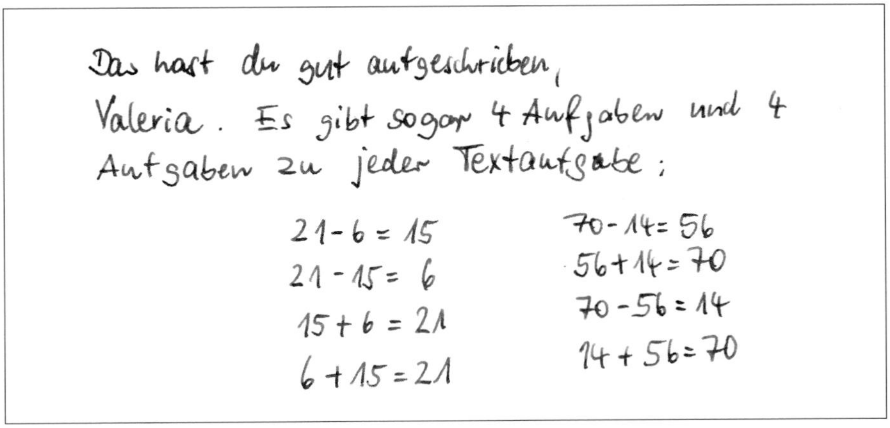
Das hast du gut aufgeschriben, Valeria. Es gibt sogar 4 Aufgaben und 4 Aufgaben zu jeder Textaufgabe:

21 - 6 = 15	70 - 14 = 56
21 - 15 = 6	56 + 14 = 70
15 + 6 = 21	70 - 56 = 14
6 + 15 = 21	14 + 56 = 70

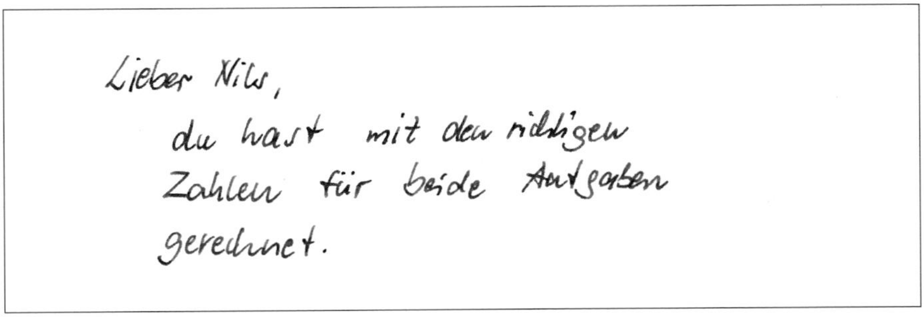
Lieber Nils,
du hast mit den richtigen Zahlen für beide Aufgaben gerechnet.

Abb. 61 – 62: Lehrer / innen-Kommentare dazu

Für Valeria, die leistungsstarke Schülerin, notierte die Lehrerin die jeweils vier möglichen Aufgaben zu einem Zahlentripel, um sie auf weitere Aufgaben, die zur Textaufgabe passen würden, aufmerksam zu machen. Die Lehrerin machte Nils höchstens indirekt auf den fehlerhaften Weg aufmerksam und vertraute auf das nochmalige Besprechen der Aufgabe.

Kompetenzentwicklung

Folgende Überlegung könnte noch einmal betont werden: Sechs Gäste mehr als im vorigen Jahr sind gekommen. Wenn man wissen will, wie viele es im vorigen Jahr waren, muss man diese sechs Gäste wieder „rausnehmen", also 21 – 6 = 15.

A

Aufgabe 11 (Mai)
Du kannst eine Aufgabe auswählen:
Räuber Hotzenklotz ist wieder einmal auf seinen üblichen Raubzügen unterwegs. Er muss auf der Hut sein, dass ihn der schlaue Polizist nicht erwischt. Deshalb sucht er 12 Kilometer von der Höhle entfernt nach Beute. Das ist 3 Kilometer weiter als beim letzten Mal.
Wie weit weg von seiner Höhle war er beim letzten Mal?
Oder:
Räuber Hotzenklotz ist wieder einmal auf seinen üblichen Raubzügen unterwegs. Er muss auf der Hut sein, dass ihn der schlaue Polizist nicht erwischt. Deshalb sucht er 34 Kilometer von der Höhle entfernt nach Beute. Das ist 9 Kilometer weiter als beim letzten Mal.
Wie weit weg von seiner Höhle war er beim letzten Mal?

Überlegungen zur Aufgabe

Mit dieser Aufgabe sollte – wie schon in Aufgaben zuvor – das variable Bewegen zwischen den Operationen angeregt werden. Vor allem die erste Aufgabenvariante ist vom Zahlenraum her für die Kinder überschaubar und gestattet ihnen, sich auf die mathematischen Zusammenhänge zu konzentrieren.

- *Problemlösen*: Durch die Notwendigkeit, die Umkehroperation zuzuordnen, hat die Aufgabe für Erstklässler Problemgehalt.
- *Modellieren*: Der Zusammenhang „Das ist 3 (9) Kilometer weiter als beim letzten Mal" erschwert die Erstellung eines Situationsmodells. Die Beschreibung „weiter als" muss von den Kindern mit der vorangegangenen Aussage in Beziehung gesetzt werden, um eine passendes mathematisches Modell zuordnen zu können.
- *Lösung*:
  Aufgabenvariante 1: Beim letzten Mal suchte er neun Kilometer von der Höhle entfernt nach Beute.
  Aufgabenvariante 2: Beim letzten Mal suchte er 25 Kilometer von der Höhle entfernt nach Beute.

Aufgabenbeispiele und Interpretation

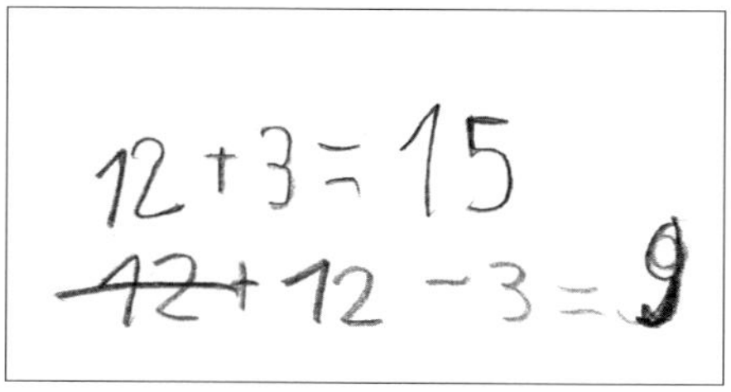

Abb. 63 – 64: zwei Lösungsdarstellungen von Marie

Abb. 65: dritte Lösungsdarstellung von Marie

Auch Marie interpretierte wie einige andere Kinder „3 km weiter als beim letzten Mal" im Sinne einer additiven Beziehung. Erst nach einem Tipp der Lehrerin konnte sie das Situationsmodell im Kopf ändern und die Rechenaufgabe korrigieren.

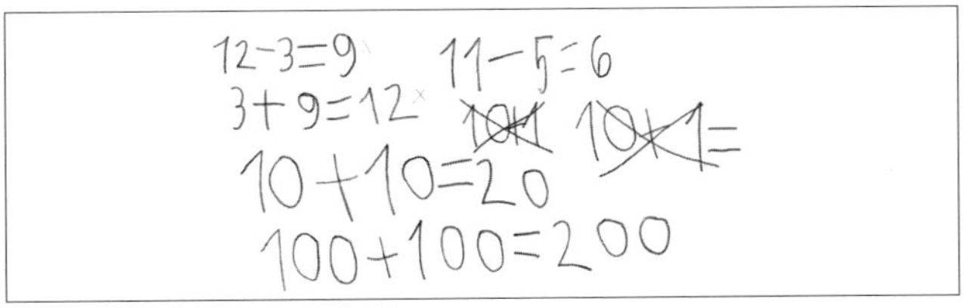

Abb. 66 – 68: drei Lösungsdarstellungen von Paula

Paula fand gleich den Weg zur richtigen Operation. Die Fantasie führte sie gedanklich zum Besitz des Räubers und damit zu Aufgaben mit großen Zahlen und einem entsprechenden Satz.

Lehrer / innen-Kommentare

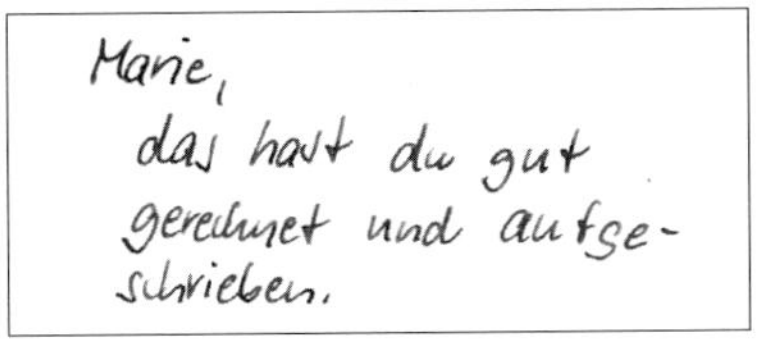

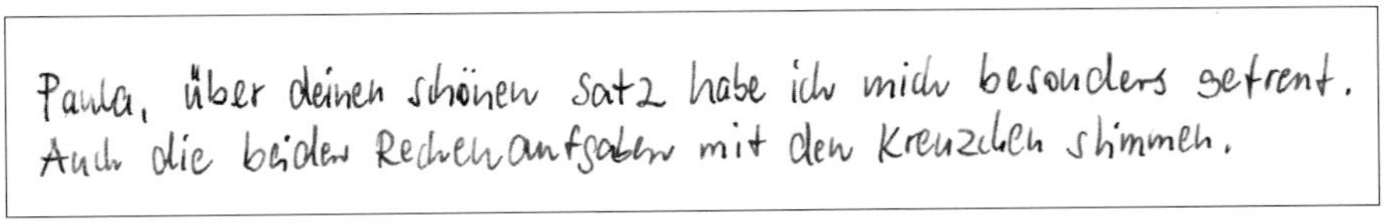

Abb. 69 – 70: Lehrer / innen-Kommentare dazu

Die Lehrerin erwähnte den zunächst falschen Ansatz in Maries Lösungsdokumentation nicht und bestärkte die erbrachte Leistung. Der Kommentar für Paula hob die Gedanken hervor, die sich um eine Aufgabe herum ergeben können. Die gedankliche Arbeit sollte mit der Zielfindung nicht unbedingt aufhören.

Kompetenzentwicklung
Es war drei Kilometer weiter als beim letzten Mal. Um zu wissen, wie weit es diesmal war, müssen die drei Kilometer zurückgerechnet werden, das bedeutet: 12 – 3 bringt die Lösung.

A

Aufgabe 12 (Juni)
Du kannst eine Aufgabe auswählen:
Martin war mit seinen Eltern in eine andere Stadt gezogen. Heute war sein erster Schultag in der neuen Schule. Martin war aufgeregt. Ob er auch Freunde finden würde? Als Martin zaghaft die neue Klasse betrat, schauten ihn 50 Kinderaugen neugierig an.
Wie viele Kinder lernten bisher in der Klasse?
Oder:
Martin war mit seinen Eltern in eine andere Stadt gezogen. Heute war sein erster Schultag in der neuen Schule. Martin war aufgeregt. Ob er auch Freunde finden würde? Als Martin zaghaft die neue Klasse betrat, schauten ihn 42 Kinderaugen neugierig an.
Wie viele Kinder lernten bisher in der Klasse?

Überlegungen zur Aufgabe
Mit dieser Aufgabe schlossen wir den Textaufgabenkurs in Klasse 1 ab. Mit dem mathematischen Gehalt wollten wir die Kinder anregen, eine Situation zum Teilen zu erkunden bzw. mit diesem speziellen sachlichen Hintergrund das Nachdenken über Doppeltes und Hälfte anregen.

- *Problemlösen*: Der Problemgehalt entsteht für Erstklässler vor allem durch die großen Zahlen und eventuell durch die Beziehung der Anzahl der Kinderaugen zu der Anzahl der Kinder. Das Veranschaulichen ist als zielführende Strategie mit Aufwand verbunden.
- *Modellieren*: Die Situation ist für den größten Teil der Kinder gut vorstellbar. Auch ein passendes mathematisches Modell kann zugeordnet werden: Doppeltes und Hälfte ist den Kindern am Ende der ersten Klasse vertraut. Erschwert wird das mathematische Verfahren durch die großen Zahlenräume.
- *Lösung*:
  Aufgabenvariante 1: Bisher lernten 25 Kinder in der Klasse.
  Aufgabenvariante 2: Bisher lernten 21 Kinder in der Klasse.

Lösungsbeispiele und Interpretation

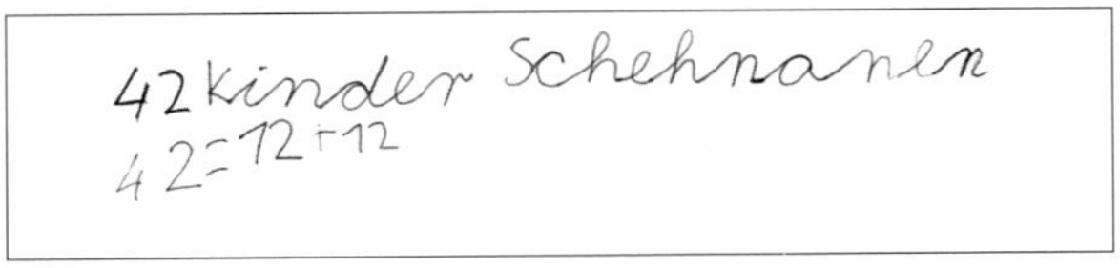

Abb. 71 – 72: Lösungsdarstellungen von Valeria (oben) und Songyl (unten)

Einige Kinder skizzierten die Augenpaare und kamen zählend zur Lösung. Andere zeichneten Schultische und gruppierten die Kinder darum herum, um sich so die Situation besser vorstellen zu können. Valeria benötigte solche Veranschaulichung nicht. Sie agierte schon recht sicher im Hunderterraum und konnte sich die Situation im Kopf rechnerisch erschließen. Demzufolge notierte sie auch zuerst die Lösung und ordnete erst anschließend die Rechnungen zu.

Songyl wählte die Aufgabenvariante mit der 42 als Ausgangszahl und kam beim Schreiben ihres Satzes mit den Dimensionen (Augen und Personen) durcheinander. Beim Überlegen arbeitete sie mit der 24 anstatt mit der 42 und zerlegte demzufolge in 12 und 12. Auch wenn sie mit einer fehlerhaften Zahl arbeitete, zeigte sie, dass sie die mathematische Situation verstanden hatte.

Lehrer / innen-Kommentare

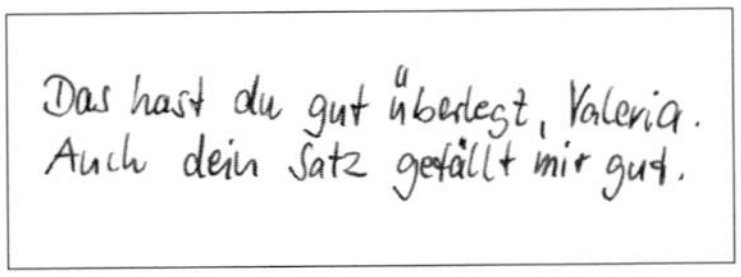

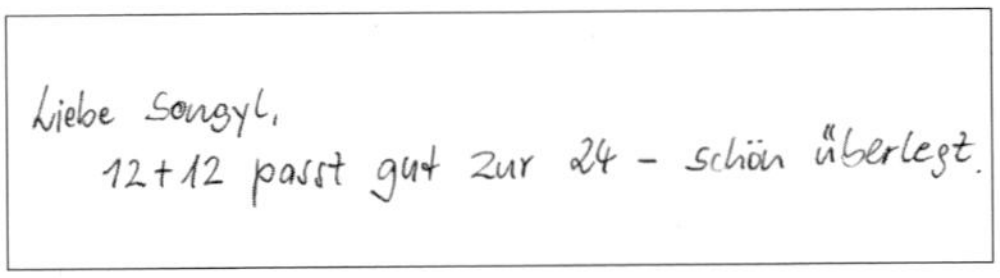

Abb. 73 – 74: Lehrer / innen-Kommentare dazu

Während Valeria aus Sicht der Lehrerin keinen besonderen Hinweis benötigte, sollten Songyls Bemühungen durch den Verweis auf ihre konkrete Leistung bestärkt werden.

Kompetenzentwicklung

50 Kinderaugen und 25 Kinder, wo findet man eine solche Situation noch? 25 Paar Schuhe sind 50 Schuhe, 25 Paar Strümpfe sind 50 einzelne Strümpfe ...

3.1.2 Die Textaufgaben im Überblick

Aufgabe 1 (September)
Wir springen in der Hofpause über ein Seil. „Lange Haare, kurze Haare, Igelschnitt, Glatze!", sprechen wir dazu. Jeder soll 8-mal springen. Nach dem 5. Mal bleibe ich hängen. Wie viele Sprünge fehlen bis zu 8-mal?

Aufgabe 2 (September)
Heute hatte ich Glück. Ich habe Geld gefunden. 1 Cent, 5 Cent und 2 Cent. Wie viele Cent habe ich gefunden?

Aufgabe 3 (Oktober)
Du kannst eine Aufgabe auswählen:
„Gerecht mit deiner Schwester teilen", sagt Mama, als sie mir die Schokoladenriegel gibt. Ich zähle 8 Stück. Wie viele muss meine Schwester bekommen?
Oder:
„Gerecht mit deiner Schwester teilen", sagt Mama, als sie mir die Schokoladenriegel gibt. Ich zähle 12 Stück. Wie viele muss meine Schwester bekommen?

Aufgabe 4 (Oktober)
Ihr könnt eine Aufgabe auswählen:
Beim Spiel „Mensch ärgere Dich nicht®" habe ich 3-mal eine 2 gewürfelt. Um wie viele Felder konnte ich vorrücken?
Oder:
Beim Spiel „Mensch ärgere Dich nicht®" habe ich 3-mal eine 6 gewürfelt. Um wie viele Felder konnte ich vorrücken?

Aufgabe 5 (November)
In wenigen Wochen ist es wieder soweit und wir schmücken den Weihnachtsbaum. Am liebsten hänge ich die silbernen Glaskugeln mit den vielen Glitzersteinchen an den Baum. Man muss damit besonders vorsichtig sein. Die Kugeln sind in 3 Kisten verpackt, in jeder Kiste liegen 4 Kugeln.
Wie viele Glitzersteinchen-Kugeln können wir aufhängen, wenn keine entzwei geht?

Aufgabe 6 (Februar)
Du kannst eine Aufgabe auswählen:
Die Vögel frieren im Winter vor dem Fenster, erzählt ein Gedicht von Bertolt Brecht. Ich helfe den Vögeln und trage regelmäßig Futter ins Vogelhaus. Gerade habe ich unsere Futterstelle wieder mit Sonnenblumenkernen gefüllt. Ich beobachte 11 Meisen. 4 Meisen fliegen schnell wieder davon. Wie viele picken noch am Vogelhaus?

Oder:
Die Vögel frieren im Winter vor dem Fenster, erzählt ein Gedicht von Bertolt Brecht. Ich helfe den Vögeln und trage regelmäßig Futter ins Vogelhaus. Gerade habe ich unsere Futterstelle wieder mit Sonnenblumenkernen gefüllt. Ich beobachte 14 Meisen. Die Hälfte der Meisen fliegt schnell wieder davon. Wie viele picken noch am Vogelhaus?

Aufgabe 7 (März)

Du kannst eine Aufgabe auswählen:
Die Krokusse strahlen mit ihren leuchtenden Farben schon dem Frühling entgegen. Gestern habe ich 25 Stück in unserem Garten gezählt. 9 blühen gelb und 8 blau. Die restlichen sind weiße Krokusse. Kannst du herausfinden, wie viele Krokusse eine weiße Blüte haben?
Oder:
Die Krokusse strahlen mit ihren leuchtenden Farben schon dem Frühling entgegen. Gestern habe ich 13 Stück in unserem Garten gezählt. 5 blühen gelb und 3 blau. Die restlichen sind weiße Krokusse. Kannst du herausfinden, wie viele Krokusse eine weiße Blüte haben?

Aufgabe 8 (März)

Du kannst eine Aufgabe auswählen:
Kai ist traurig. Er hat Geld verloren. Er läuft zurück und sucht auf dem Boden. Nichts.
Ratlos blickt er auf den Rest in seiner Hand. Es sind noch 25 Cent. Mit 60 Cent ist er losgegangen. Wie viele Cent hat er verloren?
Oder:
Kai ist traurig. Er hat Geld verloren. Er läuft zurück und sucht auf dem Boden. Nichts.
Ratlos blickt er auf den Rest in seiner Hand. Es sind noch 15 Cent. Mit 30 Cent ist er losgegangen. Wie viele Cent hat er verloren?

Aufgabe 9 (April)

Kitty und ihr Bruder Malte haben wieder einmal Streit. Wer hatte nun die meisten Schokoriegel gegessen? Kitty sagt: „Ich habe 4 weniger als 10 gegessen.“ Malte erwidert: „Bei mir waren es 8 weniger als 16.“ Kannst du den Streit schlichten und beweisen, wer die meisten Riegel gegessen hat?

Aufgabe 10 (April)

Du kannst eine Aufgabe auswählen:
Prinzessin Tausendschön lädt viele Kinder in ihr Schloss ein zu einem Frühlingsfest. Dieses Mal sind 14 Kinder mehr gekommen als bei dem Fest im vorigen Jahr. 70 Gäste zählt die Prinzessin. Wie viele Gäste hatte Prinzessin Tausendschön im vorigen Jahr?

Oder:

Prinzessin Tausendschön lädt viele Kinder in ihr Schloss ein zu einem Frühlingsfest. Dieses Mal sind 6 Kinder mehr gekommen als bei dem Fest im vorigen Jahr. 21 Gäste zählt die Prinzessin. Wie viele Gäste hatte Prinzessin Tausendschön im vorigen Jahr?

Aufgabe 11 (Mai)

Du kannst eine Aufgabe auswählen:

Räuber Hotzenklotz ist wieder einmal auf seinen üblichen Raubzügen unterwegs. Er muss auf der Hut sein, dass ihn der schlaue Polizist nicht erwischt. Deshalb sucht er 12 Kilometer von der Höhle entfernt nach Beute. Das ist 3 Kilometer weiter als beim letzten Mal.

Wie weit weg von seiner Höhle war er beim letzten Mal?

Oder:

Räuber Hotzenklotz ist wieder einmal auf seinen üblichen Raubzügen unterwegs. Er muss auf der Hut sein, dass ihn der schlaue Polizist nicht erwischt. Deshalb sucht er 34 Kilometer von der Höhle entfernt nach Beute. Das ist 9 Kilometer weiter als beim letzten Mal.

Wie weit weg von seiner Höhle war er beim letzten Mal?

Aufgabe 12 (Juni)

Du kannst eine Aufgabe auswählen:

Martin war mit seinen Eltern in eine andere Stadt gezogen. Heute war sein erster Schultag in der neuen Schule. Martin war aufgeregt. Ob er auch Freunde finden würde? Als Martin zaghaft die neue Klasse betrat, schauten ihn 50 Kinderaugen neugierig an.

Wie viele Kinder lernten bisher in der Klasse?

Oder:

Martin war mit seinen Eltern in eine andere Stadt gezogen. Heute war sein erster Schultag in der neuen Schule. Martin war aufgeregt. Ob er auch Freunde finden würde? Als Martin zaghaft die neue Klasse betrat, schauten ihn 42 Kinderaugen neugierig an.

Wie viele Kinder lernten bisher in der Klasse?

3.2 Textaufgaben in Klasse 2

In Klasse 2 lernen die Kinder, sich im Zahlenraum bis 100 zu bewegen. Man kann davon ausgehen, dass sie inzwischen ein gutes Operationsverständnis für Addition und Subtraktion entwickelt haben. Ein Teil von ihnen kann auf automatisiertes Grundaufgabenwissen aus dem Zwanzigerraum zurückgreifen sowie auf das (halbschriftliche) Addieren und Subtrahieren im Hunderterraum. Erlernt werden in Klasse 2 die Grundlagen für die Operationen Multiplikation und Division. Das kleine Einmaleins und entsprechende Divisionsaufgaben werden erworben.

3.2.1 Interpretation der Textaufgaben

A

Aufgabe 1 (September)

Du kannst eine Aufgabe auswählen:

Anna und Jonas haben zusammen 20 YU-GI-OH!®-Karten. Anna hat 4 mehr als Jonas. Wie viele Karten hat Anna? Wie viele Karten hat Jonas?

Oder:

Anna und Jonas haben zusammen 10 YU-GI-OH!®-Karten. Anna hat 4 mehr als Jonas. Wie viele Karten hat Anna? Wie viele Karten hat Jonas?

Überlegungen zur Aufgabe

Diese Aufgaben gehören zu den Vergleichsaufgaben, bei denen beide Vergleichsmengen gesucht sind. Für Grundschulkinder entsteht bei diesen Aufgaben immer wieder eine ungewohnte Denksituation. Den Inhalt des Textes gestalteten wir in Anlehnung an die Pausenbeschäftigung der Kinder. Sammelkarten mit diesem Namen waren uns vorher noch nicht begegnet.

- *Problemlösen:* Es können verschiedene Denkmodelle, unterstützt mit Material, zum Ziel führen, z. B. für die Aufgabe mit den kleineren Zahlen: Legen wir die vier Karten, die Anna mehr hat, erst einmal zur Seite. Dann haben wir noch sechs Karten. Diese sechs könnten wir gleich verteilen, jeder bekommt drei und Anna die vier wieder dazu. Dann sehen wir, dass Anna sieben Karten haben muss und Jonas drei. Ein anderes Denkmodell wäre: Wir packen die zehn Karten, die beide haben, und die vier Karten, die Anna mehr hat, zusammen und bilden davon die Hälfte. Dann erhalten wir sieben Karten, den Anteil, den Anna hat.
- *Modellieren*: Das Situationsmodell ist gut zu erstellen. Schwierig ist es, ein mathematisches Modell zu finden, das zur Lösung führt (siehe Kapitel 2).
- *Lösung*:
  Aufgabenvariante 1: Anna hat zwölf Karten und Jonas hat acht Karten.
  Aufgabenvariante 2: Anna hat sieben Karten und Jonas hat drei Karten.

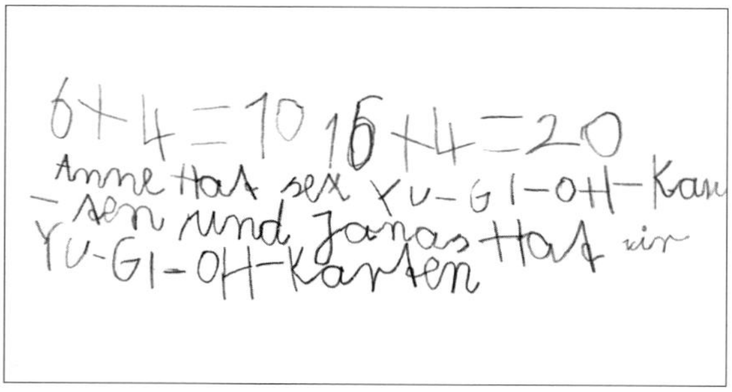
6+4=10 16+4=20
Anne Hat sex YU-GI-OH-Karten und Jonas Hat vir YU-GI-OH-Karten

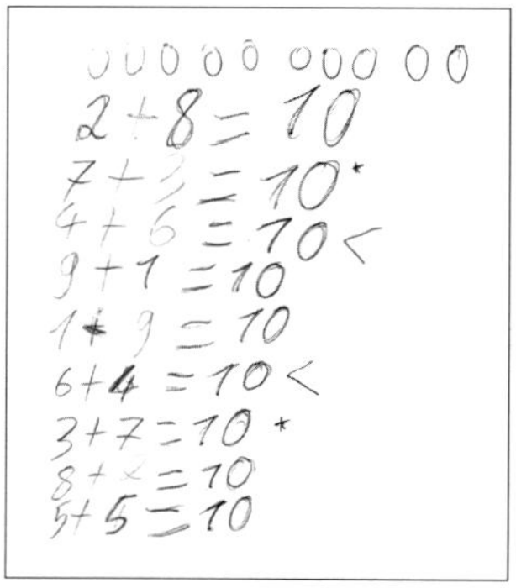
2+8=10
7+3=10*
4+6=10<
9+1=10
1+9=10
6+4=10<
3+7=10*
8+2=10
5+5=10

Abb. 75 – 76: Lösungsdarstellungen von Paula (links) und Valeria (rechts)

Lösungsbeispiele und Interpretation

Die Lösungen der Kinder verwiesen auf die Denkarbeit, die mit einer solchen Art von Textaufgaben verbunden ist. Die Zweitklässler unterschätzten den Schwierigkeitsgrad und wählten nicht selten die Aufgabe mit dem größeren Zahlenraum. Sie nutzten häufig die ihnen vertrauten Zusammenhänge beim Lösen: „... 4 mehr und zusammen 20, dann muss es 16 + 4 = 20 sein."

Valeria gelang es, die Situation für sich gut zu repräsentieren und zielgerichtet zu verfolgen. Die passende Aufgabe (3 + 7 = 10) anhand der Differenz vier zwischen den Summanden zu identifizieren, überforderte die Schülerin am Ende noch.

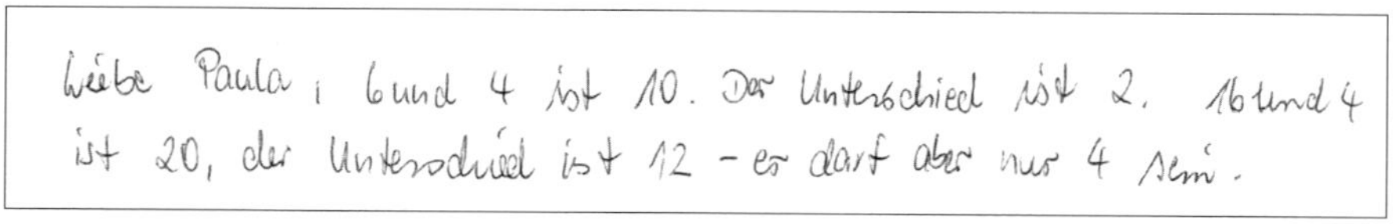
Liebe Paula, 6 und 4 ist 10. Der Unterschied ist 2. 16 und 4 ist 20, der Unterschied ist 12 – er darf aber nur 4 sein.

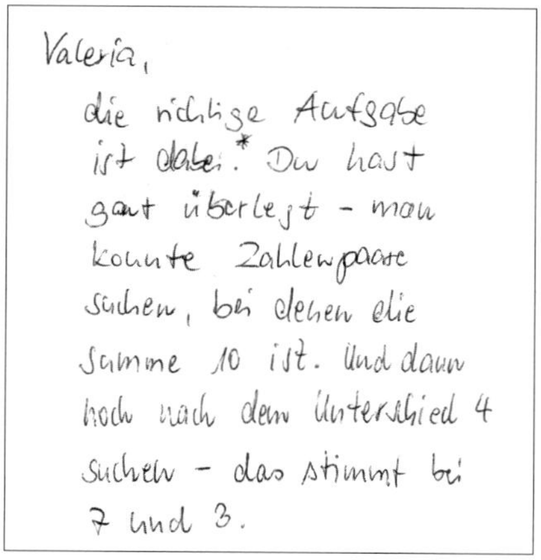
Valeria,
die richtige Aufgabe ist dabei.* Du hast gut überlegt – man konnte Zahlenpaare suchen, bei denen die Summe 10 ist. Und dann noch nach dem Unterschied 4 suchen – das stimmt bei 7 und 3.

Abb. 77 – 78: Lehrer/innen-Kommentare dazu

Lehrer / innen-Kommentare

Die Lehrerin nahm die Rückmeldung für beide Kinder so konkret wie möglich vor. Die Aussagen sollten den Denkfehler bzw. die Nähe zur richtigen Lösung bewusst machen. Die Lehrerin ging dabei davon aus, dass leistungsstarke Zweitklässler die Hinweise nachvollziehen können.

Kompetenzentwicklung

Die Lehrerin erklärte die Zusammenhänge noch einmal anschaulich für die Aufgabe mit den kleineren Zahlen: Es wurden zehn Plättchen gelegt, dann wurde die Hälfte gebildet, anschließend wurden die beiden Reihen jeweils untereinander gelegt. Nun war der Unterschied null. Dann wurde ein Plättchen von der oberen in die untere Reihe verschoben. So erhielt man bei der Summe zehn die beiden Zahlen vier und sechs mit dem Unterschied zwei. Nun wurde noch einmal ein Plättchen verschoben und man erhielt den Unterschied vier und die Lösung drei und sieben.

A

Aufgabe 2 (September)

Kinder, Kinder – mein Schuhregal! Eine fürchterliche Unordnung! Alles liegt durcheinander. Ich zähle 25 Schuhe. Wie viele Paare von Schuhen sind das eigentlich? Und fehlt da nicht was?

Überlegungen zur Aufgabe

Inhaltlich hatten wir uns wiederum an den Gegebenheiten der Schulklasse orientiert, in der wir die Aufgaben erprobten. Auf dem Flur vor dem Klassenraum waren in einem Regal Wechselschuhe untergebracht. Die Kinder wurden mitunter auf die Unordnung im Regal hingewiesen. Auf diesem Hintergrund entstand die Aufgabe.

- *Problemlösen*: Verschiedene zielführende Strategien sind denkbar, z.B. das Vorwärtsarbeiten, bei dem die Schuhe (als Paare gedacht) addiert werden oder auch das Rückwärtsarbeiten, bei dem von 25 immer zwei Schuhe subtrahiert werden. Das Veranschaulichen als heuristische Strategie könnte unterstützend verwendet werden.
- *Modellieren*: Auf der Grundlage des Alltagswissens der Kinder ist die Situation gut vorstellbar. Das bisher erworbene mathematische Wissen reicht für die Entwicklung eines geeigneten mathematischen Modells. Einzig die ungerade Zahl macht die Sache etwas knifflig.
- *Lösung*: Es sind zwölf vollständige Schuhpaare. Für das 13. Paar fehlt ein Schuh.

Lösungsbeispiele und Interpretation

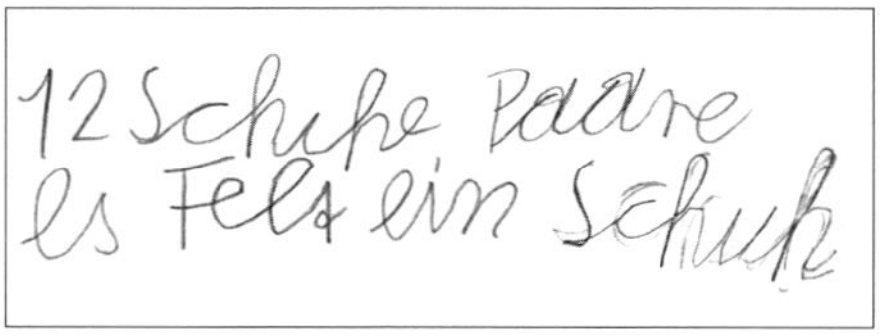

Abb. 79 – 80: Lösungsdarstellungen von Songyl (links) und Anton (rechts)

Songyl arbeitete gleich mit zwei zielführenden Strategien. Ihre Lösungsskizze zeigte 13 Schuhpaare. Beim fortgesetzten Subtrahieren von zwei verrechnete sie sich. Sie subtrahierte die Zwei zwölfmal bis zur Null. Sie schrieb ihren Satz nicht zu Ende und übersah wahrscheinlich durch ihren Rechenfehler die Besonderheit, dass ein Schuh fehlt.

Anton errechnete die Lösungen im Kopf und notierte nur die Antworten. Er zeichnete – wie andere Kinder auch – ein Schuhregal in sein Reisetagebuch und nummerierte die Schuhe.

Lehrer / innen-Kommentare

Für die beiden Kinder schrieb die Lehrerin die folgenden Rückmeldungen ins Reisetagebuch:

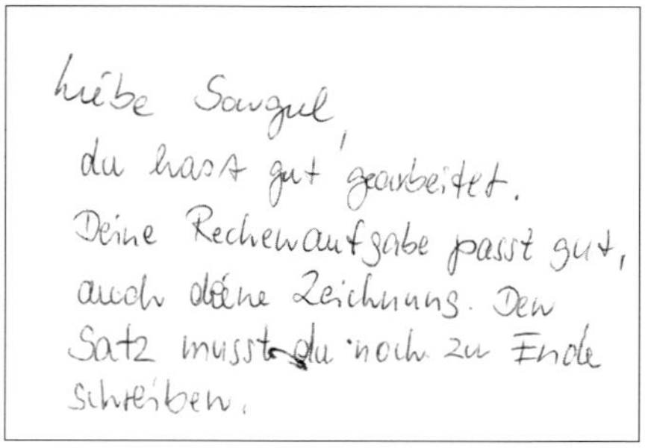

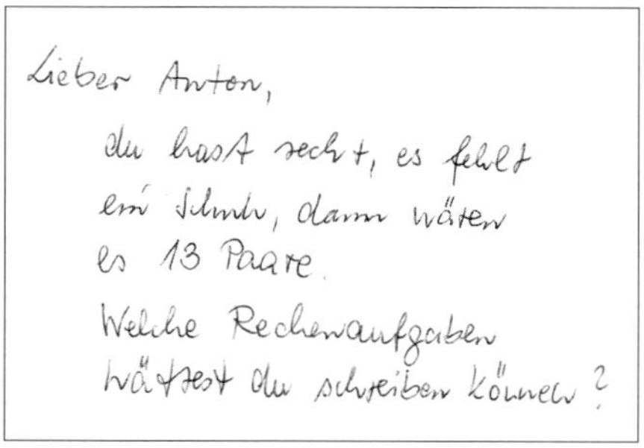

Abb. 81 – 82: Lehrer / innen-Kommentare dazu

Nur vorsichtig verwies die Lehrkraft Songyl auf Defizite. Vor allem die beiden schönen Lösungsideen sollten positiv bekräftigt werden.

Anton, der die exakten Lösungen notiert hatte, wurde auf fehlende Rechnungen hingewiesen. Allerdings nicht in dem Sinn, ihm eine Lücke aufzuzeigen, eher, um ihn anzuregen, die mathematisch-symbolische Form auch zu berücksichtigen.

Kompetenzentwicklung

Diskutiert wurde in der Reflexionsphase, dass, wenn man Paare zählt, natürlich gerade und ungerade Zahlen vorkommen können. Paare an sich sind aber immer mit geraden Zahlen verbunden. Tritt in diesem Zusammenhang eine ungerade Zahl wie in der Aufgabe auf, fehlt ein Gegenstand zur Paarbildung oder aus der anderen Blickrichtung: Es ist ein Gegenstand zu viel.

A

Aufgabe 3 (Oktober)

Du kannst eine Aufgabe auswählen:

Ich nasche gern Schokolade. Könnt ihr herausfinden, wie viele Stücke meine Schokoladentafel hat?

In einer Reihe, also quer, sind es 4 Stücke und nach unten zähle ich in jeder Spalte 6 Stücke.

Oder:

Ich nasche gern Schokolade. Könnt ihr herausfinden, wie viele Stücke meine Schokoladentafel hat?

In einer Reihe, also quer, sind es 4 Stücke und nach unten zähle ich in jeder Spalte 6 Stücke. Heute esse ich 10 Stücke. Wie viele bleiben übrig?

Überlegungen zur Aufgabe

Die beiden Aufgabenvarianten unterschieden sich dieses Mal hinsichtlich der Anzahl der Operationen. Die zweite Aufgabe enthielt eine Operation mehr und war dadurch etwas komplexer.

- *Problemlösen*: Eine Aufgabe mit Problemgehalt ist es nur für junge Grundschulkinder, denen die beschriebene Anordnung noch wenig bewusst ist.
- *Modellieren*: Hintergrund für die Aufgabe war, das Denken der Kinder auf ein mathematisches Modell zu lenken, das uns in der Umwelt häufig begegnet, eine rechteckige Form mit regelmäßiger Unterteilung, die beim Ermitteln der Gesamtanzahl der Felder das Malnehmen nahelegt. Die statische Situation erschwert allerdings die Zuordnung der Rechenoperation.
- *Lösung*:
  Aufgabenvariante 1: Es sind 24 Schokoladenstücke.
  Aufgabenvariante 2: Es bleiben 14 Schokoladenstücke übrig.

Lösungsbeispiele und Interpretation

Die auf der folgenden Seite abgebildeten Lösungsbeispiele zweier Schülerinnen repräsentieren die häufigsten Lösungswege: Ein Teil der Kinder konnte sich die geschilderte Situation gut vorstellen und sich diese auf der gegebenen Grundlage skizzenhaft veranschaulichen (vgl. die Lösungsdarstellung von Alina).

Andere Kinder gingen von den in der Aufgabe genannten Zahlen aus und verknüpften diese additiv, ohne Reihen und Spalten zu berücksichtigen (vgl. die beiden Lösungsdarstellungen von Maxime).

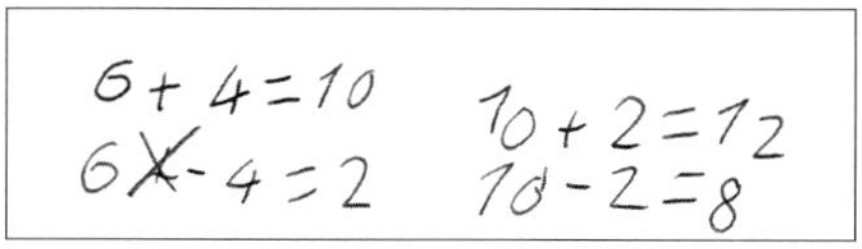

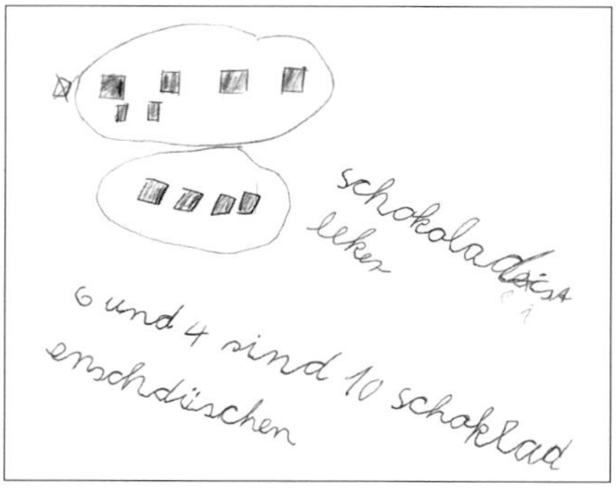

Abb. 83–85: Lösungsdarstellungen von Alina (links) und Maxime (beide Darstellungen rechts)

Lehrer / innen-Kommentare

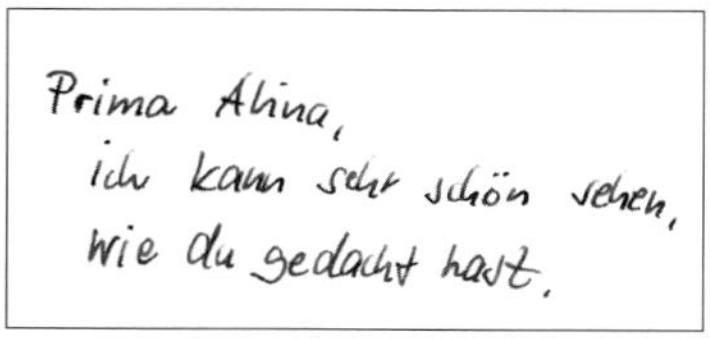
Prima Alina,
ich kann sehr schön sehen,
wie du gedacht hast.

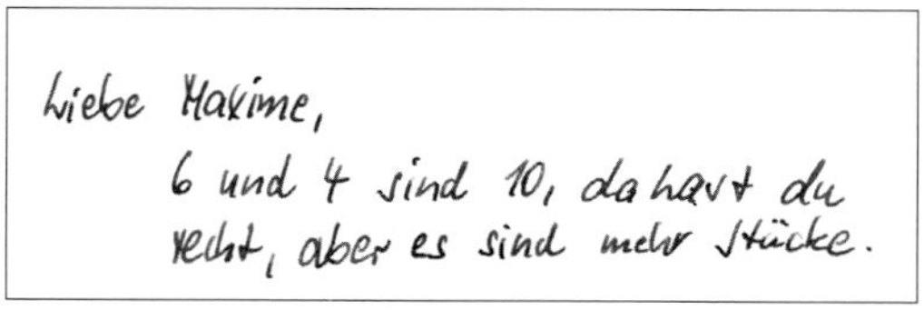
Liebe Maxime,
6 und 4 sind 10, da hast du
recht, aber es sind mehr Stücke.

Abb. 86–87: Lehrer / innen-Kommentare dazu

Die Lehrerin betonte für Alina deren Darstellungsfähigkeiten. Während des Textaufgabenkurses wurde immer auch daran gearbeitet. Die Kinder sollten ihre Lösungswege auch in dem Bewusstsein notieren, dass ihre Mitschüler und die Lehrerin diese lesen und verstehen wollen. Die Lehrerin ging davon aus, dass Maxime beim Besprechen in der Reflexionsrunde die in der Aufgabe beschriebene Struktur der Schokoladentafel nachträglich verstehen kann, und betonte deshalb unter der Eigenproduktion des Kindes dessen Leistung und nicht seinen Fehler.

Kompetenzentwicklung

Während der Reflexion mit allen Kindern wurden die Möglichkeiten, durch Addition oder auch durch eine Multiplikation die Lösung zu erhalten, diskutiert und notiert. Ein Kind hatte schon bei der Bearbeitung eine Multiplikation zuordnen können. Es erklärte den anderen seine Gedanken dazu.

A

Aufgabe 4 (November)
Eigentlich mag ich meine beiden Geschwister, aber manchmal können wir uns nicht einigen. Ich zählte 51 vorweihnachtliche Plätzchen. Mama sagte, dass wir uns diese teilen können. Mein großer Bruder antwortete: „Dann bekomme ich aber das eine, das übrig ist, noch dazu.“ Mein kleiner Bruder entgegnete: „Vielleicht bleibt ja kein Plätzchen übrig und wir drei bekommen alle gleichviel.“ Was meint ihr? Probiert es aus und schreibt die Lösung auf.

Überlegungen zur Aufgabe

Die Aufgabe wurde mit dem Hintergrund gestellt, ein ungerades Produkt außerhalb der Einmaleinsreihen in den Mittelpunkt zu stellen, das für Grundschulkinder auf den ersten Blick unteilbar scheint. Die häufig beobachtete enge Sicht auf ungerade Zahlen soll damit angesprochen werden.

- *Problemlösen*: Problemhaltig ist diese Aufgabe nur für junge Grundschulkinder. Es muss eine Strategie zugeordnet werden, auf deren Grundlage eine Zahl außerhalb des vertrauten Kleinen Einmaleins in drei gleiche Teile geteilt werden kann.
- *Modellieren*: Bei der Konstruktion des Situationsmodells muss die Diskussion der Geschwister berücksichtigt werden: Der große Bruder geht davon aus, dass ein Plätzchen übrig bleibt, wenn gerecht durch drei geteilt wird. Der jüngere Bruder ist sich da nicht so sicher. Die Fragestellung baut auf den Aussagen der Kinder auf.
- *Lösung*: 51 lässt sich gerecht durch drei teilen. Es bleibt kein Plätzchen übrig. Jedes der drei Geschwister bekommt 17 Plätzchen.

Lösungsbeispiele und Interpretation

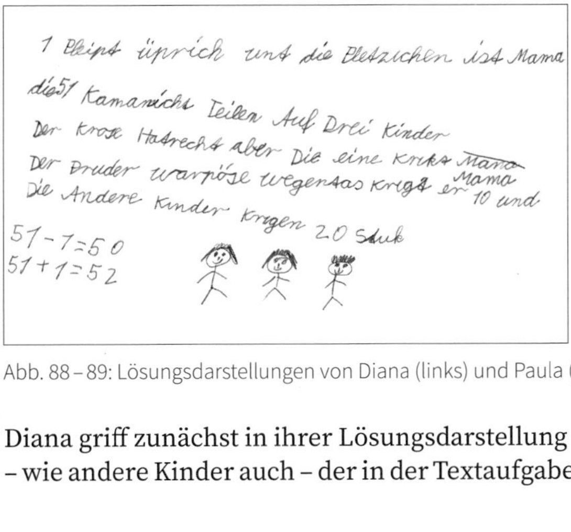

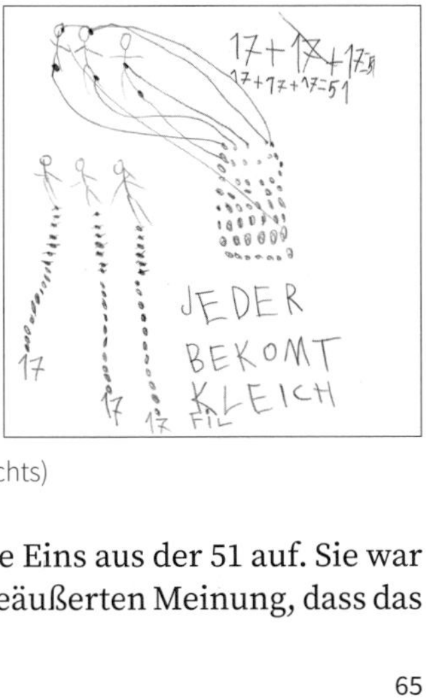

Abb. 88 – 89: Lösungsdarstellungen von Diana (links) und Paula (rechts)

Diana griff zunächst in ihrer Lösungsdarstellung die Eins aus der 51 auf. Sie war – wie andere Kinder auch – der in der Textaufgabe geäußerten Meinung, dass das eine Plätzchen beim Verteilgeschehen unter drei Kindern übrig bleiben wird. Sie konzentrierte sich sehr auf diese Sicht und teilte das ihrer Meinung nach übrige Plätzchen der Mutter zu. Die restlichen 50 verteilte sie auch auf ihre Weise: 20, 20, 10. Das Stück-für-Stück-Verteilen – so wie bei Paula – wählten mehrere Kinder als Lösungsstrategie. So gelangten die Zweitklässler sicher zum Ergebnis. Eine Additionsaufgabe mit gleichen Summanden konnte von allen diesen Kindern zugeordnet werden. Auch hier war wieder ein Kind schon in der Lage, eine Multiplikation zu notieren.

Lehrer / innen-Kommentare

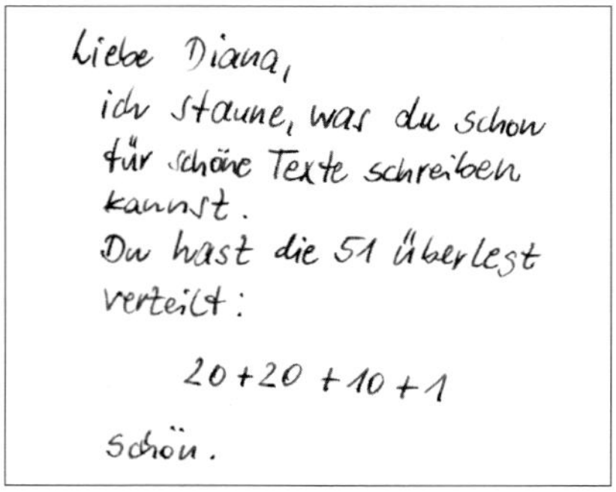
Liebe Diana,
ich staune, was du schon
für schöne Texte schreiben
kannst.
Du hast die 51 überlegt
verteilt:
20 + 20 + 10 + 1
schön.

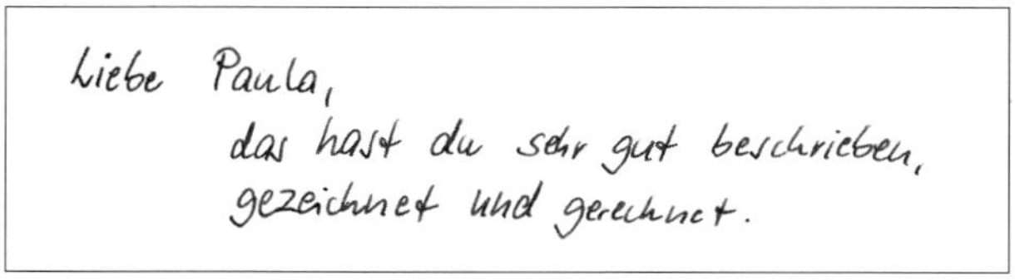
Liebe Paula,
das hast du sehr gut beschrieben,
gezeichnet und gerechnet.

Abb. 90 – 91: Lehrer / innen-Kommentare dazu

Die Kinder begannen zu dieser Zeit, ihre Gedanken durch kleine Texte zum Ausdruck zu bringen. Diese Versuche sollten durch die Rückmeldungen unbedingt bekräftigt werden. Für beide Schülerinnen wurde darüber hinaus ihre individuelle Leistung betont. Diana hatte das Ziel, das die Aufgabenstellung vorgab, nicht erreicht. Ihre Herangehensweise wurde durch die Lehrerin anerkannt. Paulas besondere Leistung zeigte sich in dem Bemühen, mit ihren Eins-zu-eins-Skizzen die Lösung zu finden und zu belegen.

Kompetenzentwicklung

Die Texte und Lösungsideen der Kinder wurden während der abschließenden Reflexion aufgegriffen. Gemeinsam wurde die Dreierreihe von der 30 bis zur 51 ergänzt, um allen Kindern bewusst zu machen, dass man auch diese Zahl durch drei – ohne Rest – teilen kann. Eine Schülerin demonstrierte noch einmal ihre Idee des Stück-für-Stück-Verteilens.

Die Subtraktionsaufgabe eines Kindes (51 – 17 – 17 – 17 = 0) wurde diskutiert und die Verbindung zur Geteiltaufgabe hergestellt.

A

Aufgabe 5 (Februar)
Du kannst eine Aufgabe auswählen:
Valeria hat 25 Pokemon®-Karten. Maxime hat 13 Karten. Wie viele Karten müsste Valeria an Maxime abgeben, damit beide Kinder gleich viele Karten haben?
Oder:
Valeria hat 12 Pokemon®-Karten. Maxime hat 4 Karten. Wie viele Karten müsste Valeria an Maxime abgeben, damit beide Kinder gleich viele Karten haben?

Überlegungen zur Aufgabe
Für die fünfte Aufgabenstellung in Klasse 2 wählten wir eine Ausgleichsaufgabe. Ausgleichsaufgaben sind für Grundschulkinder in die Gruppe der problemhaltigen Textaufgaben einzuordnen.

In dieser Aufgabe und teilweise auch in den folgenden verwendeten wir die Namen der Kinder der Klasse. Wir hatten nicht erwartet, dass dies den Kindern so viel Spaß machen würde.

- *Problemlösen*: Interessant für die mathematische Entwicklung ist, dass von den Lösenden verschiedene Strategien entdeckt werden können, hier gezeigt für Aufgabenvariante 2. Es könnte zunächst die Summe gebildet werden (16). Die Hälfte davon führt zur gleichen Anzahl für beide Kinder (je acht) und jetzt kann man sehen, wie viele Karten Valeria an Maxime, die nur vier Karten hat, abgeben müsste (vier).
  Naheliegender für Grundschulkinder ist es sicherlich, mit dem Ausgleichen zu beginnen, z. B.: Wenn Valeria drei Karten abgibt, hat Maxime sieben und Valeria noch neun. Wenn Valeria noch eine Karte abgibt, haben beide acht, also muss Valeria vier Karten abgeben.
  Eine weitere Möglichkeit wäre, über die Differenz zu denken: Valeria hat acht Karten mehr als Maxime. Die Hälfte davon muss sie an Maxime abgeben, dann haben beide gleichviel.
- *Modellieren*: Die Situation ist gut vorstellbar. Die Zuordnung eines geeigneten mathematischen Modells ist hier die Herausforderung. Das Rechnen an sich (mathematisches Verfahren) ist weniger anspruchsvoll und das Prüfen am Ende ist gut möglich: 19 + 6 = 25 und 13 + 6 = 19.
- *Lösung*:
  Aufgabenvariante 1: Valeria muss sechs Karten abgeben, dann haben beide Kinder 19 Karten.
  Aufgabenvariante 2: Valeria muss vier Karten abgeben, dann haben beide Kinder acht Karten.

Lösungsbeispiele und Interpretation

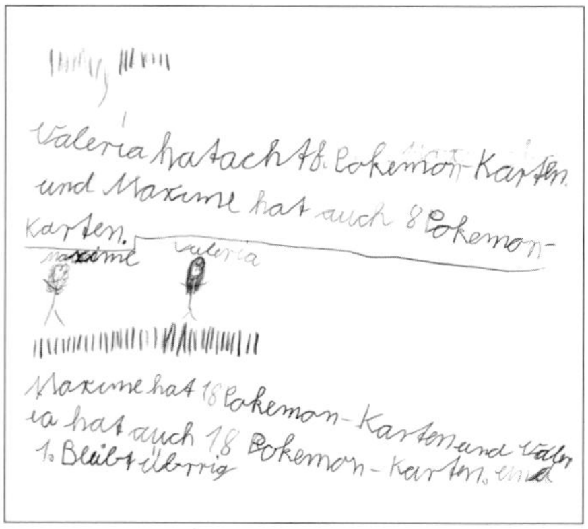

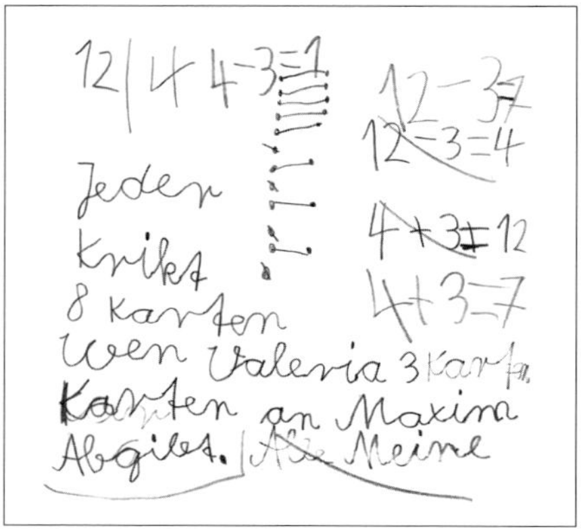

Abb. 92 – 93: Lösungsdarstellungen von Marie (links) und Paula (rechts)

Die Zweitklässler / innen wählten vor allem die Aufgabe mit den kleineren Zahlen. Beide Zahlen sind gerade und es kann dadurch jeweils auch über die Hälfte gedacht werden. Marie unterstützte ihre Überlegungen bei beiden Aufgaben mit einer Strichliste.

Paulas Aufzeichnungen machen deutlich, dass sie versucht hat, die Zwölf und die Vier parallel zu berücksichtigen. Sie agierte dabei sowohl auf der symbolischen als auch auf der ikonischen Ebene. So setzte sie in ihrer kleinen Grafik links zwölf Punkte untereinander und kam auf dieser Grundlage zur Lösung acht (sie findet acht Paare, acht Verbindungsstriche). Die symbolische Ebene zeigt vor allem ihre erste Idee: Drei müssen abgegeben werden bzw. drei kommen dazu (12 – 3; 4 + 3). Damit war sie der richtigen Lösung schon nahe. Am Ende gelang es ihr nicht mehr, ihre Denkwege zusammenzuführen.

Lehrer / innen-Kommentare

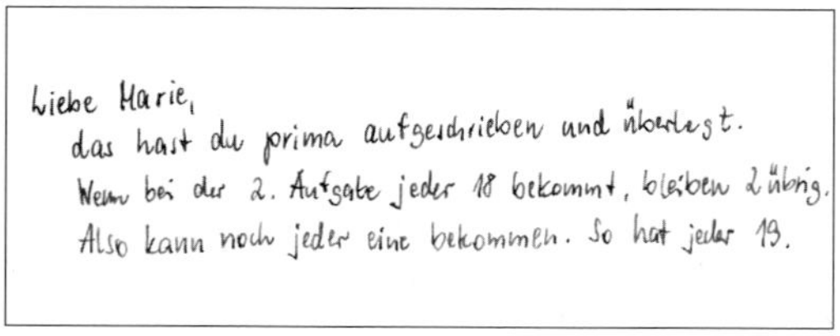

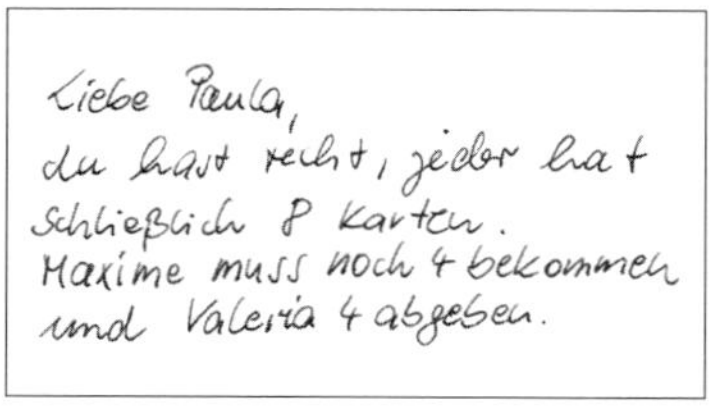

Abb. 94 – 95: Lehrer / innen-Kommentare dazu

In ihrem Kommentar für Marie nimmt die Lehrkraft die Teillösung bekräftigend auf und führt Maries Lösungsgedanken noch ein Stück weiter. In dem Vermerk für Paula wird die Lösung des Kindes durch die Lehrerin richtig zu Ende geführt, um Paula noch einmal zum Nachdenken anzuregen.

Kompetenzentwicklung

Ergänzt werden könnte die folgende Strategie: Wenn man von zwölf und vier die Hälfte bildet, kommt man zu sechs und zu zwei, in der Summe acht. So kann man auch sehen, dass jedes Kind acht Karten am Ende hat und erkennen, dass vier Karten abgegeben werden müssen, um Gleichstand zu bekommen.

A

Aufgabe 6 (März)

Du kannst eine Aufgabe auswählen:

Frau Wilke, unsere Klassenlehrerin, hat heute eine Vertretungsstunde in der Klasse 4b. Sie erzählt uns: In der Klasse überwiegen die Mädchen. Insgesamt sind es 21 Kinder. Es sind 7 Mädchen mehr als Jungen. Wie viele Mädchen lernen in der Klasse? Wie viele Jungen sind es?

Oder:

Frau Wilke, unsere Klassenlehrerin, hat heute eine Vertretungsstunde in der Klasse 4a. Sie erzählt uns: In der Klasse sind 2 Mädchen mehr als Jungen. Insgesamt sind es 20 Kinder. Wie viele Mädchen lernen in der Klasse? Wie viele Jungen lernen in der Klasse?

Überlegungen zur Aufgabe

Die Aufgabe 6 ist wieder eine Vergleichsaufgabe, bei der beide Vergleichsmengen unbekannt sind. Während in der ersten Aufgabenvariante Summe und Differenz ungerade Zahlen sind, wurden für die zweite Aufgabe etwas kleinere, „einfachere" gerade Zahlen gewählt. Die Zahl 20 bietet den Vorteil, dass die Hälfte gebildet und von dort aus weiter operiert werden kann.

- *Problemlösen*: In der Regel lösen Grundschulkinder solche Vergleichsaufgaben über das Halbieren der Summe und versuchen im Anschluss, die beiden Teile so anzupassen, dass auch die Differenz Berücksichtigung findet. Letzteres fällt allerdings den Lösenden schwer. Die Einsicht, dass bei einem Unterschied von zwei dem einen Teil eins dazugegeben und dem anderen Teil eins entzogen werden muss, ist eher nicht zu erwarten. Die Lösungstendenz ist häufig: zwei zum einen Teil dazu und zwei vom anderen Teil weg. Dass man dann aber den Unterschied vier erhält, wird in der Regel nicht mehr bewusst. Selten finden Grundschulkinder einen zielgerichteten Rechenweg, der bei diesem Aufgabentyp ja auch möglich wäre: Summe und Differenz werden addiert und im Anschluss halbiert – man erhält den größeren Teil – bzw. Summe und Differenz werden subtrahiert und halbiert – man findet den kleineren Teil.
- *Modellieren*: Die Situation ist gut vorstellbar. Anspruchsvoll ist die Zuordnung eines zielführenden mathematischen Modells (siehe oben). Das Prüfen am Ende, ob die richtigen Zahlen gefunden wurden, unterbleibt häufig angesichts der Komplexität der Aufgabenstellung.

▸ *Lösung*:
Aufgabenvariante 1: Es sind 14 Mädchen und sieben Jungen.
Aufgabenvariante 2: Es sind elf Mädchen und neun Jungen.

Lösungsbeispiele und Interpretation

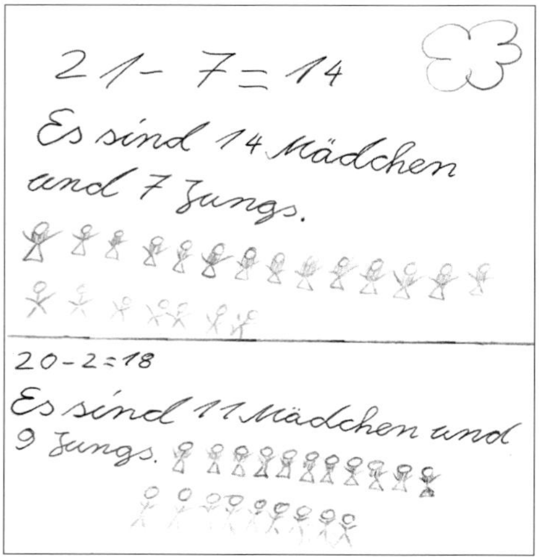

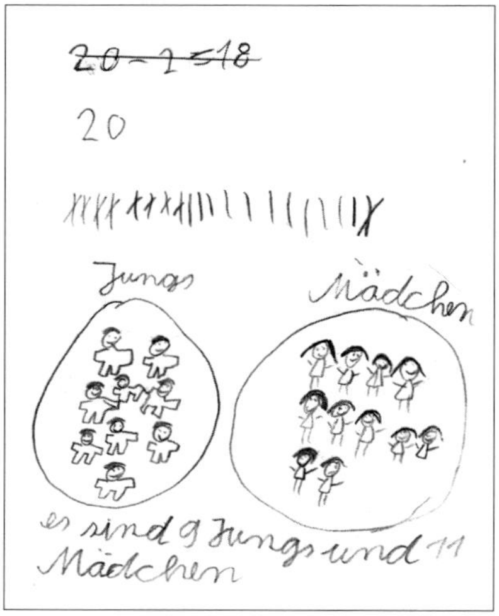

Abb. 96 – 97: Lösungsdarstellungen von Alina (links) und Maxime (rechts)

Sowohl die leistungsstarke Schülerin Alina als auch Maxime starteten ihre Lösungssuche mit einer Rechnung. Alina wählte den Weg über die Differenz für beide Aufgabenvarianten. Sie begann mit der schwierigeren (siehe Abbildung). Während Maxime den Weg über die Rechnung nicht zu Ende denken konnte und zu einer anschaulichen Lösungsvariante überging, verfolgte Alina den gewählten Weg über die Differenz bis zur Lösung. Der zweite Gedanke (von der errechneten Differenz die Hälfte bilden) erfolgte im Kopf.

Lehrer / innen-Kommentare

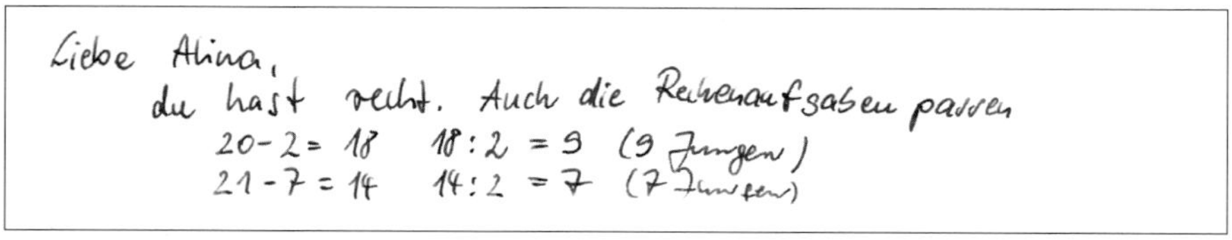

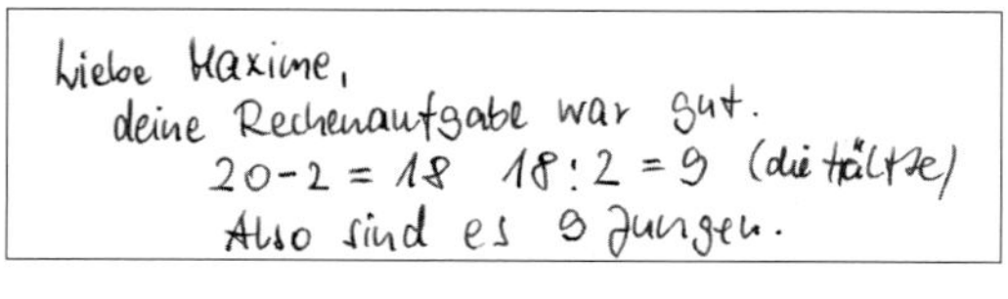

Abb. 98 – 99: Lehrer / innen-Kommentare dazu

Die Lehrerin bekräftigte in ihrem Kommentar für beide Kinder den mathematisch-symbolischen Lösungsansatz. Unter Maximes Darstellungen griff sie den vom Kind gestrichenen Gedankengang auf und führte diesen für das Kind zu Ende.

Kompetenzentwicklung

In der gemeinsamen Reflexion hob die Lehrerin den Weg, der über Rechnungen führt, hervor, um die Kinder auch bezüglich der symbolischen Darstellungsmöglichkeiten für mathematisches Denken voranzubringen. Aber auch die ikonischen (skizzenhaften) Wege wurden am Beispiel gemeinsam nachvollzogen und bekräftigt.

A

Aufgabe 7 (März)

Du kannst eine Aufgabe auswählen:

Nils sammelt seltene Münzen. In diesem Jahr sind schon doppelt so viele dazugekommen, wie er im Jahr zuvor besaß. Er zählt 18 Münzen. Wie viele Münzen hatte Nils im vorigen Jahr?

Oder:

Nils sammelt seltene Münzen. In diesem Jahr sind schon doppelt so viele dazugekommen, wie er im Jahr zuvor besaß. Er zählt 27 Münzen. Wie viele Münzen hatte Nils im vorigen Jahr?

Überlegungen zur Aufgabe

Die Aufgabe 7 ist eine Aufgabe zum Teilen im Verhältnis. Die Teile haben jeweils die gleiche Größe, müssen aber zu unterschiedlich großen Paketen zusammengestellt (gepackt) werden.

- *Problemlösen*: In beiden Aufgabenvarianten könnte ausgehend von drei gleichen Teilen gedacht werden (ein Teil umfasst sechs bzw. neun Münzen). Die neu hinzugekommene Anzahl Münzen ist jeweils doppelt so groß (also zwölf bzw. 18 Münzen). Einen Teil besaß Nils schon, zwei Teile kamen hinzu, also hatte das Kind sechs bzw. neun Münzen im vorigen Jahr. Das Teilen im Verhältnis gehört in der Regel nicht zum Vorwissen. Es ist daher zu erwarten, dass probierende Lösungsansätze im Vordergrund stehen.
- *Modellieren*: Die Erstellung des Situationsmodells ist anspruchsvoll. Erschwerend für das Verständnis und die Orientierung in der Aufgabe sind die Einbeziehung der Zeit und die Umschreibung der zweiten Größe mit „doppelt so viele wie im vorigen Jahr“.
- *Lösung*:
  Aufgabenvariante 1: Nils hatte im vorigen Jahr sechs Münzen.
  Aufgabenvariante 2: Nils hatte im vorigen Jahr neun Münzen.

Lösungsbeispiele und Interpretation

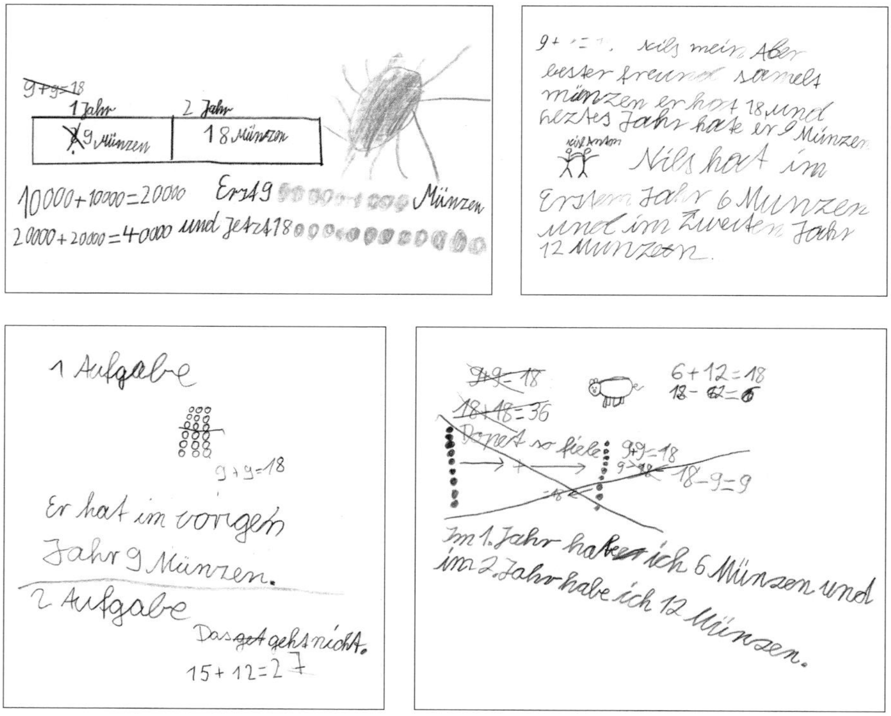

Abb. 100 – 103: Lösungsdarstellungen von Florian (links oben), Songyl (links unten), Anton (rechts oben) und Nils (rechts unten)

Die Lösungen der Zweitklässler spiegelten sehr deutlich ihre Denkbarrieren für einen solchen mathematischen Zusammenhang wider. In der ersten Aufgabe ist sicherlich die Zahl 18 für das allzu schnelle Denken verantwortlich. Zu 18 und das „Doppelte“ passt einfach 9 + 9. Fast alle Kinder entschieden zunächst so, ohne sich gründlicher in den Zusammenhang, den die Aufgabe schildert, hineinzudenken.

Auch Songyl, Anton und Nils lösten die Aufgabe zunächst auf diese schnelle Art und Weise. Während die beiden Jungen im sich anschließenden gemeinsamen Lösungsgespräch ihre Lösung noch korrigierten, blieb Songyl bei ihrer Sicht und stempelte die zweite Aufgabe mit der 27 als Ausgangszahl als unlösbar ab. (Man kann hier keine Hälfte finden.)

Auch für Florian gehörten 9 und 18 ganz fest zusammen. Beim zweiten Anlauf gelang es ihm, den Zusammenhang 1 : 2 zu bedenken und umzusetzen. Dass die Gesamtanzahl 18 dann nicht mehr stimmt, geriet dabei aus dem Blick.

Das von uns erwartete probierende Lösungsverhalten setzten die Kinder nicht ein, da die Lösung so einfach und nahe schien.

Lehrer / innen-Kommentare

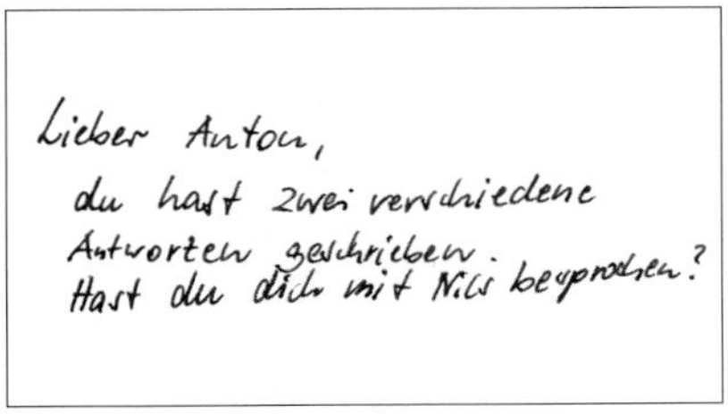
Lieber Anton,
du hast zwei verschiedene
Antworten geschrieben.
Hast du dich mit Nils besprochen?

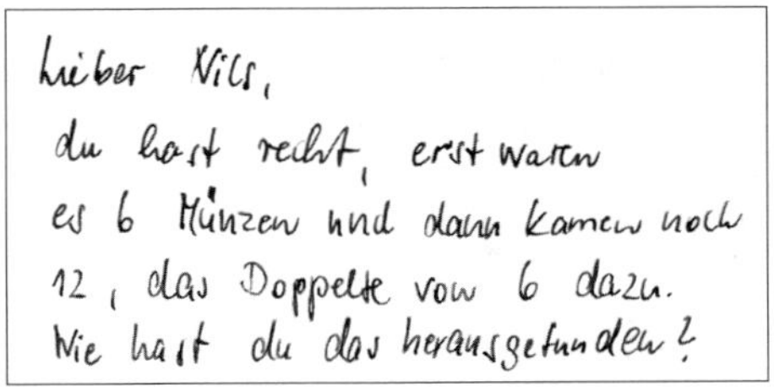
Lieber Nils,
du hast recht, erst waren
es 6 Münzen und dann kamen noch
12, das Doppelte von 6 dazu.
Wie hast du das herausgefunden?

Abb. 104 – 105: Lehrer / innen-Kommentare zu den Lösungsdarstellungen von Anton und Nils

Beispielhaft sollen hier die Kommentare zu den Darstellungen von Anton und Nils herangezogen werden. Beide haben die richtige Lösung schließlich noch gefunden, geben aber nichts von ihren Überlegungen preis. Anton vergaß, seine erste Lösung als endgültig zu kennzeichnen.

Kompetenzentwicklung
Bei Aufgaben, bei denen eine falsche Lösung für Grundschulkinder so plausibel scheint, ist die gemeinsame Reflexion besonders bedeutsam. Anschaulich wurde mit 18 Münzen hantiert und auf dieser Grundlage wurden die Zusammenhänge, die zu berücksichtigen waren, nachvollzogen. Eine Möglichkeit, die genutzt wurde, war, immer eine Münze für das vorige Jahr zu legen und das Doppelte für das folgende Jahr, bis die Münzen aufgebraucht waren.

Die von den Schüler / innen favorisierte Lösung wurde noch einmal thematisiert: Die Hälfte von 18 ist neun. In diesem Fall wäre aber in beiden Jahren gleich viel gesammelt worden und das stimmt laut Text nicht. Man braucht also nicht zwei gleiche Teile, sondern drei, und wenn ich zwei Teile zusammennehme, entsteht das Doppelte von einem Teil. Schließlich sollte auch nachvollzogen werden, dass dann auch die 27 eine Zahl ist, die die genannten Bedingungen erfüllt.

Beim nächsten Kurs würden wir diese Aufgabe erst in einer dritten oder vierten Klasse einsetzen.

A

Aufgabe 8 (März)
Mama und ich, wir färben Eier für die Osternester. Wir nutzen gelbe, blaue, grüne und rote Farbe. Als Mama mir für die Schule schon einmal 2 Eier zum Kosten einpackt, liege ich bereits im Bett. Ich überlege, welche Farbe könnten die Eier haben, die Mama in meine Frühstücksdose gelegt hat?

Überlegungen zur Aufgabe
Nach der kniffligen Aufgabe 7, in der viele Kinder den mathematischen Zusam-

menhang nicht vollständig erschließen konnten, war diese kombinatorische Aufgabenstellung eine zum „Ausruhen“ des Kopfes. Die Aufgabe lässt offen, ob es auch zwei Eier der gleichen Farbe sein können (Kombination mit bzw. ohne Wiederholung). Wir überließen den Zweitklässlern die Entscheidung.

- *Problemlösen*: Als zielführende Strategie kommt das Veranschaulichen im Zusammenhang mit dem Probieren zum Tragen.
- *Modellieren*: Die Situation ist gut vorstellbar. Auch das mathematische Modell, das Auswählen und Zusammentragen der Eier-Kombinationen, kann von Zweitklässlern zugeordnet und mehr oder weniger systematisch ausgeführt werden.
- *Lösung*: Wenn eine Farbe auch doppelt auftreten darf, gibt es zehn Möglichkeiten: gelb / gelb, gelb / blau, gelb / rot, gelb / grün; blau / blau, blau / rot, blau / grün; rot / rot, rot / grün; grün / grün. Sollen die beiden Eier verschiedenfarbig sein, sind es sechs Möglichkeiten: gelb / blau, gelb / rot, gelb / grün; blau / rot, blau / grün; rot / grün.

Lösungsbeispiele und Interpretation

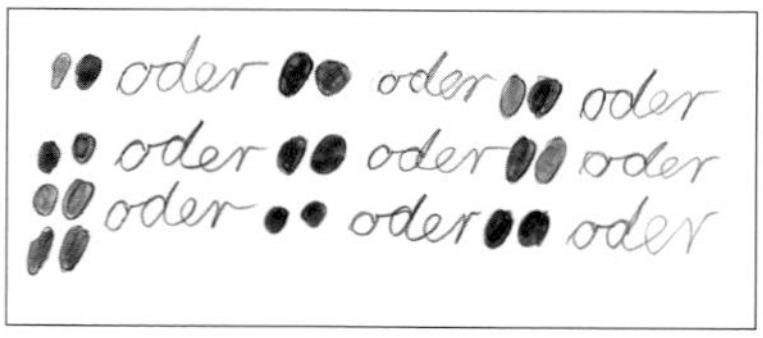

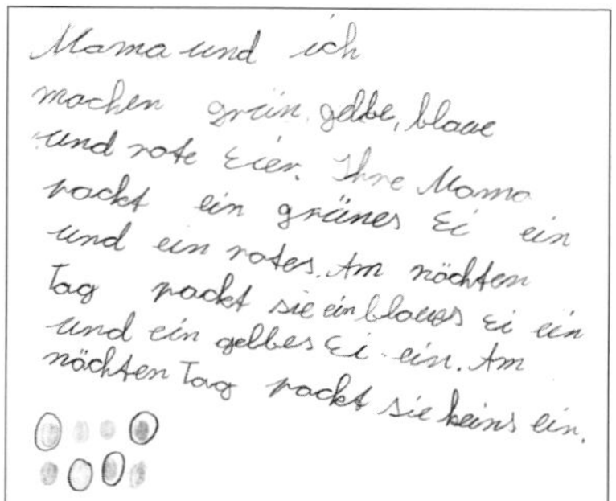

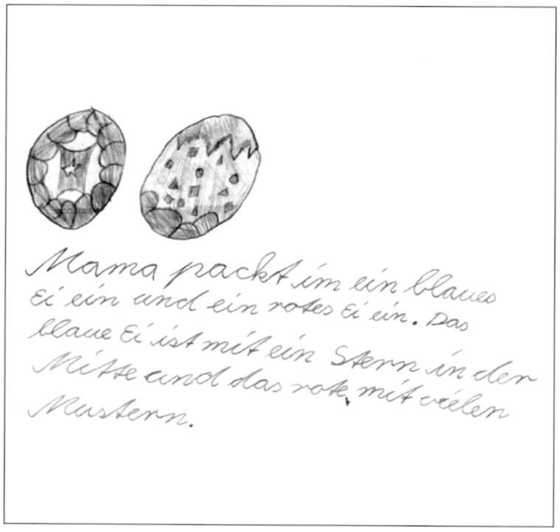

Abb. 106 – 108: Lösungsdarstellungen von Songyl (oben links), Luisa (unten links) und Alina (rechts)

So wie vorausgesehen, sprach diese Situation die Kinder in besonderer Weise an, und sie teilten, wie wir es beispielsweise bei Luisa oder Alina sehen, auch ihre persönlichen Gedanken zur Situation mit. Die Offenheit der Aufgabenstellung ermöglichte es den Kindern, eine, mehrere oder auch zielgerichtet alle Lösungen darzustellen.

Songyl bezog auch die Variante mit zwei gleichen Farben ein (Kombination mit Wiederholung).

Lehrer / innen-Kommentare

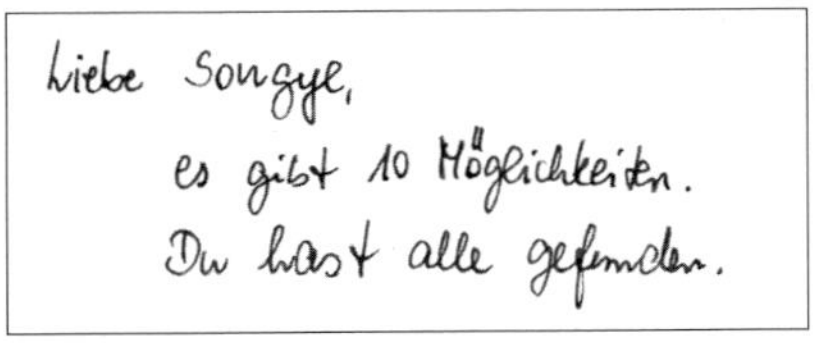

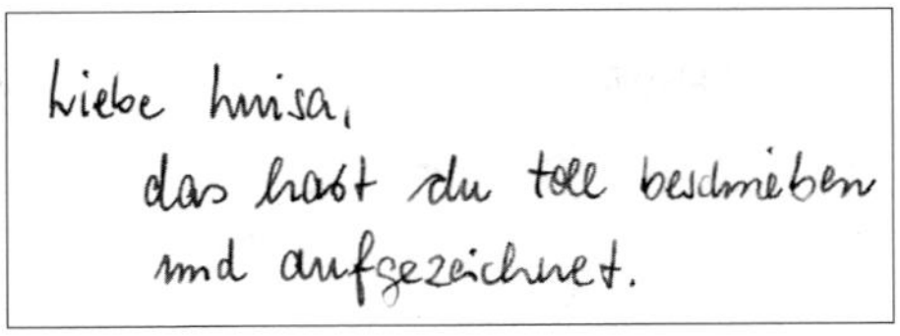

Abb. 109 – 110: Lehrer / innen-Kommentare zu den Lösungsdarstellungen von Songyl und Luisa

Die einfache Aufgabenstellung war mit einem hohen Lösungserfolg verbunden und führte zu viel Lob in den Kommentaren für die Kinder.

Kompetenzentwicklung

Das gemeinsame Reflektieren über die Lösungen im Plenum bot die Möglichkeit, darüber nachzudenken, wie sich alle Möglichkeiten – beispielsweise durch systematisches Anordnen – finden lassen.

A

Aufgabe 9 (Mai)

Du kannst eine Aufgabe auswählen:

Papa, ein Rätsel für dich: In dieser Schachtel waren 25 Kaugummis. Lydia und Nicky bekamen gleich viele – weil sie beide gern Kaugummi essen. Ich habe mir nur halb so viele genommen wie die beiden – du weißt ja, mein Kaugummi-Appetit ist nicht so groß. So war es für uns gerecht und es blieb kein Kaugummi übrig. Kannst du herausfinden, wie wir die Kaugummis unter uns verteilt haben?

Oder:

Papa, ein Rätsel für dich: In dieser Schachtel waren 10 Kaugummis. Lydia und Nicky bekamen gleich viele – weil sie beide gern Kaugummi essen. Ich habe mir nur halb so viele genommen wie die beiden – du weißt ja, mein Kaugummi-Appetit ist nicht so groß. So war es für uns gerecht und es blieb kein Kaugummi übrig. Kannst du herausfinden, wie wir die Kaugummis unter uns verteilt haben?

Überlegungen zur Aufgabe

In den beiden Aufgabenvarianten zur Verhältnisteilung wählten wir die Zahlen so, dass die in den Aufgaben genannten Bedingungen von den Zweitklässlern durch das Analysieren von Zahlbeziehungen Berücksichtigung finden können.

- *Problemlösen*: Die Zahl 25 legt das Zerlegen in zehn und zehn und fünf nahe. Bei der zweiten Aufgabenvariante gingen wir davon aus, dass der Zehnerraum inzwischen sehr vertraut ist und die Kinder deshalb die Zerlegung in vier, vier und zwei finden könnten. Man kann die Ausgangszahlen jeder Aufgabenvariante auch in fünf gleiche Teile zerlegen (zwei Kinder je zwei Teile und ein

Kind einen Teil). Diese Sichtweise ist allerdings für Grundschulkinder in der Regel noch nicht möglich. Zu erwarten ist probierendes Lösen im Zusammenhang mit dem Berücksichtigen von Zahlbeziehungen.

- *Modellieren*: Das Situationsmodell ist grob vorstellbar, muss aber bei der Zuordnung eines mathematischen Modells (z. B. Zerlegen der Ausgangszahl in drei Teile, die den Bedingungen entsprechen) meistens noch präzisiert werden. Das Rechnen mit den Zahlen (mathematisches Verfahren) ist einfach. Das Prüfen ist auch für Grundschulkinder gut möglich.
- *Lösung*:
  Aufgabenvariante 1: Lydia und Nicky bekamen je zehn Kaugummis, die Erzählerin bekam fünf Kaugummis.
  Aufgabenvariante 2: Lydia und Nicky bekamen je vier Kaugummis, die Erzählerin bekam zwei Kaugummis.

Lösungsbeispiele und Interpretation

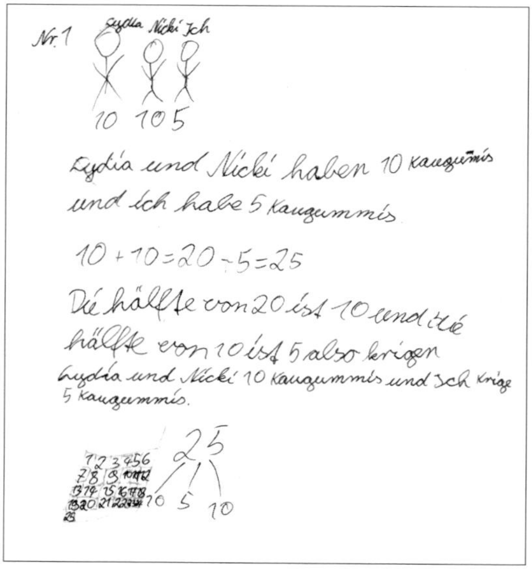

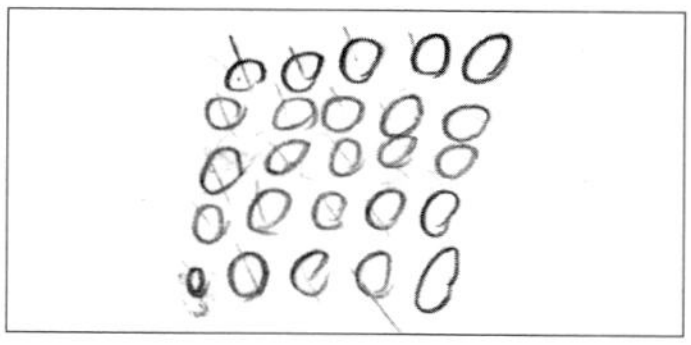

Abb. 111 – 113: Lösungsdarstellung von Valeria (links) und Luisa (beide Lösungsbeispiele rechts)

Beide Kinder wählten die erste Aufgabenvariante und waren mit dem Zerlegen der Zahl 25 entsprechend der Aufgabenbedingungen erfolgreich. Während Valeria die Zahlbeziehungen im Kopf überblicken konnte, skizzierte Luisa sich zunächst ein 25er-Punkte-Feld, mit dessen Hilfe sie die Zerlegung konstruierte.

Valeria nahm die Aufgabenstellung besonders motiviert in Angriff. Sie verwendete wie Luisa auch kleine Grafiken zur Veranschaulichung ihrer Lösung und schrieb zusätzlich zu ihrem Antwortsatz einen begründenden Text.

Die Rechnung, die sie notierte, ist typisch für Grundschulkinder. In der gleichen Reihenfolge, in der man denkt, werden die Zahlen miteinander verknüpft (10 + 10 = 20 + 5 = 25). Die fehlerhafte Nutzung des Gleichheitszeichens gerät dabei aus dem Blickfeld.

Lehrer / innen-Kommentare

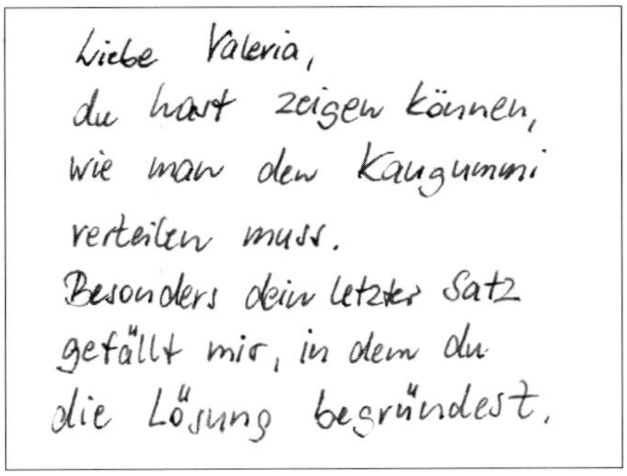
Liebe Valeria,
du hast zeigen können,
wie man den Kaugummi
verteilen muss.
Besonders dein letzter Satz
gefällt mir, in dem du
die Lösung begründest.

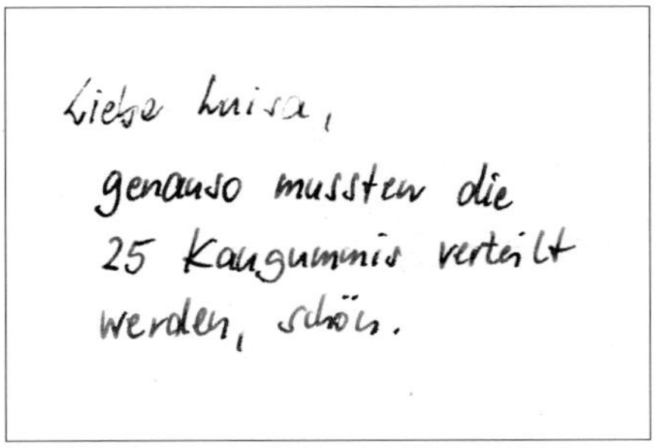
Liebe Luisa,
genauso mussten die
25 Kaugummis verteilt
werden, schön.

Abb. 114 – 115: Lehrer / innen-Kommentare dazu

Für beide Kinder wurde bekräftigt, dass sie dieses Mal die richtige Lösung gefunden hatten. Darüber hinaus war es für Valeria wichtig, ihre besondere Leistung bezüglich des verfassten Textes hervorzuheben.

Kompetenzentwicklung
Im Plenum wurde die Art der Zahlbeziehungen noch einmal angesprochen. Auch die Tatsache, dass immer ein einfacher Teil und zwei doppelte Teile die Gesamtzahl ergeben, wurde anschaulich gezeigt.

A

Aufgabe 10 (Mai)
Du kannst eine Aufgabe auswählen:
Stellt euch vor: Vivien, Alina und Nils sind Geschwister. Sie sind im Alter jeweils 1 Jahr auseinander. Vivien ist die Älteste und Nils der Jüngste. Insgesamt sind sie 27 Jahre alt. Wie alt ist Alina?
Oder:
Stellt euch vor: Vivien, Alina und Nils sind Geschwister. Sie sind im Alter jeweils 1 Jahr auseinander. Vivien ist die Älteste und Nils der Jüngste. Insgesamt sind sie 12 Jahre alt. Wie alt ist Alina?

Überlegungen zur Aufgabe
Da das Übersetzen des Inhalts auf die Gleichungsebene (x + x + 1 + x + 2 = 27) noch nicht möglich ist, müssen inhaltliche Überlegungen zur Lösung führen.

- *Problemlösen*: Es wäre möglich, von gleichen Teilen aus zu denken. Also in der Aufgabenvariante „27 Jahre" wäre jeder erst einmal neun Jahre alt. Um die Summe 27 zu erhalten und zwischen den Zahlen den Unterschied von eins zu erzeugen, könnte man aus den drei Neunen „Treppenzahlen" machen: acht, neun, zehn. Die Zahl auf der unteren Stufe wird um eins kleiner, diese Eins gibt man der Zahl auf der letzten Stufe dazu. Die mittlere Zahl bleibt gleich. Alina wäre bei dieser Aufgabenvariante also neun Jahre alt.
  Dass die Zweitklässler so zielgerichtet herangehen, ist nicht zu erwarten. Eher, dass die Ausgangszahl in drei Teile zerlegt wird (vielleicht zehn, zehn, sieben) und dann die Teile der Bedingung „immer eins Unterschied" angepasst werden. Die Ausgangsgröße in der zweiten Aufgabenvariante, „12", ist noch leichter zu überschauen und die Lösung drei, vier, fünf bzw. „Alina ist vier Jahre alt" durch Probieren zu ermitteln.
- *Modellieren*: Auch Grundschulkinder können sich in die Situation recht gut hineindenken. Grundlage für die Entwicklung mathematischer Modelle sind sowohl Zahlbeziehungen als auch Rechenoperationen. Das Prüfen der Lösungen ist angesichts des einfachen Gesamtzusammenhangs gut möglich.
- *Lösung*:
  Aufgabenvariante 1: Nils ist acht Jahre alt, Alina ist neun Jahre alt, Vivien ist zehn Jahre alt.
  Aufgabenvariante 2: Nils ist drei Jahre alt, Alina ist vier Jahre alt, Vivien ist fünf Jahre alt.

Lösungsbeispiele und Interpretation

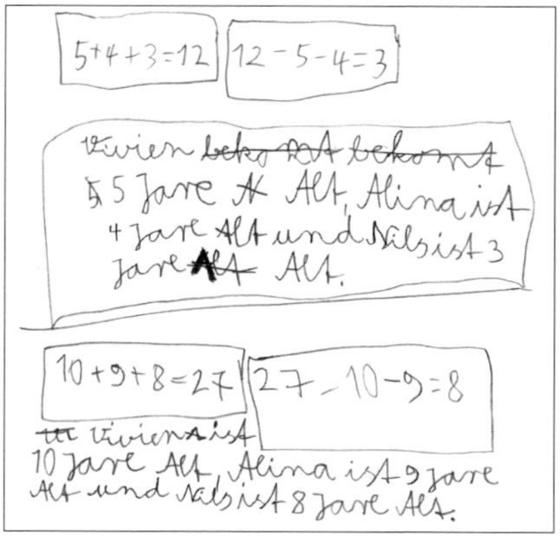

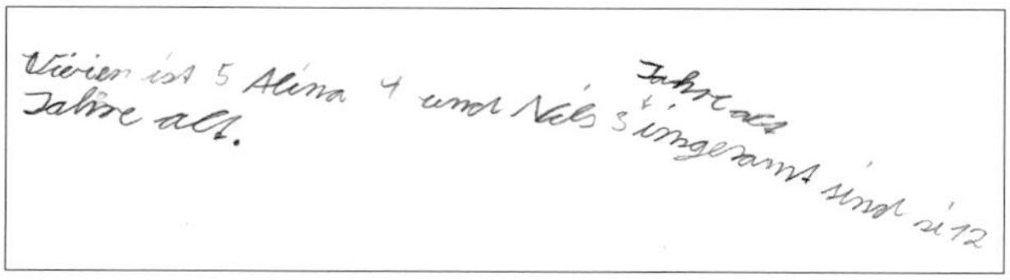

Abb. 116 – 119: Lösungsdarstellungen von Valeria (links oben), Marie (Mitte links und unten links) und Paula (rechts)

An Valerias Ansatz ist interessant, dass sie ausgehend von einer Divisionsaufgabe dachte. Marie wendete sich der kleineren Zahl zu und konnte die drei gesuchten Altersangaben durch das Operieren im Kopf ermitteln. Neben ihrer skizzenhaften Darstellung schrieb sie alles noch einmal auf: „Vivien ist 5, Alina 4 und Nils 3. Insgesamt sind sie 12 Jahre alt." Paula löste beide Aufgaben. Ihre Überlegungen notierte sie im Nachhinein sowohl rechnerisch als auch in Satzform.

Lehrer / innen-Kommentare

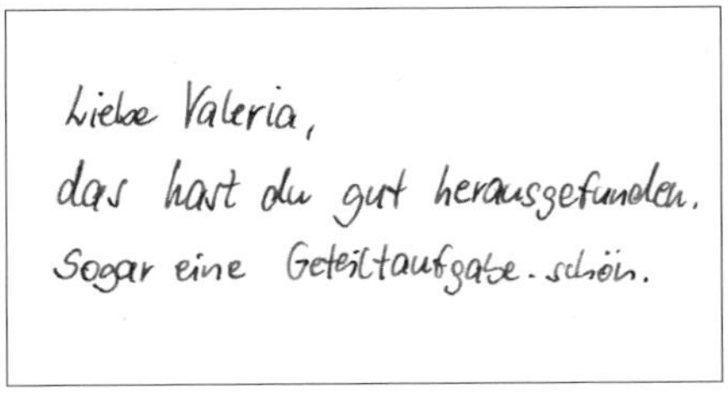

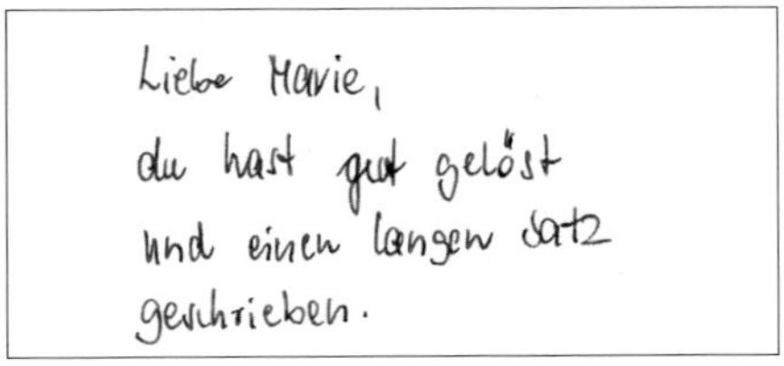

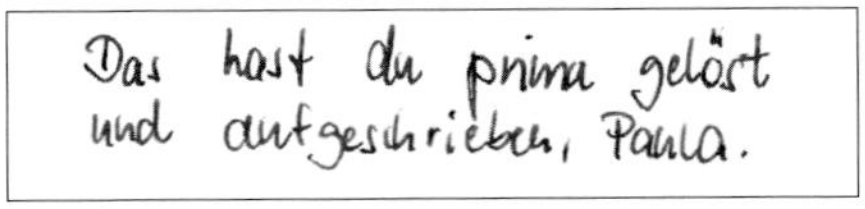

Abb. 120 – 122: Lehrer / innen-Kommentare dazu

Die Kinder können lernen, ihren Überlegungsprozess durch einen Satz oder einen kleinen Text abzuschließen. Deshalb hob die Lehrerin für Marie insbesondere diese Leistung hervor. Für Paula hätte man die notierten Rechnungen (Aufgabe und Umkehraufgabe) noch einmal besonders betonen können.

Kompetenzentwicklung

In einer abschließenden Betrachtung zur Aufgabe könnte hervorgehoben werden, dass bei einer solchen Aufgabe die Gesamtzahl zunächst durch drei geteilt werden kann. Wenn der Unterschied zwischen den Zahlen immer eins sein soll, kann man die drei Zahlen so verändern, dass sie eine Treppe bilden: aus neun, neun, neun wird acht, neun, zehn. Die mittlere Zahl bleibt erhalten. Die erste wird um eins kleiner und dafür die letzte um eins größer. Diesen Zusammenhang werden nicht alle Kinder verinnerlichen können. Später, in Klasse 3 oder 4, könnten die Treppenzahlen wieder aufgegriffen werden.

A

Aufgabe 11 (Juni)

Ein alter Bär sagt zum alten Fuchs: „Nun sind wir zusammen schon 60 Jahre alt. Ich bin aber 40 Jahre älter als du." „Ja, ja", entgegnet der Fuchs, „Füchse werden eben nicht so alt wie Bären."
Was meint ihr, wie alt ist der Bär und wie alt ist der Fuchs?

Überlegungen zur Aufgabe

Trotz der glatten Zehnerzahlen ist dies eine knifflige Vergleichsaufgabe für Zweitklässler. Der Problemgehalt erwächst zum einen aus dem statischen Charakter der Aufgabe. Handlungen, an denen man notwendige Operationen festmachen könnte, werden kaum sichtbar. Darüber hinaus sind 60 und 40 in dieser Aufgabe „falsche Freunde". Man kommt als Grundschulkind schnell auf die Idee 60 – 40 = 20 zu rechnen.

- *Problemlösen*: Eine zielführende Strategie für Zweitklässler könnte darin bestehen, die 60 in Zehnerzahlen zu zerlegen und die beiden Zehnerzahlen hinsichtlich ihres Unterschieds zu betrachten, bis ein Zahlenpaar gefunden wird, zwischen dem die Differenz 40 besteht. Fitte Kinder könnten 60 und 40 addieren und davon die Hälfte bilden bzw. subtrahieren und die Hälfte bilden. Man könnte auch erst die Hälften der beiden Zahlen bestimmen und dann addieren bzw. subtrahieren.
- *Modellieren*: Das Situationsmodell ist grob vorstellbar, muss aber bei der Arbeit mit einem mathematischen Modell noch präzisiert werden. Ein geeignetes mathematisches Modell zu finden, ist anspruchsvoll.
- *Lösung*: Der Bär ist 50 Jahre alt und der Fuchs ist zehn Jahre alt. Dann sind beide zusammen 60 Jahre alt und der Unterschied ist 40 Jahre.

Lösungsbeispiele und Interpretation

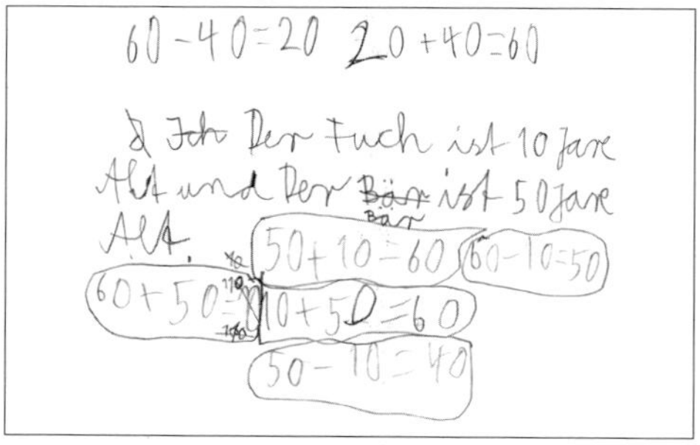

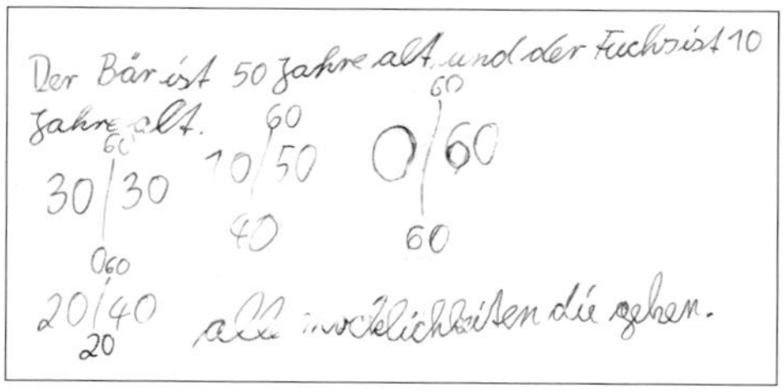

Abb. 123 – 125: Lösungsdarstellungen von Alina (links), Paula (oben rechts) und Valeria (unten rechts)

Alinas Darstellung wies auf den hohen Schwierigkeitsgrad dieser Aufgabe für Grundschulkinder hin. Sie fand keine Lösung trotz intensiver Überlegungsarbeit. Andere Kinder (auch Paula) wählten die für sie naheliegende Lösung

(40 + 20 = 60) und bemerkten nicht oder nicht sofort, dass noch Gedanken fehlen. Nur Valeria gelang es auf Anhieb, das richtige Zahlenpaar zu finden. Sie schaffte dies zunächst durch Kopfarbeit. Erst danach bereitete sie ihre Gedanken systematisch auf. Die Abbildung zeigt nur den wichtigsten Ausschnitt aus Valerias Lösungsdarstellungen: „alle möglichkeiten die gehen.", schrieb sie unter die Zahlzerlegungen. Sie notierte darüber hinaus auch Additionen und Subtraktionen, mit denen sie belegen konnte, dass ihre Lösung richtig ist.

Lehrer / innen-Kommentare

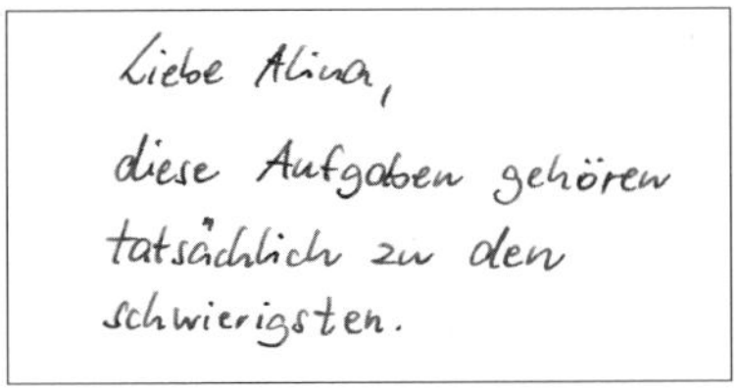
Liebe Alina,
diese Aufgaben gehören tatsächlich zu den schwierigsten.

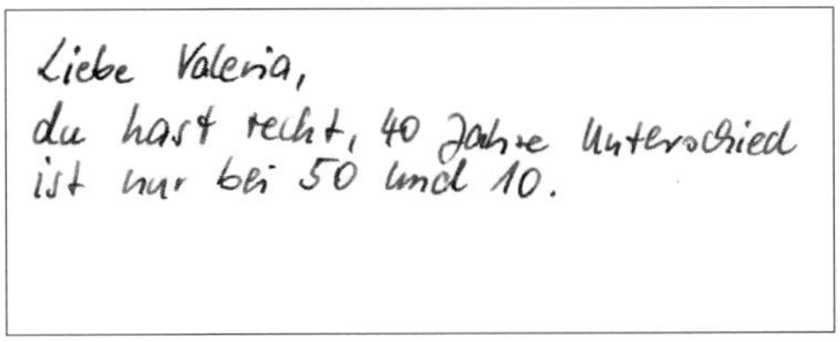
Liebe Valeria,
du hast recht, 40 Jahre Unterschied ist nur bei 50 und 10.

Abb. 126 – 127: Lehrer / innen-Kommentare dazu

Die Lehrerin bestätigte Alina, dass ihr „Misserfolg" eine gewisse Berechtigung hat. Die Kinder sollten auch lernen, dass man bei schwierigen Aufgaben nicht immer die Lösung schaffen kann. Valerias schöne Lösung wurde bestätigt. Die Lehrerin hebt ihr Bemühen hervor, die selbst für Valeria erstaunliche Lösung zu begründen: Man kann es so oder so probieren, 50 und zehn ist das richtige Lösungspaar.

Kompetenzentwicklung

Man kann von der Summe 60 aus denken, zerlegt diese Zahl in zwei Zehnerzahlen und schaut, wie groß der Unterschied ist: 30 und 30 kann es nicht sein, da ist der Unterschied null, 40 und 20 kann es auch nicht sein, der Unterschied ist 20. Bleibt also 50 und zehn, der Unterschied ist 40 und die Summe ist 60. Es wäre auch möglich, ausgehend von der Zahl sechs zu denken und hier die möglichen Zerlegungen zu suchen, sodass der Unterschied vier ist.

A

Aufgabe 12 (Juni)

Du kannst eine Aufgabe auswählen:

Stellt euch vor, Leon hat im Pferdestall 36 Beine gezählt – Pferde und Fliegen. Wie viele Pferde und wie viele Fliegen könnten im Stall sein?

Oder:

Stellt euch vor, Leon hat im Pferdestall 24 Beine gezählt – Pferde und Fliegen. Wie viele Pferde und wie viele Fliegen könnten im Stall sein?

Überlegungen zur Aufgabe

Diese Art von Aufgaben erfordert sowohl additives als auch multiplikatives Denken. Umweltwissen zur Anzahl der Beine der verschiedenen Tiere kommt hinzu. Wie bei vielen problemhaltigen Textaufgaben muss Teil und Ganzes im Blick behalten werden: $x \cdot 4$ und $y \cdot 6$ müssen in 36 bzw. 24 eingepasst werden bzw. eine durch vier und eine durch sechs teilbare Zahl müssen zusammen 36 (24) ergeben. Es ist zu erwarten, dass viele Zweitklässler die Aufgabe mit der kleineren Zahl, der 24, wählen. Bei dieser Zahl müssen nur wenige Varianten durchdacht werden. Es gibt nur eine Lösung und das Zahlenpaar zwölf und zwölf kann wahrscheinlich von vielen Kindern entdeckt werden.

- *Problemlösen*: Zu erwarten ist ein probierendes Lösungsverhalten über additives Denken. Das Veranschaulichen der Situation kann lösungsunterstützend sein. Auch anspruchsvolle Strategien sind möglich. Bei der ersten Aufgabenvariante kann z. B. mit der Sechserreihe begonnen und erkundet werden, ob der „Rest" durch vier teilbar ist (oder umgekehrt), also sechs und 30, zwölf und 24, 18 und 18, 24 und zwölf, 30 und sechs. Es gibt zwei Zahlenpaare, die die Bedingungen erfüllen: zwölf und 24 und 24 und zwölf.
- *Modellieren*: Die Situation ist gut vorstellbar. Die Möglichkeitsform in der Fragestellung kann das Nachdenken über mehrere Lösungen anregen. Schon sehr einfache mathematische Modelle (additive Aneinanderreihung) können zum Lösungserfolg führen. Das Prüfen der Lösungen ist auch für Zweitklässler möglich.
- *Lösung*:
  Aufgabenvariante 1: Es könnten zwei Fliegen und sechs Pferde im Stall sein. Es könnten auch vier Fliegen und drei Pferde sein.
  Aufgabenvariante 2: Es sind zwei Fliegen und drei Pferde im Stall. Eine andere Möglichkeit gibt es bei 24 Beinen nicht.

Lösungsbeispiele und Interpretation

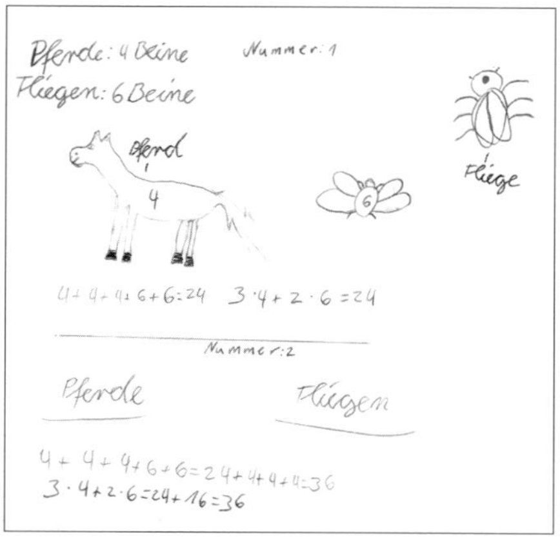

Abb. 128 – 130: Lösungsdarstellungen von Anton (oben links), Vivien (unten links) und Alina (rechts)

Die Lösungsdarstellungen verweisen auf die unterschiedlichen Möglichkeiten der Kinder. Alle drei Zweitklässler lösten die Aufgabe mit der 24 richtig. Vivien skizzierte abwechselnd eine Vierer- und eine Sechser-Strichmenge und fand auf ikonischem Weg die richtige Lösung.

Anton produzierte seine Gedanken ausschließlich im Kopf und notierte seine Lösung in Form eines kleinen Textes mit begründenden Elementen.

Alina bereitete ihre Lösung sehr schön auf, angefangen von den wichtigen Ausgangsgedanken, wie viele Beine Pferde und Fliegen haben. Ihr gelang es, additives und multiplikatives Denken zu verknüpfen und auf symbolischer Ebene (!) darzustellen. Auch die zweite Aufgabe nahm sie noch in Angriff und schaffte hier noch einen guten Lösungsansatz. Man muss bedenken, dass ähnlich wie bei einer sportlichen Herausforderung auch beim „Denksport" die Kräfte verbraucht werden und im Verlauf der Aufgabenbearbeitung nachlassen.

Lehrer / innen-Kommentare

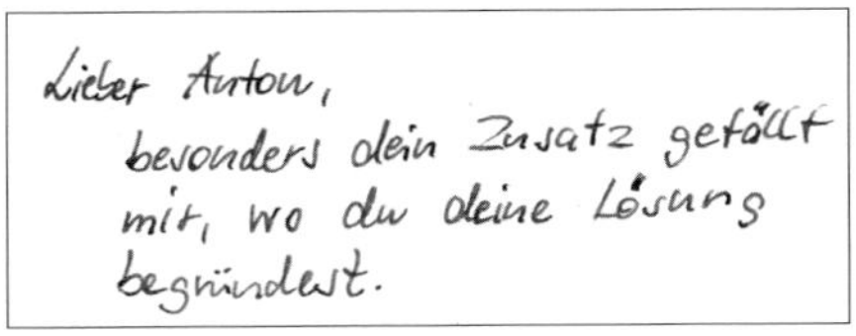
Lieber Anton,
besonders dein Zusatz gefällt mir, wo du deine Lösung begründest.

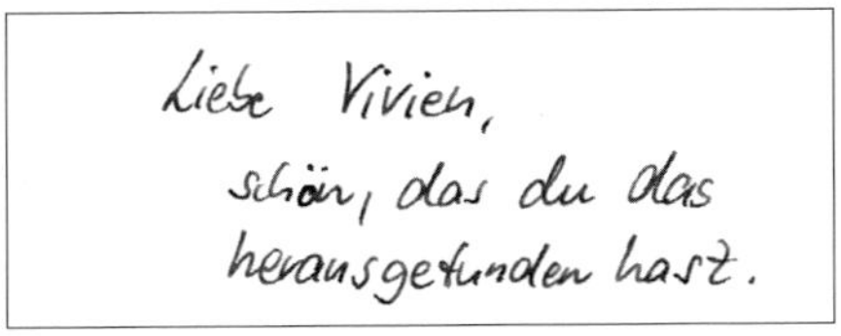
Liebe Vivien,
schön, das du das herausgefunden hast.

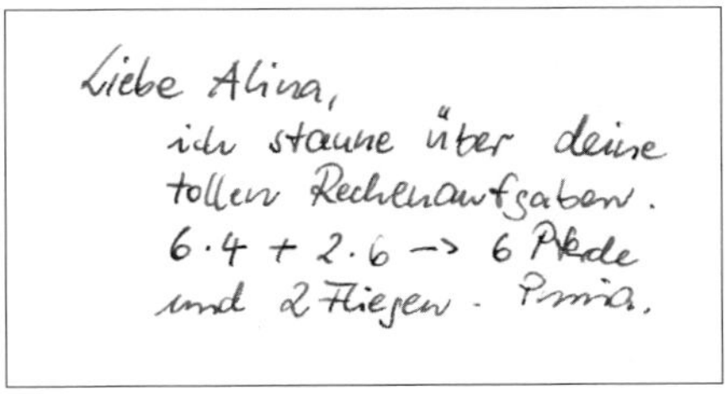
Liebe Alina,
ich staune über deine tollen Rechenaufgaben.
6·4 + 2·6 -> 6 Pferde und 2 Fliegen. Prima.

Abb. 131 – 133: Lehrer / innen-Kommentare dazu

Die Lehrerin hob das Besondere in den Leistungen der Kinder hervor. Bei Alina war es der distributive Zusammenhang, den sie konstruieren und symbolisch darstellen konnte.

Für Vivien war das Lob an sich wichtig. Sie gehörte stets zu den unermüdlichen Denkern und wurde nicht immer mit Lösungserfolg belohnt.

Für Anton bekräftigte die Lehrerin seine schriftliche Lösungsaussage. Man hätte ihn auch ermutigen können, seinen Gedanken auf dem Papier Rechnungen zuzuordnen.

Kompetenzentwicklung

Demonstriert wurde während der gemeinsamen Reflexion das Zerlegen der Zahl 36 in „Vierer- und Sechserpakete", damit bewusst werden konnte, dass es bei dieser Art von Aufgaben auch mehrere Lösungsmöglichkeiten geben kann.

Alina bekam noch einmal Gelegenheit, ihre zielführende Rechnung vorzustellen.

A

Aufgabe 13 (Juli)

Du kannst eine Aufgabe auswählen:

Vanessa zählt ihr gespartes Geld nach. Es sind 29 €. Im Sparschwein befinden sich nur 2-Euro-Münzen und 5-Euro-Scheine.

Wie viele 2-Euro-Münzen und 5-Euro-Scheine könnte Vanessa haben?

Oder:

Vanessa zählt ihr gespartes Geld nach. Es sind 17 €. Im Sparschwein befinden sich nur 2-Euro-Münzen und 5-Euro-Scheine.

Wie viele 2-Euro-Münzen und 5-Euro-Scheine könnte Vanessa haben?

Überlegungen zur Aufgabe

Die Struktur der Aufgabe ist ähnlich wie bei Aufgabe 12, zwei Teile müssen vervielfacht und in ein Ganzes eingepasst bzw. das Ganze muss so zerlegt werden, dass die Vielfachen der beiden Teile hineinpassen. Erschwerend könnten sich eventuell die ungeraden Lösungszahlen auswirken und die höhere Anzahl von Lösungen. Allerdings ist auch hier eine Lösung für die Zweitklässler ausreichend.

- *Problemlösen*: Eine zielführende Strategie für Zweitklässler könnte ein probierendes additives Zusammenfügen der beiden Geldsorten und ein entsprechender Abgleich mit dem Gesamtbetrag sein. Die Aufgabe lässt sich auch gut auf ikonischer Ebene (Nutzen von grafischen Darstellungen) bearbeiten.
- *Modellieren*: Der Kontext ist den Kindern vertraut und sie können ihre Alltagserfahrungen einbringen. Dies erleichtert die Konstruktion eines Situationsmodells. Auch beim Zuordnen eines mathematischen Modells können Alltagserfahrungen eingebracht werden.
- *Lösung*:
  Aufgabenvariante 1: Es gibt drei Lösungen: Vanessa könnte einen Fünf-Euro-Schein und zwölf Zwei-Euro-Münzen haben, drei Fünf-Euro-Scheine und sieben Zwei-Euro-Münzen sowie fünf Fünf-Euro-Scheine und zwei Zwei-Euro-Münzen.
  Aufgabenvariante 2: Es gibt zwei Lösungen: Vanessa könnte einen Fünf-Euro-Schein und sechs Zwei-Euro-Münzen sowie drei Fünf-Euro-Scheine und eine Zwei-Euro-Münze haben.

Lösungsbeispiele und Interpretation

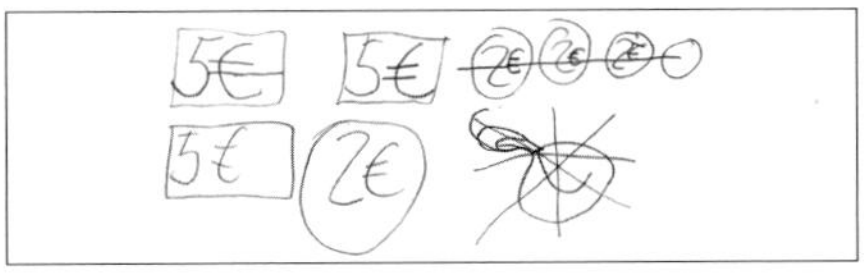

Abb. 134 – 136: Lösungsdarstellungen von Luisa (oben links), Songyl (unten links) und Alina (rechts)

Wie erwartet, fiel diese Aufgabe allen Kindern leicht. Sie konnten sich in die Situation gut hineindenken und mit den Zahlen („Fünfern" und „Zweiern") ließ sich einfach operieren. Die Kinder lösten zum Teil eng angelehnt an ihre Vorstellungen zu Münzen und Scheinen, so, wie wir es bei Songyl sehen. Die Lösungsgedanken konnten schriftlich begleitet werden, indem verschiedene Darstellungsformen vermischt wurden, wie bei Luisa. Für leistungsstarke Kinder gab es die Möglichkeit, ihre Lösungsgedanken bis hin zu anspruchsvolleren Rechnungen (Gleichungen) zu entwickeln, wie bei Alina.

Lehrer / innen-Kommentare

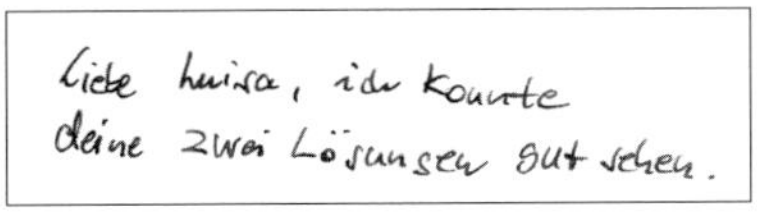

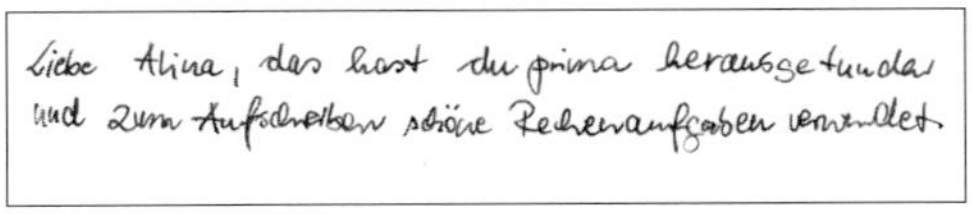

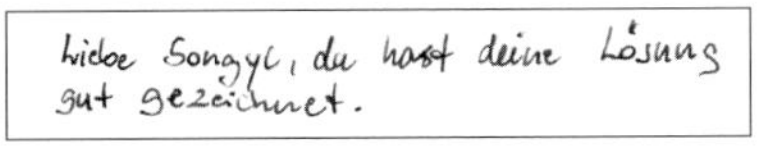

Abb. 137 – 139: Lehrer / innen-Kommentare dazu

Die Kommentare bekräftigten jeweils die Darstellungsform, die die Kinder gewählt hatten. Durch die Offenheit bezüglich der Darstellung hatte die Lehrkraft die Möglichkeit, die individuelle, persönliche Lösungskompetenz der Kinder zu unterstützen.

Kompetenzentwicklung

Häufig erwarten Grundschüler/innen nur eine Lösung. So war es auch bei dieser Aufgabe. Wenn eine Lösung gefunden war, dachte man über weitere Lösungen nicht nach und wandte sich eventuell der zweiten Aufgabe zu. Während der Reflexion zur Aufgabe wurden deshalb die verschiedenen möglichen Lösungen besonders betont. Es kommt weniger darauf an, dass jede einzelne Lösungsmöglichkeit von den Kindern verinnerlicht wird. Es geht mehr darum, die Erwartungshaltung bei solchen Aufgaben zu verändern und ein Gefühl anzubahnen für Aufgaben, bei denen es mehrere Lösungsmöglichkeiten geben könnte.

3.2.2 Die Textaufgaben im Überblick

Aufgabe 1 (September)
Du kannst eine Aufgabe auswählen:
Anna und Jonas haben zusammen 20 YU-GI-OH!®-Karten. Anna hat 4 mehr als Jonas. Wie viele Karten hat Anna? Wie viele Karten hat Jonas?
Oder:
Anna und Jonas haben zusammen 10 YU-GI-OH!®-Karten. Anna hat 4 mehr als Jonas. Wie viele Karten hat Anna? Wie viele Karten hat Jonas?

Aufgabe 2 (September)
Kinder, Kinder – mein Schuhregal! Eine fürchterliche Unordnung! Alles liegt durcheinander. Ich zähle 25 Schuhe. Wie viele Paare von Schuhen sind das eigentlich? Und fehlt da nicht was?

Aufgabe 3 (Oktober)
Du kannst eine Aufgabe auswählen:
Ich nasche gern Schokolade. Könnt ihr herausfinden, wie viele Stücke meine Schokoladentafel hat?
In einer Reihe, also quer, sind es 4 Stücke und nach unten zähle ich in jeder Spalte 6 Stücke.
Oder:
Ich nasche gern Schokolade. Könnt ihr herausfinden, wie viele Stücke meine Schokoladentafel hat?
In einer Reihe, also quer, sind es 4 Stücke und nach unten zähle ich in jeder Spalte 6 Stücke. Heute esse ich 10 Stücke. Wie viele bleiben übrig?

Aufgabe 4 (November)
Eigentlich mag ich meine beiden Geschwister, aber manchmal können wir uns nicht einigen. Ich zählte 51 vorweihnachtliche Plätzchen. Mama sagte, dass wir uns diese teilen können. Mein großer Bruder antwortete: „Dann bekomme ich aber das eine, das übrig ist, noch dazu.“ Mein kleiner Bruder entgegnete: „ Vielleicht bleibt ja kein Plätzchen übrig und wir drei bekommen alle gleich viel.“ Was meint ihr? Probiert es aus und schreibt die Lösung auf.

Aufgabe 5 (Februar)
Du kannst eine Aufgabe auswählen:
Valeria hat 25 Pokemon®-Karten. Maxime hat 13 Karten. Wie viele Karten müsste Valeria an Maxime abgeben, damit beide Kinder gleich viele Karten haben?
Oder:
Valeria hat 12 Pokemon®-Karten. Maxime hat 4 Karten. Wie viele Karten müsste Valeria an Maxime abgeben, damit beide Kinder gleich viele Karten haben?

Aufgabe 6 (März)

Du kannst eine Aufgabe auswählen:

Frau Wilke, unsere Klassenlehrerin, hat heute eine Vertretungsstunde in der Klasse 4b. Sie erzählt uns: In der Klasse überwiegen die Mädchen. Insgesamt sind es 21 Kinder. Es sind 7 Mädchen mehr als Jungen. Wie viele Mädchen lernen in der Klasse? Wie viele Jungen sind es?

Oder:

Frau Wilke, unsere Klassenlehrerin, hat heute eine Vertretungsstunde in der Klasse 4a. Sie erzählt uns: In der Klasse sind 2 Mädchen mehr als Jungen. Insgesamt sind es 20 Kinder. Wie viele Mädchen lernen in der Klasse? Wie viele Jungen lernen in der Klasse?

Aufgabe 7 (März)

Du kannst eine Aufgabe auswählen:

Nils sammelt seltene Münzen. In diesem Jahr sind schon doppelt so viele dazugekommen, wie er im Jahr zuvor besaß. Er zählt 18 Münzen. Wie viele Münzen hatte Nils im vorigen Jahr?

Oder:

Nils sammelt seltene Münzen. In diesem Jahr sind schon doppelt so viele dazugekommen, wie er im Jahr zuvor besaß. Er zählt 27 Münzen. Wie viele Münzen hatte Nils im vorigen Jahr?

Aufgabe 8 (März)

Mama und ich, wir färben Eier für die Osternester. Wir nutzen gelbe, blaue, grüne und rote Farbe. Als Mama mir für die Schule schon einmal 2 Eier zum Kosten einpackt, liege ich bereits im Bett. Ich überlege, welche Farbe könnten die Eier haben, die Mama in meine Frühstücksdose gelegt hat?

Aufgabe 9 (Mai)

Du kannst eine Aufgabe auswählen:

Papa, ein Rätsel für dich: In dieser Schachtel waren 25 Kaugummis. Lydia und Nicky bekamen gleich viele – weil sie beide gern Kaugummi essen. Ich habe mir nur halb so viele genommen wie die beiden – du weißt ja, mein Kaugummi-Appetit ist nicht so groß. So war es für uns gerecht und es blieb kein Kaugummi übrig. Kannst du herausfinden, wie wir die Kaugummis unter uns verteilt haben?

Oder:

Papa, ein Rätsel für dich: In dieser Schachtel waren 10 Kaugummis. Lydia und Nicky bekamen gleich viele – weil sie beide gern Kaugummi essen. Ich habe mir nur halb so viele genommen wie die beiden – du weißt ja, mein Kaugummi-Appetit ist nicht so groß. So war es für uns gerecht und es blieb kein Kaugummi übrig. Kannst du herausfinden, wie wir die Kaugummis unter uns verteilt haben?

Aufgabe 10 (Mai)

Du kannst eine Aufgabe auswählen:

Stellt euch vor: Vivien, Alina und Nils sind Geschwister. Sie sind im Alter jeweils 1 Jahr auseinander. Vivien ist die Älteste und Nils der Jüngste. Insgesamt sind sie 27 Jahre alt. Wie alt ist Alina?

Oder:

Stellt euch vor: Vivien, Alina und Nils sind Geschwister. Sie sind im Alter jeweils 1 Jahr auseinander. Vivien ist die Älteste und Nils der Jüngste. Insgesamt sind sie 12 Jahre alt. Wie alt ist Alina?

Aufgabe 11 (Juni)

Ein alter Bär sagt zum alten Fuchs: „Nun sind wir zusammen schon 60 Jahre alt. Ich bin aber 40 Jahre älter als du.“ „Ja, ja“, entgegnet der Fuchs, „Füchse werden eben nicht so alt wie Bären.“

Was meint ihr, wie alt ist der Bär und wie alt ist der Fuchs?

Aufgabe 12 (Juni)

Du kannst eine Aufgabe auswählen:

Stellt euch vor, Leon hat im Pferdestall 36 Beine gezählt – Pferde und Fliegen. Wie viele Pferde und wie viele Fliegen könnten im Stall sein?

Oder:

Stellt euch vor, Leon hat im Pferdestall 24 Beine gezählt – Pferde und Fliegen. Wie viele Pferde und wie viele Fliegen könnten im Stall sein?

Aufgabe 13 (Juli)

Du kannst eine Aufgabe auswählen:

Vanessa zählt ihr gespartes Geld nach. Es sind 29 €. Im Sparschwein befinden sich nur 2-Euro-Münzen und 5-Euro-Scheine.

Wie viele 2-Euro-Münzen und 5-Euro-Scheine könnte Vanessa haben?

Oder:

Vanessa zählt ihr gespartes Geld nach. Es sind 17 €. Im Sparschwein befinden sich nur 2-Euro-Münzen und 5-Euro-Scheine.

Wie viele 2-Euro-Münzen und 5-Euro-Scheine könnte Vanessa haben?

3.2.3 Weitere Aufgaben für Klassenstufe 2

Aufgabe 14 (Januar)
Hanna hat zu Weihnachten ein Kartenspiel mit Buchstaben bekommen. Die Karten werden verdeckt ausgelegt. Man muss Paare aufdecken, die zusammen passen, z. B. ein Bild vom Wald und das „W", mit dem das Wort „Wald" beginnt. Lucas, der Bruder von Hanna, spielt mit. „Ich habe 24 Karten", sagt Hanna. „Ich habe 32", entgegnet Lucas. Wie viele Kartenpaare hat Hanna? Wie viele hat Lucas? Wie viele Paare hat Lucas mehr?

- *Problemlösen*: Problemlöseaktivitäten werden nicht angesprochen.
- *Modellieren*: Beim Erstellen des Situationsmodells muss der Unterschied zwischen einzelnen Karten und Kartenpaaren beachtet werden. Schwerpunkt für die mathematische Modellbildung ist das Halbieren. Hinzu kommt das Zuordnen einer Differenz. Für das Prüfen kann das Verdoppeln genutzt werden.
- *Lösung*: Hanna hat zwölf Kartenpaare. Lucas hat 16 Paare. Lukas hat vier Paare mehr.

Aufgabe 15 (Februar): Kleiner Dodo – bester Freund
Tief im Urwald lebt Dodo, der kleine Orang-Utan. Serena Romanelli und Hans de Beer erzählen seine Abenteuer. Heute besucht Dodo seinen Freund Bert. Der Vogel lebt hoch oben in einem Baumwipfel. Dodo muss 12 m nach oben klettern, um das Nest zu erreichen.
Rechnet aus, wie viele Meter Dodo in einer Woche nach oben klettert, wenn er dreimal seinen Freund besucht.

- *Problemlösen*: Problemlöseaktivitäten werden nicht angesprochen.
- *Modellieren*: Im Rahmen des Modellierungsprozesses könnte für weniger fitte Drittklässler das mathematische Verfahren (zwölf Meter sind dreimal zu berücksichtigen) schwierig sein.
- *Lösung*: Dodo muss insgesamt 36 Meter nach oben klettern.

Aufgabe 16 (März, Text in Anlehnung an ein Kinderbuch von Astrid Lindgren)
Lotta hat sich zu ihrem 5. Geburtstag so sehr ein Fahrrad gewünscht. Doch der Geburtstagsmorgen kommt und kein Fahrrad ist unter den Geschenken. Als ihre Geschwister in der Schule sind, nimmt sie heimlich das Fahrrad von Tante Lilli. Sie setzt ihren Teddy vorn in den Korb und startet vor Tante Lillis Haus. Da sie ja aber noch gar nicht Fahrrad fahren kann und das Rad für sie viel zu groß ist, landet sie nach 25 m in einem Rosenbusch. Sie weint ganz laut und als sie ihr aufgeschlagenes Knie sieht, noch lauter. Der Rosenstrauch im Weg war ein großes Glück. Von Tante Lillis Haus bis zu einer sehr befahrenen Straße sind es ungefähr 110 m. Rechne aus, wie viele Meter es vom Rosenstrauch bis zur Straße sind.

- *Problemlösen*: Problemlöseaktivitäten werden nicht angesprochen.
- *Modellieren*: Der Modellierungsprozess stellt keine besonderen Anforderun-

gen. Die Texte werden von der Lehrkraft vorgelesen und die Kinder können dadurch die Situation gut aufnehmen und bewältigen.

- *Lösung*: Vom Rosenstrauch bis zum Haus sind es 85 Meter.

Aufgabe 17 (April): Aufgabe 1 vom Zauberer – aus alter Zeit
Hanns trägt für den Zauberer die Tasche mit dem Zauberstab. Heute ist die Tasche besonders schwer, das weiße Kaninchen ist mit dabei. Deshalb bekommt Hanns dieses Mal das 3-fache Tragegeld: 42 Taler. Wie hoch ist das einfache Tragegeld, das er sonst bekommt (wenn die Tasche leicht ist)?

- *Problemlösen*: Das Rückwärtsarbeiten wird angesprochen. Ein entsprechendes Operieren mit einer Zahl wie 42 ist für Zweitklässler eine Herausforderung.
- *Modellieren*: Für das Bilden des Situationsmodells muss dreifaches und einfaches Tragegeld verstanden werden. Als mathematisches Modell kommen das Zerlegen der Ausgangszahl, das Teilen oder auch das additive Zusammenfügen bzw. Subtrahieren infrage.
- *Lösung*: Das einfache Tragegeld beträgt 14 Taler.

Aufgabe 18 (Mai): Aufgabe 2 vom Zauberer
Das weiße Kaninchen des Zauberers ist krank. Die Medizin wird ins Futter gemischt: 3 mal täglich 3 Tropfen und das 7 Tage lang. Versuche auszurechnen, wie viele Medizintropfen das sind.

- *Problemlösen:* Problemlöseaktivitäten werden nicht angesprochen.
- *Modellieren*: Das Situationsmodell ist gut zu erstellen. Allerdings übersehen Zweitklässler mitunter die zweite Angabe: „und das sieben Tage lang“. Beim Mathematisieren können leistungsstarke Kinder lernen, dass man die Situation als $3 \cdot 3 \cdot 7$ abbilden und für die Lösung nacheinander multiplizieren kann.
- *Lösung*: Das sind tatsächlich 63 Tropfen.

Aufgabe 19 (Mai): Aufgabe 3 vom Zauberer
Das weiße Kaninchen schnuppert am Zauberstaub. Er ist schwarz, weiß und gelb und 12 cm lang. Das gelbe Stück ist das kleinste. Das weiße Stück ist 2 cm länger als das gelbe. Das schwarze Stück ist das längste. Es ist 2 cm länger als das weiße. Kannst du ausrechnen, wie lang die einzelnen Stücke sind?

- *Problemlösen*: Das Veranschaulichen und das probierende Lösen sind Strategien, die hauptsächlich zum Einsatz kommen. Für leistungsstarke Kinder sind Überlegungen darüber hinaus lohnenswert: Der Zauberstab besteht aus drei Farbabschnitten. Wenn alle Abschnitte gleichlang wären, wären sie jeweils vier Zentimeter lang ($12 : 3 = 4$). Da immer zwei Zentimeter Unterschied sind, nehme ich einmal zwei Zentimeter weg, das mittlere Stück verändere ich nicht und beim dritten Stück gebe ich zwei Zentimeter dazu. So bleiben die zwölf Zentimeter Gesamtlänge erhalten und ich finde ein zwei Zentime-

ter langes, ein vier Zentimeter langes und ein sechs Zentimeter langes Stück und muss nur noch die Farben zuordnen. Ein Verweis auf „Treppenzahlen" ist möglich.
- *Modellieren*: Beim ersten Lesen bzw. Hören ist der Inhalt verwirrend, aber nachdem ein Situationsmodell aufgebaut werden konnte, ist die Aufgabe auch angesichts des kleinen Zahlenraums gut lösbar für Zweitklässler.
- *Lösung*: Das gelbe Stück ist zwei Zentimeter lang, das weiße Stück ist vier Zentimeter lang und das schwarze Stück ist sechs Zentimeter lang.

Aufgabe 20 (Juni)

Am Montag, als ich das neue Buch zu lesen begann, las ich 7 Seiten, am Dienstag 2-mal 7 Seiten, am Mittwoch nur 3 Seiten, am Donnerstag kam ich nicht zum Lesen – und die Seitenzahl gestern habe ich mir nicht gemerkt. Heute bin ich auf Seite 42.
Was meinst du, wie viele Seiten habe ich gestern gelesen?
- *Problemlösen*: Problemlöseaktivitäten werden nicht angesprochen.
- *Modellieren*: Es sind eine Reihe Informationen nacheinander zu berücksichtigen, das kann die Erstellung des Situationsmodells etwas verzögern. Für das Bilden des mathematischen Modells muss erkannt werden, dass die Angaben zunächst additiv miteinander verknüpft werden und für die Lösungssuche auch das Bestimmen der Differenz notwendig ist. Für das Prüfen können alle Angaben nochmal addiert werden mit dem Ziel, die Summe 42 zu erreichen.
- *Lösung*: Acht Seiten wurden gelesen.

Aufgabe 21 (Juni)

Die Tobies leben auf einer kleinen Insel im Feenland. Sie können besonders gut rechnen. Sie überlegen: Kann man 117 Taler gerecht unter 3 Tobies verteilen? So viele Taler hatten sie nämlich als Prämie für den Rechenmeister aufbewahrt. Nun gibt es aber 3 erste Plätze. 3 Tobies (Tao, Till und Terba) rechnen gleich gut. Was meint ihr, können alle 3 gleich viele Prämientaler bekommen?
- *Problemlösen*: Die Aufgabe hat Problemlösegehalt, da die Zahl 117 nicht in dem vertrauten Zahlen- und Rechenraum der Zweitklässler liegt und deshalb eine Lösungsstrategie erst entwickelt werden muss. Hinzu kommt, dass die 117 eine ungerade Zahl ist, von der insbesondere junge Kinder vermuten, dass diese nicht in gleich große Teile zerlegbar ist.
- *Modellieren:* Das Situationsmodell kann ohne besondere Probleme erstellt werden. Nicht so einfach ist das Zuordnen eines mathematischen Modells, auf dessen Grundlage die 117 gerecht verteilt werden kann. Das additive Zerlegen der Zahl wäre eine mögliche Herangehensweise, auch das Verfolgen der Dreierreihe. Vielfach wird auch der aufwendige Weg einer handelnden Lösung (mit Material oder skizzenhaft) nicht gescheut.
- *Lösung*: Jeder der Drei kann 39 Prämientaler bekommen.

3.3 Textaufgaben in Klasse 3

In Klassenstufe 3 ist zu beachten, dass die Schülerinnen und Schüler inzwischen Erfahrungen zu allen vier Grundrechenoperationen sammeln konnten. Die Voraussetzungen für das Multiplizieren und Dividieren sind allerdings noch längst nicht so stabil wie die Erfahrungen zum Addieren und Subtrahieren. Das betrifft die Grundvorstellungen zu den Operationen, aber insbesondere auch die mathematisch-symbolische Ebene (das Erzeugen von Rechnungen), die bei den Operationen Multiplikation und Division noch nicht in jedem Fall gefestigt ist.

3.3.1 Interpretation der Textaufgaben

A

Aufgabe 1 (September)
Neulich wurde im Radio die folgende Aufgabe gestellt:
Bei einem Festival treten 4 Tanzgruppen nacheinander auf. Die nachfolgende Tanzgruppe ist immer doppelt so groß wie die vorhergehende. Die 4. Tanzgruppe besteht aus 80 Tänzern. Wie viele Personen gehören zur Tanzgruppe, die zuerst aufgetreten ist?

Überlegungen zur Aufgabe
Es ist zu erwarten, dass sich die Drittklässler gut in die Situation hineindenken können. Mit der Zahl 80 (im Zusammenhang mit der 4) lässt es sich einfach operieren. Dies könnte allerdings auch dazu verleiten, gleichgroße Gruppen zu bilden (80 : 4 = 20). Die Operationen „das Doppelte bzw. die Hälfte finden“ sind den Schülerinnen und Schülern inzwischen vertraut. Es ist zu erwarten, dass die Lösenden ausgehend von 80 jeweils dreimal die Hälfte bilden und auf diese Weise zur Einteilung der Tanzgruppen gelangen.

- *Problemlösen*: Durch die Aufgabenstruktur wird das Rückwärtsarbeiten angeregt. Dies und der nicht sofort verständliche Aufgabeninhalt legen eine Zuordnung der Aufgabe zu den Problemaufgaben nahe, obwohl die Aufgabe mit Grundrechenoperationen gelöst werden kann.
- *Modellieren*: Es müssen Informationen nacheinander aufgenommen werden, ohne dass man zunächst weiß, worum es geht. Dadurch ist das Erstellen des Situationsmodells anspruchsvoll. Wenn die Situation verstanden ist, sind das Zuordnen eines mathematischen Modells und das Errechnen der Lösung nicht schwer.
- *Lösung*: Zur Tanzgruppe, die zuerst aufgetreten ist, gehören zehn Personen.

Lösungsbeispiele und Interpretation

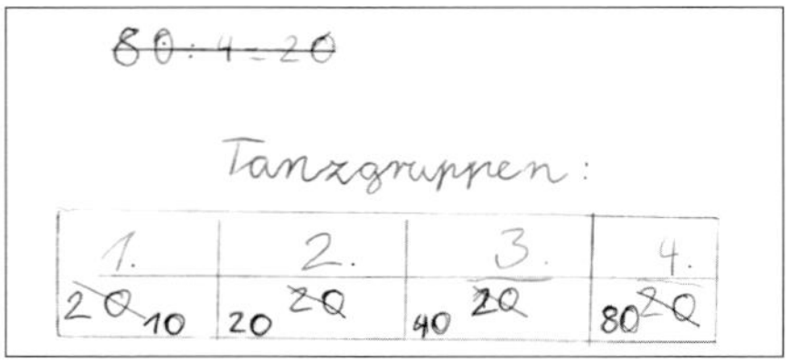

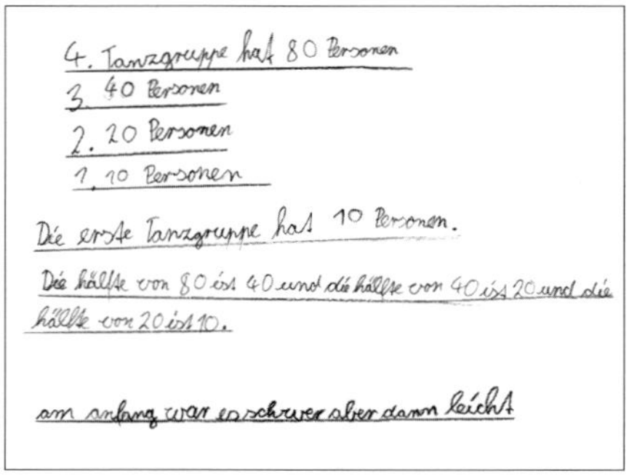

Abb. 140 – 142: Lösungsdarstellungen von Alina (oben links), Valeria (unten links) und Paula (rechts)

Valeria drückte ihr Empfinden für das Bearbeiten der Aufgabe aus: Man benötigt eine Weile, um sich hineinzudenken. Wenn das gelungen ist, ist das Ausrechnen leicht. Im Anschluss an die Lösungsüberlegungen schrieb Valeria ihre Lösungen strukturiert auf und begründete mit dem abschließenden kleinen Text ihr Herangehen. Auch Alina und Paula fanden die richtigen Lösungen. Alina nutzte eine tabellenartige Darstellung. Mit ihren ersten Lösungsgedanken zeigte sie, dass sie zunächst die Personen gleichmäßig auf die vier Gruppen verteilte. Paula stellte ihre Lösung in Form von Rechnungen dar, immer die Hälfte wurde fortgesetzt subtrahiert.

Lehrer / innen-Kommentare

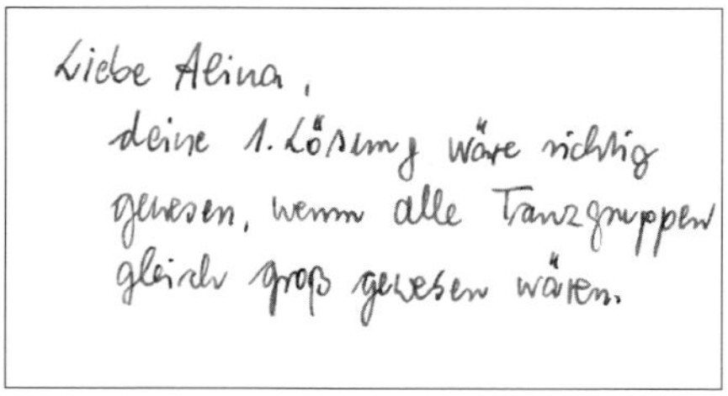

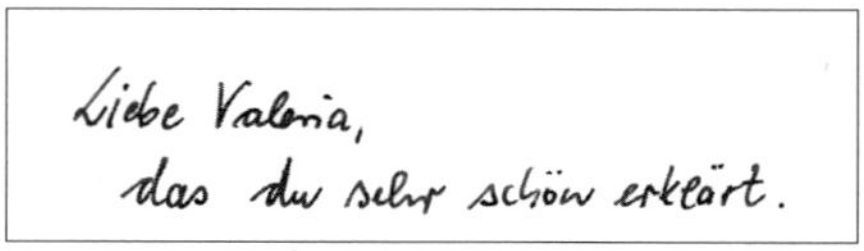

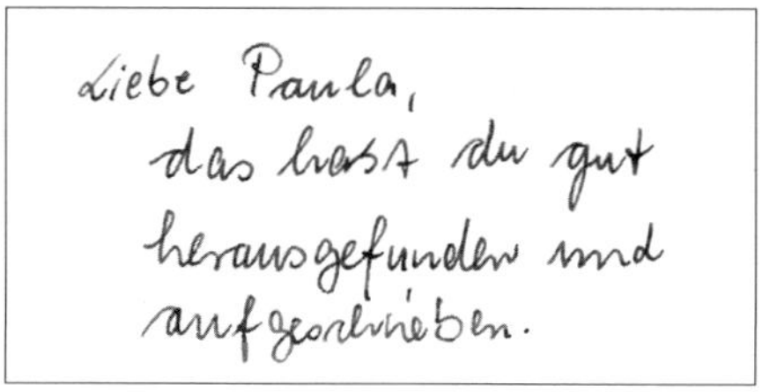

Abb. 143 – 145: Lehrer / innen-Kommentare dazu

In der Rückmeldung für Alina ging die Lehrkraft auf deren erste Überlegung ein. Für Valeria und Paula wurden nicht nur die Lösungen an sich betont, sondern auch die Art, wie die Lösungswege dargestellt wurden.

Kompetenzentwicklung

Während der Reflexion zeigte die Lehrerin Rechnungen, die die Schüler/innen gefunden hatten. Paulas Notation zeichnete sich dadurch aus, dass die geschriebenen Rechnungen nicht fortlaufend als Gleichungskette, die dann am Ende nicht mehr stimmte, notiert wurden, sondern einzelne Rechenschritte immer korrekt beendet und anschließend neu begonnen wurden.

A

Aufgabe 2 (September)

Du kannst eine Aufgabe auswählen:

Tim will Geschenke für seine Geschwister kaufen. Tim überlegt: Kaufe ich gleiche Geschenke zu je 7 €, dann verbrauche ich mein gespartes Taschengeld restlos. Kaufe ich aber gleiche Geschenke zu je 6 €, dann behalte ich 4 € übrig. Also kaufte er Geschenke zu 6 €. Könnt ihr herausfinden, wie viele Geschenke er kaufte? (Dann wisst ihr auch, wie viele Geschwister Tim hat.)

Oder:

Tim will Geschenke für seine Geschwister kaufen. Tim überlegt: Kaufe ich gleiche Geschenke zu je 3 €, dann verbrauche ich mein gespartes Taschengeld restlos. Kaufe ich aber gleiche Geschenke zu je 2 €, dann behalte ich 4 € übrig. Also kaufte er Geschenke zu 2 €. Könnt ihr herausfinden, wie viele Geschenke er kaufte? (Dann wisst ihr auch, wie viele Geschwister Tim hat.)

Überlegungen zur Aufgabe

Die Aufgabe ist vielleicht etwas konstruiert, Grundschulkinder denken beim Geschenkekauf noch nicht unbedingt auf die dargestellte Weise. Da die Zusammenhänge zunächst knifflig erscheinen, ist zu erwarten, dass die Drittklässler die zweite Aufgabe mit den kleineren Zahlen wählen. Mit diesen lässt sich gut operieren und man kann sich ganz auf die Zusammenhänge konzentrieren. Es gibt auch bei dieser Aufgabe verschiedene Möglichkeiten des Herangehens. Zwei Additionsgleichungen, einmal mit dem Summanden drei und einmal mit dem Summanden zwei, könnten miteinander verglichen werden oder man verbindet die Beträge multiplikativ (eine Zahl mal 3 und eine Zahl mal 2), $x \cdot 2 + 4 = y \cdot 3$.

- *Problemlösen*: Es wird vor allem probierendes Lösungsverhalten benötigt. In diesem Zusammenhang ist es wichtig, sich den Inhalt (gedanklich oder auch bildlich) zu veranschaulichen.

- *Modellieren*: Die schwierigste Phase ist das Erstellen des Situationsmodells (das Verstehen der Situation). Ein mathematisches Modell, z. B. das additive Zusammenfügen gleicher Geldbeträge, ist sicherlich zuzuordnen.
- *Lösungen*:
  Aufgabenvariante 1: Tim kaufte vier Geschenke zu sechs Euro. Dann kosten die Geschenke 24 Euro und es bleiben vier Euro übrig. (Hätte Tim Geschenke zu sieben Euro gekauft, hätte alles zusammen 28 Euro gekostet und es wäre kein Geld übrig.)
  Aufgabenvariante 2: Tim kaufte vier Geschenke zu zwei Euro, dann hätte er acht Euro ausgegeben und vier Euro übrig. Hätte er Geschenke zu je drei Euro gekauft, dann hätte er zwölf Euro ausgegeben und nichts übrig gehabt.
  Die Lösungen zeigen, dass Tim vier Geschwister hat.

Lösungsbeispiele und Interpretation

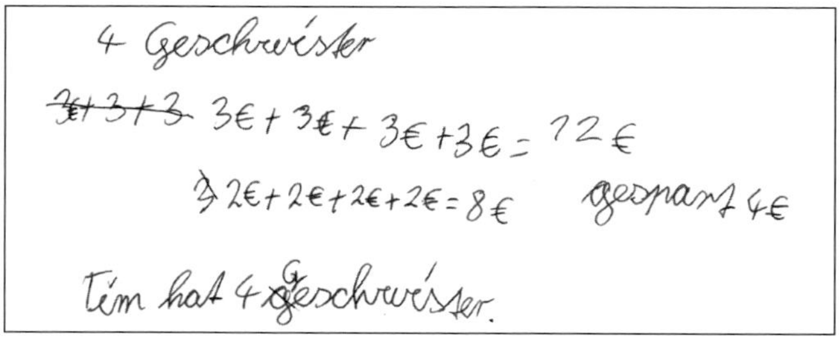

Abb. 146 – 147: Lösungsdarstellungen von Valeria (oben) und Luisa (unten)

Die Kinder bildeten Aufgabenketten mit den Summanden drei und zwei und versuchten so, die in der Textaufgabe genannten Bedingungen in der Regel additiv abzubilden. Multiplikative Ansätze gab es vergleichsweise selten. Dass die Aufgabe nicht zu den einfach zu durchschauenden gehörte, zeigte z. B. Luisa, die die Zusammenhänge bis zum Bearbeitungsende nicht ganz erschließen konnte.

Lehrer / innen-Kommentar

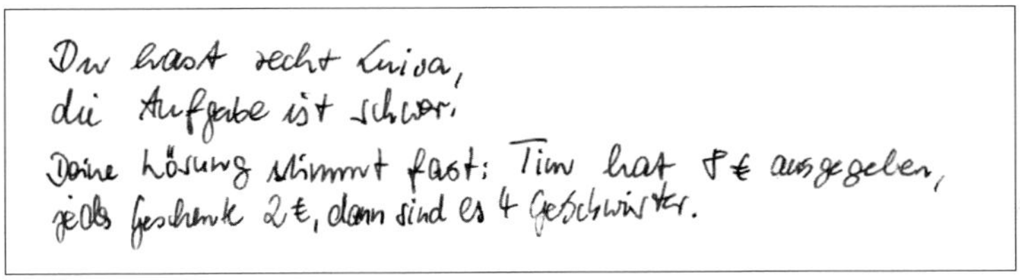

Abb. 148: Lehrer / innen-Kommentar zur Lösungsdarstellung von Luisa

Beispielhaft sei die Rückmeldung für Luisa herausgegriffen. Sie signalisierte, dass die Aufgabe für sie zu schwer sei. Die Lehrerin griff dies auf und bestätigte das Gefühl des Kindes. Sie ging darüber hinaus auf einen Lösungsansatz ein, den es zu bestärken galt, und führte diesen noch einen Schritt weiter.

Kompetenzentwicklung
Während der Reflexionsphase könnte die Lehrkraft die Schülerinnen und Schüler dazu anregen, für die Lösung dieser beiden Aufgabenvarianten die Zweier- und Dreierreihe anzuwenden.

A

Aufgabe 3 (Oktober)
Vivien, Marie und Florian sind bei einem Laufwettbewerb in den Endlauf gekommen. Wer könnte gewinnen? Wer könnte den 2. oder 3. Platz belegen? Überlege und finde alle Möglichkeiten des Einlaufs.

Überlegungen zur Aufgabe
In die Situation dieser kombinatorischen Aufgabenstellung können sich Grundschulkinder gut hineindenken. Allerdings ist nicht zu erwarten, dass die sechs Möglichkeiten, die es gibt, von allen Kindern vollständig gefunden werden.

So werden sie sich sicherlich darauf konzentrieren, dass jedes Kind einmal den ersten Platz bekommt. Dass bei der dreimaligen Zuweisung des ersten Platzes dann die zweiten und dritten Plätze noch einmal getauscht werden müssen (dass es also nicht nur drei Einlaufmöglichkeiten, sondern sechs gibt), könnte übersehen werden.

Inwieweit von den Schülerinnen und Schülern Fähigkeiten im systematischen „Durchprobieren" zu erwarten sind, hängt bei diesem Aufgabentyp auch von ihren Vorerfahrungen ab.

- *Problemlösen*: Die heuristische Strategie könnte das (systematische) Probieren sein. Auch das Veranschaulichen könnte zur Lösung führen.
- *Modellieren*: Fitte Kinder könnten als mathematisches Modell ein Baumdia-

gramm zuordnen und hätten so gleichzeitig ein mathematisches Verfahren zur Hand, mit dem sich die Lösung auszählen bzw. ablesen lässt.

- *Lösung*: Es können sechs verschiedene Einlaufmöglichkeiten entstehen: Vivien auf Platz 1 und Marie und Florian auf den Plätzen 2 oder 3, Marie auf Platz 1 und Vivien und Florian auf den Plätzen 2 oder 3 sowie Florian auf Platz 1 und Vivien und Marie auf den Plätzen 2 oder 3.

Lösungsbeispiele und Interpretation

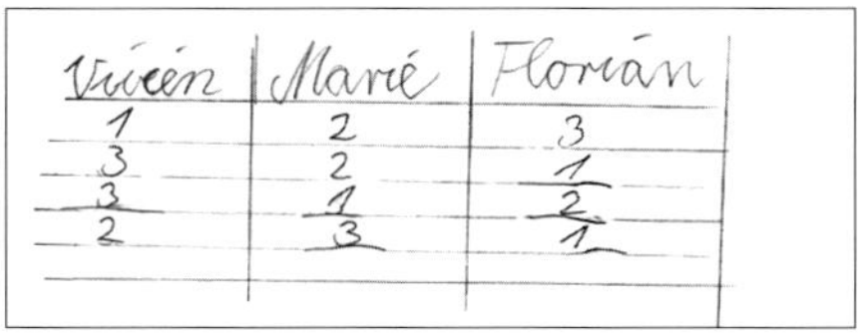

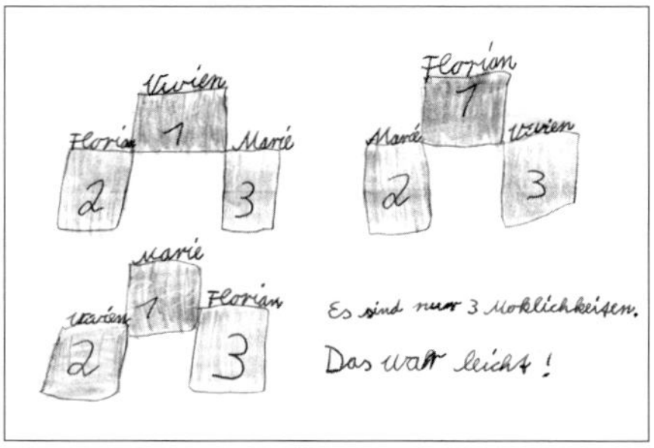

Abb. 149 – 151: Lösungsdarstellungen von Paula (links), Alina (oben rechts) und Diana (unten rechts)

Die Lösungen der Kinder verwiesen auf die beiden Möglichkeiten, entweder ausgehend von den Platzierungen oder von den Läufern zu denken. Paula gelang das Durchspielen aller Varianten. Alina schaffte dies zum Teil. Diana konnte noch nicht sehen, dass es für jede Darstellung noch eine weitere Möglichkeit gibt.

Lehrer / innen-Kommentare

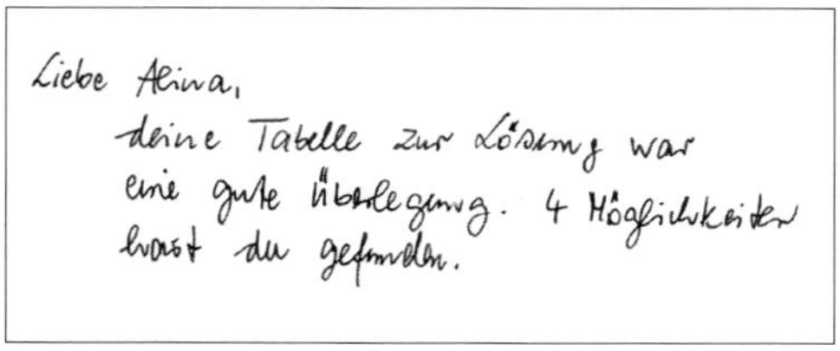

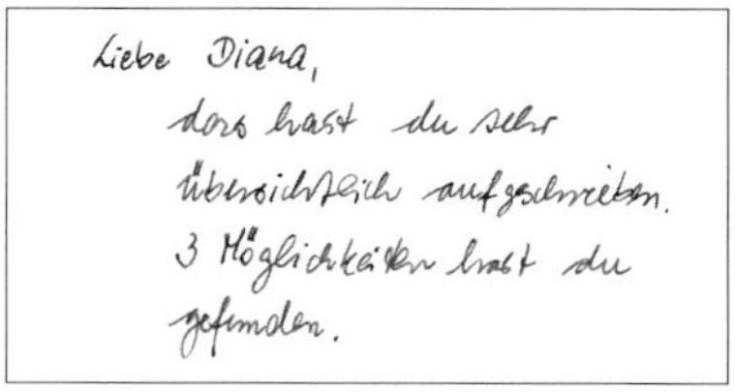

Abb. 152 – 153: Lehrer / innen-Kommentare dazu

Die Lehrerin betonte für beide Kinder die Darstellungskompetenzen und die erbrachte Leistung (Anzahl der Möglichkeiten, die jeweils entdeckt werden konnte).

Kompetenzentwicklung

In der Reflexionsphase griff die Lehrerin Alinas Ansatz noch einmal auf, ihre Tabelle wurde vervollständigt. Dieser Ansatz erschien dafür geeignet, die Kinder auf die vielleicht beim ersten Lösen nicht sofort zu sehenden bzw. etwas „versteckteren“ Einlaufmöglichkeiten aufmerksam zu machen. Ein Baumdiagramm könnte dies auch zeigen.

A

Aufgabe 4 (Oktober)

Max ist 10 Jahre älter als seine Schwester Luisa. In einem Jahr wird Max 3-mal so alt wie Luisa sein. Wie alt sind Luisa und Max in einem Jahr?

Überlegungen zur Aufgabe

Mehrere Bedingungen müssen aufeinander bezogen werden. Man muss sich die geschilderten Altersverhältnisse (zehn Jahre älter und in einem Jahr dreimal so alt wie) beim Nachdenken noch einmal zurechtlegen, um die Beziehungen klarer zu verstehen.

Erleichternd für die in Gang zu setzenden Lösungsprozesse könnte die gut „handhabbare“ Ausgangsbeziehung „10 Jahre älter als“ sein.

- *Problemlösen*: Die heuristische Strategie ist das Probieren – das Annehmen von Lösungen und das Abgleichen mit den Bedingungen der Aufgabe. Um die Komplexität zu verringern, könnte zunächst mit einer Bedingung gearbeitet werden und erst dann die zweite eine Rolle spielen.
- *Modellieren*: Das Entwickeln des Situationsmodells ist anspruchsvoll. Es sind zwar nur drei Sätze (einschließlich Fragesatz), aber in jedem Satz wird ein Merkmal genannt, das zu beachten ist. Die Zusammenhänge zwischen diesen Merkmalen müssen erst hergestellt werden, um die Aufgabe lösen zu können.
- *Lösung*: Max ist 14 Jahre und Luisa ist vier Jahre alt. In einem Jahr sind die beiden Kinder 15 und fünf Jahre alt. Max ist dann dreimal so alt wie Luisa.

Lösungsbeispiele und Interpretation

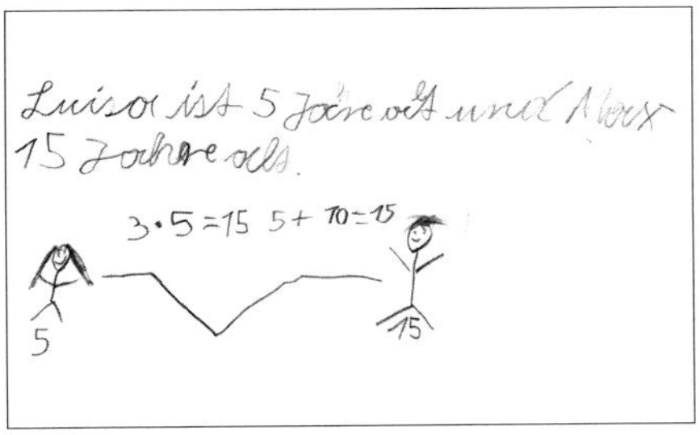

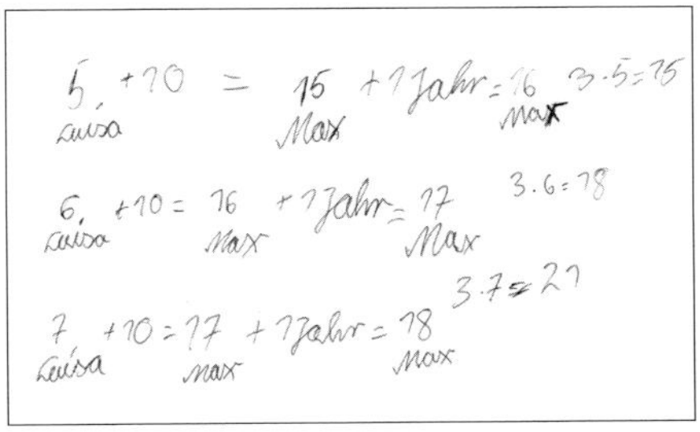

Abb. 154 – 155: Lösungsdarstellungen von Anton (links) und Valeria (rechts)

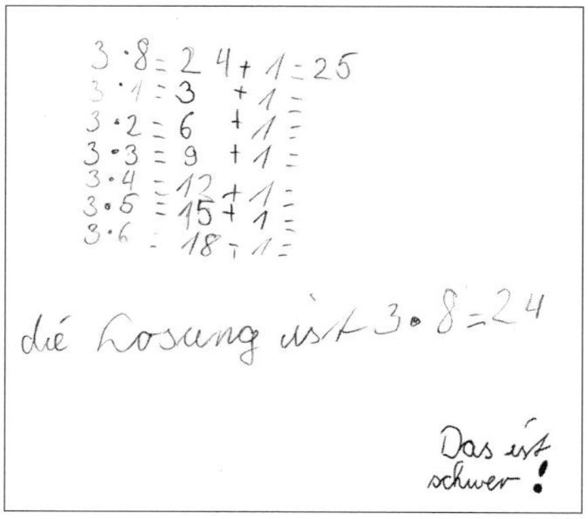

Abb. 156 – 157: Lösungsdarstellungen von Songyl (links) und Alina (rechts)

Anton fand die Lösung im Kopf und notierte zunächst seine Antwort. Die beiden Rechnungen und die Skizze belegten seine Überlegungen: Ein Kind ist dreimal so alt wie das andere. Der Altersunterschied beträgt zehn Jahre.

Songyl konzentrierte sich beim Lösen auf den Altersunterschied zwischen den Kindern und griff nach ersten Überlegungen mit neun und 13 schließlich die in der Aufgabe gegebene Zahl zehn nicht nur als Altersunterschied, sondern auch als eine Altersangabe auf. Sie versuchte darüber hinaus, die Zeitangabe „in einem Jahr" einzubringen.

Diese Bedingung spielte auch in den Darstellungen von Valeria und Alina eine Rolle. Dass diese Zahl nur inhaltlich eine Bedeutung hat und beim Rechnen nicht berücksichtigt werden muss, konnten die beiden nicht verstehen. Valeria begann ihre Gedankenkette mit dem Altersunterschied und führte diese bis zum Verdreifachen des Alters des jüngeren Kindes. Sie erreichte die Lösung schon bei ihrer ersten Überlegung, war sich aber nicht sicher und probierte weiter.

Alina verdreifachte (systematisch) verschiedene Altersangaben, konnte dabei ihre Lösung allerdings nicht erkennen und blieb bei ihrer ersten Überlegung: „3 · 8 = 24".

Lehrer / innen-Kommentare

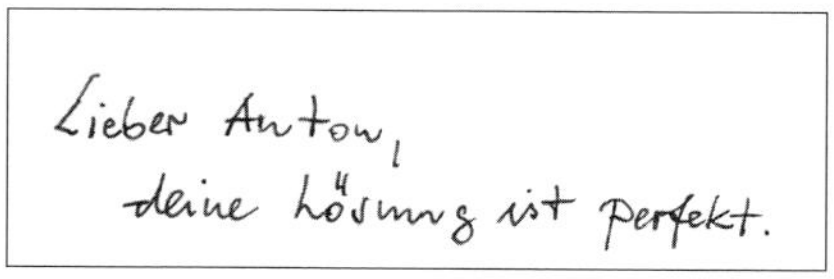

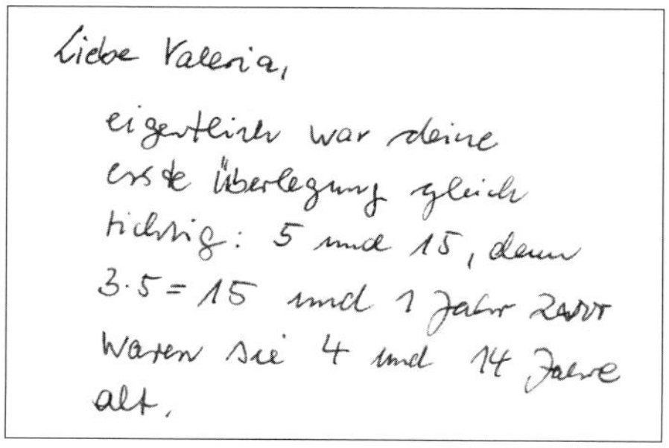

Abb. 158 – 159: Lehrer / innen-Kommentare zu den Lösungen von Anton und Valeria

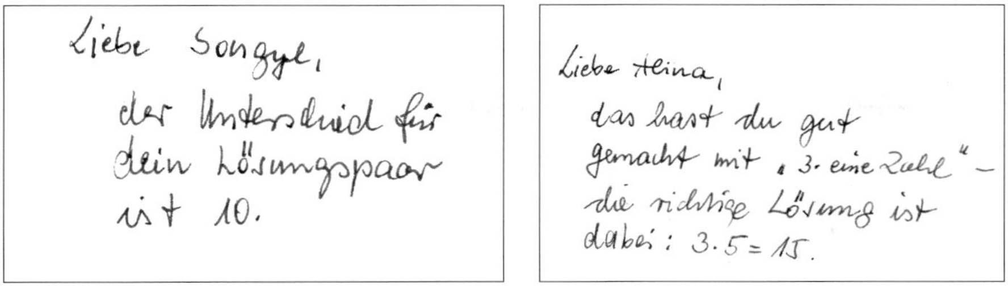

Abb. 160 – 161: Lehrer / innen-Kommentare zu den Lösungen von Songyl und Alina

In ihren Kommentaren bestärkte die Lehrkraft die erfolgreichen Lösungsanteile der Kinder.

Kompetenzentwicklung

Ein Kind ist dreimal so alt wie das andere – auch damit könnten die Überlegungen beginnen. Nehmen wir an, Luisa ist drei Jahre, dann wäre Max neun Jahre. Das kann nicht sein, da in diesem Fall der Altersunterschied nur sechs Jahre beträgt. Wenn Luisa vier Jahre alt ist, wäre Max zwölf Jahre alt. Der Altersunterschied ist größer geworden, aber er reicht noch nicht, also machen wir Luisa noch etwas älter. Wäre sie fünf Jahre alt, wäre Max 15 Jahre alt. Jetzt haben wir zehn Jahre Unterschied und das Dreifache stimmt auch. Ein Jahr zuvor waren dann die beiden Kinder vier und 14 Jahre alt.

A

Aufgabe 5 (November)

Du kannst eine Aufgabe auswählen:

Die Kinder der 3. Klasse freuen sich über den ersten Schnee. Luisa und Eric werfen ihre Schneebälle besonders weit. Addiert man beide Strecken, sind es 25 m. Eric wirft 1 m weiter als Luisa. Wie weit wirft Eric? Wie weit wirft Luisa?

Oder:

Die Kinder der 3. Klasse freuen sich über den ersten Schnee. Luisa und Eric werfen ihre Schneebälle besonders weit. Addiert man beide Strecken, sind es 18 m. Eric wirft 4 m weiter als Luisa. Wie weit wirft Eric? Wie weit wirft Luisa?

Überlegungen zur Aufgabe

Beide Aufgabenvarianten repräsentieren Vergleichsaufgaben mit unbekannten Vergleichsmengen. Die Aufgabe mit der größeren Ausgangszahl (25) ist diesmal die leichtere: 12 und 13 ergibt die Summe 25, zwischen beiden ist eins Unterschied. Diese Lösung lässt sich schon durch ein gutes Zahlgefühl herausfinden.

Um die Lösung für die zweite Aufgabe zu entdecken, kann über die Hälfte von 18 gedacht werden: Die beiden Teile 9 und 9 müssen jetzt noch so angepasst werden, dass der Unterschied vier Berücksichtigung findet (9 – 2 und 9 + 2). Dieser Schritt erfolgt häufig nicht so zielgerichtet. Verlockend ist sicherlich auch das Rechnen mit 18 und vier. Sowohl die Summe als auch die Differenz aus beiden Zahlen könnte ein erster Rechenschritt sein. Den zweiten Schritt, der sich in diesem Fall anschließen müsste (22 : 2 bzw. 14 : 2), um die beiden Vergleichsmengen zu erhalten, können Grundschulkinder häufig nicht mehr sehen.

- *Problemlösen*: Die heuristische Strategie ist ein möglichst systematisches Probieren.
- *Modellieren*: Die Schwierigkeit liegt in der Zuordnung eines zielführenden mathematischen Modells.
- *Lösung*:
  Aufgabenvariante 1: Eric wirft 13 Meter und Luisa zwölf Meter weit.
  Aufgabenvariante 2: Erich wirft elf Meter und Luisa sieben Meter weit.

Lösungsbeispiele und Interpretation

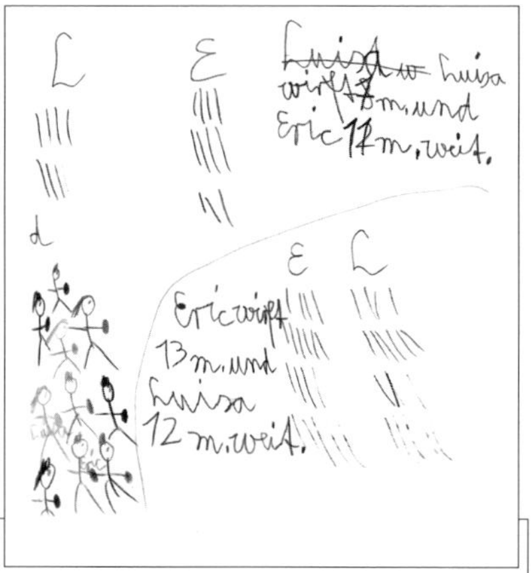

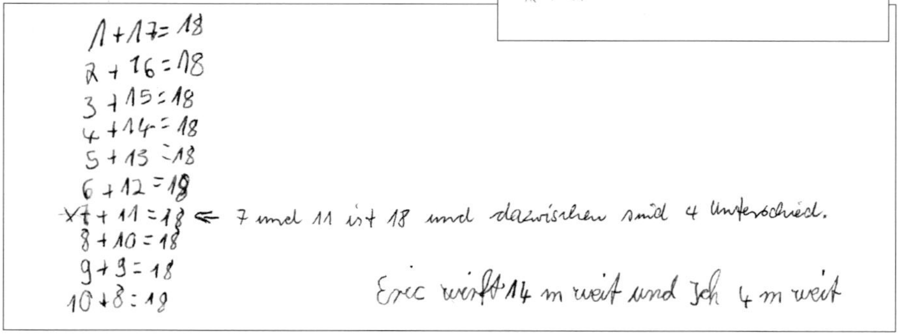

Abb. 162 – 164: Lösungsdarstellungen von Vivien (oben links), Paula (oben rechts) und Luisa (unten)

Neben vielen perfekten Lösungen, die beispielhaft Paula für beide Aufgabenvarianten anbietet, waren bei dieser Aufgabe vor allem die Denkwege interessant, die nicht zu richtigen Lösungen führten.

Aber werfen wir zunächst einen Blick auf Paulas Lösungsstrategie: Sie repräsentierte die Längenmeter als Mengen und verteilte sie zunächst in Vierergruppen auf beide Kinder. Letztendlich teilte sie die 18 Meter so, dass Erik eine Vierergruppe mehr erhielt und kam durch Auszählen zur Lösung sieben und elf. Eine ähnliche Strategie wendete sie für die andere Aufgabenvariante an.

Vivien und Luisa suchten die beiden Vergleichsmengen über das Zusammensetzen von zwei Summanden zur Summe 18. Diese Strategie nutzten auch andere Kinder. Die erfolgreichen gingen so wie Luisa systematisch vor, aber im Unterschied zu den erfolgreich Lösenden konnte Luisa die richtige Lösung nicht als solche erkennen. Obwohl in Luisas „schönem Päckchen" die Lösung dabei ist, waren für sie die Zahlen 14 und vier vom Gefühl her besser als Lösung geeignet als sieben und elf.

Auch andere Kinder wählten das Aufgabenpaar 14 und vier. Vivien gelang es trotz guter Lösungsansätze nicht, beide Aufgabenbedingungen einzubeziehen. Schließlich notierte sie zehn und 14, die Differenz vier berücksichtigte sie, die Summe stimmte nicht mehr.

Die unterschiedlichen Lösungen machen auf die Zusammenhänge, die beim Denken der Grundschulkinder eine Rolle spielen, aufmerksam: Häufig ist es nur eine Bedingung, die sie beim Lösen berücksichtigen können. Erscheint ein Zahlenpaar einleuchtend, können sie den Denkfehler nicht sehen („18 – 4 = 14 und 14 + 4 = 18, also 4 m weiter …"). Der relationale Zahlaspekt, der die Differenz zwischen Zahlen repräsentiert, entwickelt sich später als andere Zahlaspekte.

Lehrer / innen-Kommentare

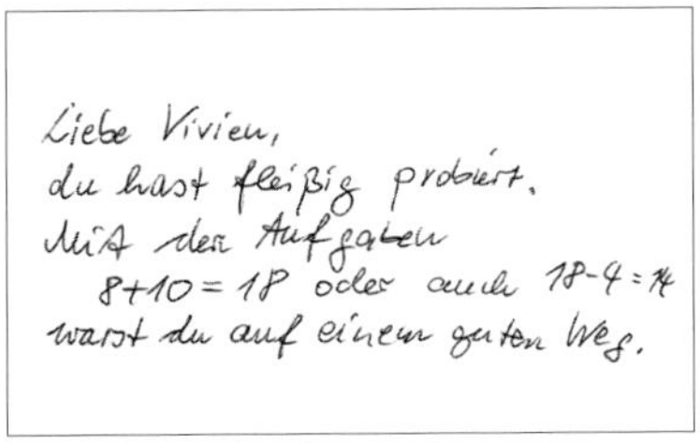
Liebe Vivien,
du hast fleißig probiert.
Mit den Aufgaben
8+10=18 oder auch 18-4=14
warst du auf einem guten Weg.

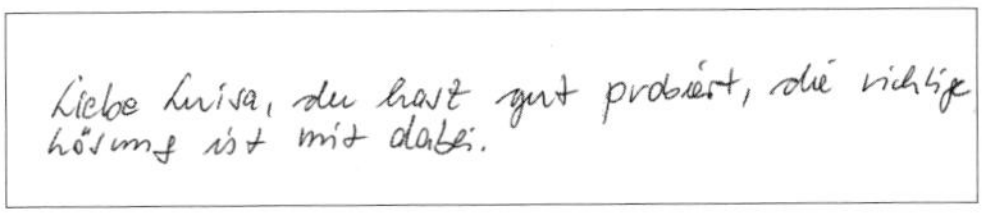
Liebe Luisa, du hast gut probiert, die richtige Lösung ist mit dabei.

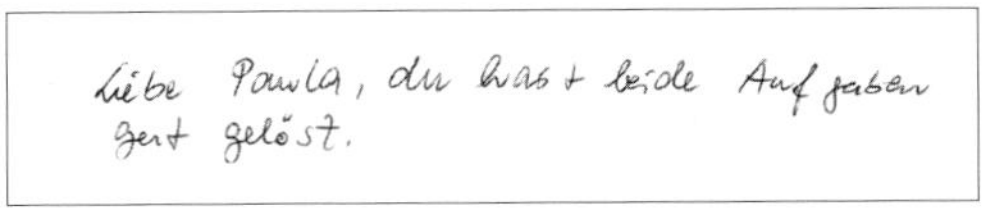
Liebe Paula, du hast beide Aufgaben gut gelöst.

Abb. 165 – 167: Lehrer / innen-Kommentare dazu

Mit dem beschriebenen Verständnis für die Denkwege der Kinder erfolgten die Rückmeldungen. Während die Lehrkraft in Luisas Lösungsdokumentation die richtige Lösung markierte, gab es für Vivien Hinweise auf ihre guten Strategieansätze („8 + 10 = 18; 7 + 11 = 18 Die Nachbaraufgabe bringt die Lösung." oder: „18 – 4 = 14; 14 : 2 = 7 Ein weiterer Rechenschritt fehlt."). Man muss sich allerdings darüber im Klaren sein, dass solche Hinweise die Kinder nicht unbedingt erreichen. Wichtiger ist die Bestärkung des Geleisteten.

Kompetenzentwicklung

Paulas anschaulicher Lösungsansatz oder auch das systematische Suchen nach passenden Zerlegungen zur Summe 18 könnte in der Reflexion zur Aufgabe noch einmal eine Rolle spielen.

A

Aufgabe 6 (Januar)

Du kannst eine Aufgabe auswählen:

Endlich rodeln! Die Kleinen aus dem Kindergarten „Zum Fuchsgrund" freuen sich schon darauf – besonders Marleen, war sie doch im letzten Jahr Rodelmeisterin. 30 Kinder ziehen ihre Schlitten durch den Schnee. 5 Erzieherinnen begleiten die Vorschüler.

Der letzte Rodelberg ist ziemlich steil. Deshalb sollen die Kinder hier nur mit einem Erwachsenen rodeln. Findet heraus, wie oft jeder Erwachsene mitfahren muss, damit alle Kinder einmal drankommen.

Oder:

Endlich rodeln! Die Kleinen aus dem Kindergarten „Zum Fuchsgrund" freuen sich schon darauf – besonders Marleen, war sie doch im letzten Jahr Rodelmeisterin. 23 Kinder ziehen ihre Schlitten durch den Schnee. 5 Erzieherinnen begleiten die Vorschüler.

Der letzte Rodelberg ist ziemlich steil. Deshalb sollen die Kinder hier nur mit einem Erwachsenen rodeln. Findet heraus, wie oft jeder Erwachsene mitfahren muss, damit alle Kinder einmal drankommen.

Überlegungen zur Aufgabe

- *Problemlösen*: Die geschilderte Situation können sich Grundschulkinder gut vorstellen. Dadurch sind gute Voraussetzungen für ein erfolgreiches Lösen gegeben. Die Operation ist nicht deutlich sichtbar, aber durch den handlungsbezogenen Inhalt der Aufgabe kann sie erschlossen werden. In der Aufgabenvariante 2 muss ein Rest berücksichtigt werden.
- *Modellieren*: Es können unterschiedliche mathematische Modelle zugeordnet werden. Die Division wäre möglich für Kinder, die dies erkennen können. Aber auch additives Denken und das Vorgehen über Zuordnungen können zur Lösung führen.
- *Lösung*:
  Aufgabenvariante 1: Die Erzieherinnen müssen jeweils sechsmal mitfahren (wenn jede Erzieherin gleich oft fährt).
  Aufgabenvariante 2: Zwei Erzieherinnen fahren viermal, drei Erzieherinnen fünfmal.

Lösungsbeispiele und Interpretation

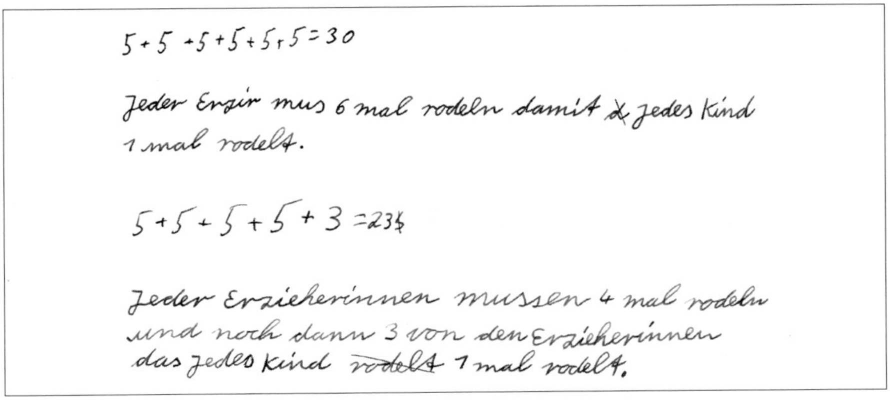

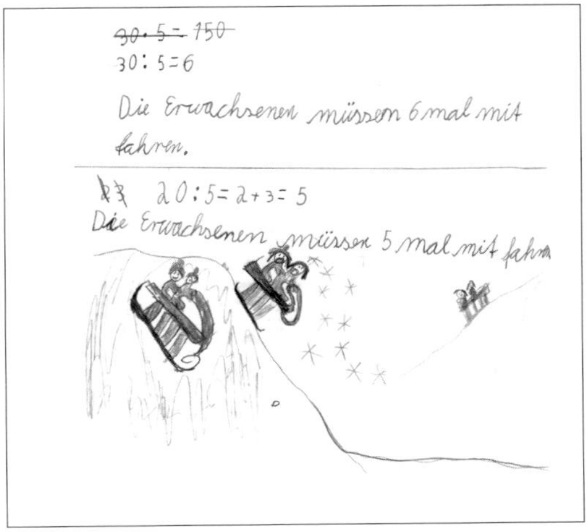

Abb. 168 – 171: Lösungsdarstellungen von Valeria (ganz oben), Marie (zweite Abb. von oben), Paula (unten links), und Maxime (unten rechts)

Da die Denkanforderung geringer als bei vorangegangenen Aufgaben war, bearbeiteten zahlreiche Kinder beide Aufgabenvarianten. Bei der ersten Aufgabe konnten die meisten erkennen, dass eine einfache Division ausreichend ist, um die Lösung zu ermitteln. Eine schnelle Lösung wurde sicherlich auch durch die Zahlenkombination 30 und 5 begünstigt. Wie erwartet, erforderte die zweite Aufgabe (23 Kinder; 5 Erzieherinnen) intensivere Lösungsüberlegungen. Durch ihre Strichlistenstrategie fand Paula eine perfekte Lösungsvariante. Auch die Lösungen von Valeria und Marie konnten als vollständig angenommen werden. Maxime fand zur zweiten Aufgabe zunächst auch einen guten Ansatz (20 : 5), löste die Aufgabe aber leider falsch und konnte den Rest nicht richtig verarbeiten.

Lehrer / innen-Kommentare

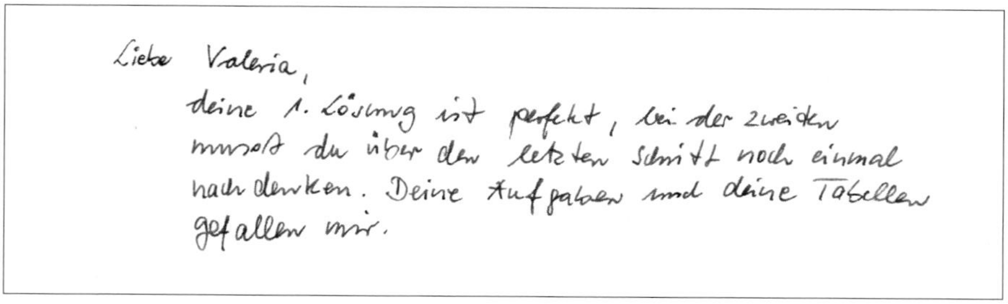
Liebe Valeria,
deine 1. Lösung ist perfekt, bei der zweiten musst du über den letzten Schritt noch einmal nachdenken. Deine Aufgaben und deine Tabellen gefallen mir.

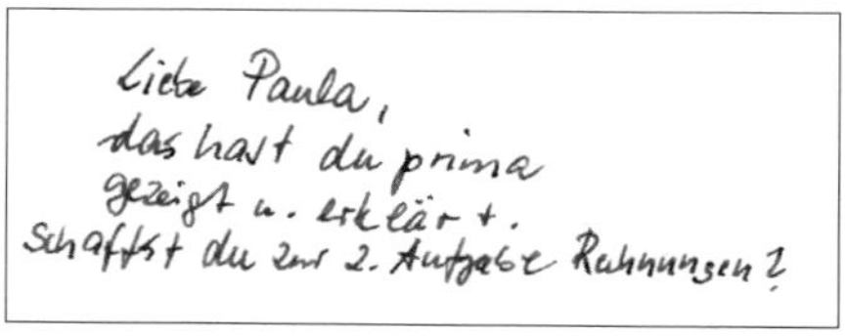
Liebe Paula,
das hast du prima gezeigt u. erklärt.
Schaffst du zur 2. Aufgabe Rechnungen?

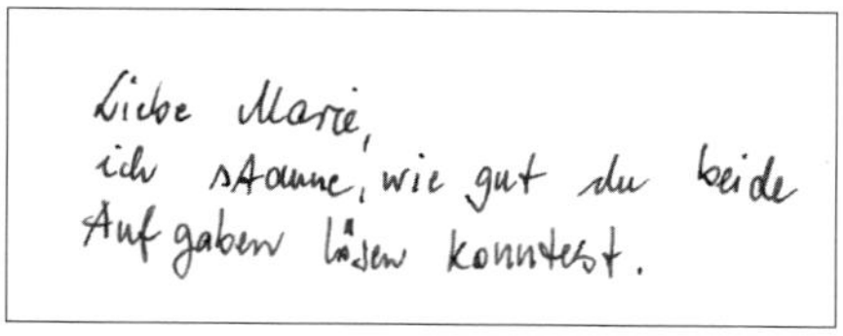
Liebe Marie,
ich staune, wie gut du beide Aufgaben lösen konntest.

Abb. 172 – 174: Lehrer / innen-Kommentare dazu

Die Lösungsleistungen der Kinder werden bekräftigt. Die Lehrkraft hebt das Besondere in Valerias Lösung hervor und verweist Paula auf verbleibendes Potenzial.

Kompetenzentwicklung

Während der Reflexion wurden vor allem die zweite Aufgabenvariante und die Herleitung der Lösung diskutiert.

Paula, die die distributive Eigenschaft der Lösung (3 · 5 + 2 · 4) am besten darstellen konnte, erläuterte anhand ihres Strichlistenmodells ihre Herangehensweise und Lösungsgedanken.

A

Aufgabe 7 (März)
Du kannst eine Aufgabe auswählen:
Von Montag bis Freitag wurden auf einer Weide zusammen 60 Schäfchen geboren. Stell dir vor, jeden Tag immer 3 mehr als am Tag zuvor.
Am Dienstag waren es also 3 mehr als am Montag, am Mittwoch 3 mehr als am Dienstag, am Donnerstag 3 mehr als am Mittwoch, am Freitag 3 mehr als am Donnerstag.
Kannst du herausfinden, wie viele Schäfchen an den einzelnen Wochentagen geboren wurden?
Oder:
Von Montag bis Freitag wurden auf einer Weide zusammen 35 Schäfchen geboren. Stell dir vor, jeden Tag immer 3 mehr als am Tag zuvor.
Am Dienstag waren es also 3 mehr als am Montag, am Mittwoch 3 mehr als am Dienstag, am Donnerstag 3 mehr als am Mittwoch, am Freitag 3 mehr als am Donnerstag.
Kannst du herausfinden, wie viele Schäfchen an den einzelnen Wochentagen geboren wurden?

Überlegungen zur Aufgabe
Die Schäfchenaufgabe gehört zu den Aufgaben mit hohem Denkanspruch. Zunächst ist die Verstehensleistung gefragt. Es muss nicht nur verstanden werden, dass die Anzahl Tag für Tag um drei wächst, sondern auch, dass die Zwischensummen miteinander addiert 60 bzw. 35 ergeben.

Und eine weitere Bedingung, die in die Überlegungen einbezogen werden muss: Man kennt die Ausgangszahl des ersten Tages nicht. Es ist nicht anzustreben, dass die Aufgabe von allen Kindern vollständig gelöst wird. Wichtig sind die Denkprozesse, die in Gang gesetzt werden.

- *Problemlösen*: Zielführend könnte sein, zunächst mit den Angaben zu arbeiten, die man sicher kennt, z. B. für die erste Aufgabenvariante: Ab Dienstag kommen jeden Tag drei Schäfchen dazu. Also stecken in den 60 am Freitag schon einmal drei (Dienstag) plus sechs (Mittwoch) plus neun (Donnerstag) plus zwölf (Freitag), insgesamt 30. Bleiben noch 30 übrig. Darin steckt die Zahl vom Montag. Bei fünf Wochentagen ist die Überlegung 30 : 5, also wurden am Montag sechs Schäfchen geboren. Mit der Summe 35 am Freitag kommt man für den Montag auf ein Schäfchen.
  Für Drittklässler sind die gemachten Überlegungen schon sehr komplex, zu erwarten ist daher eher das Annehmen einer ersten Zahl und das Vorwärtsarbeiten entsprechend der Bedingungen.
- *Modellieren*: Die größte Herausforderung ist das Zuordnen eines geeigneten mathematischen Modells. Zu erwarten sind tabellenartige Strukturen, ausgehend von den Wochentagen. Ein sicheres mathematisches Verfahren ist damit allerdings noch nicht gewonnen, aber eine Grundlage für probierende Aktivitäten.

▸ *Lösung*:
Aufgabenvariante 1: Am Montag waren es sechs Schäfchen, am Dienstag neun, am Mittwoch zwölf, am Donnerstag 15 und am Freitag 18. Insgesamt sind es 60 Schäfchen.
Aufgabenvariante 2: Am Montag war es ein Schäfchen, am Dienstag waren es vier, am Mittwoch sieben, am Donnerstag zehn, am Freitag 13. Insgesamt sind es 35 Schäfchen.

Lösungsbeispiele und Interpretation

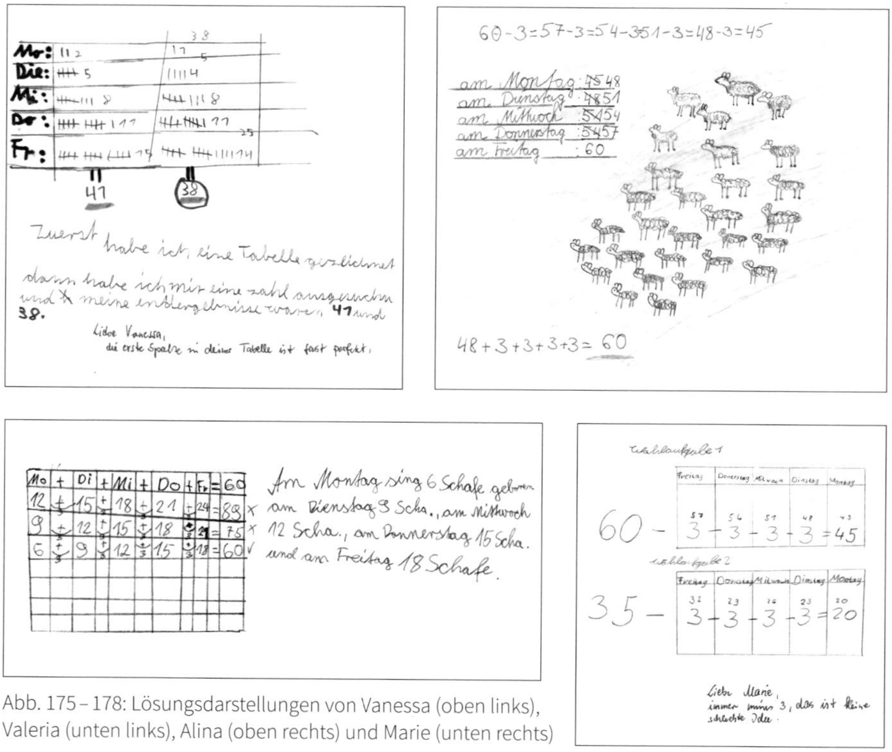

Abb. 175 – 178: Lösungsdarstellungen von Vanessa (oben links), Valeria (unten links), Alina (oben rechts) und Marie (unten rechts)

Zur Repräsentation des Problems wählten viele Kinder tabellenartige Strukturen. Vanessas und Valerias Lösungsdokumentationen zeigen, dass die beiden Kinder die Zusammenhänge vollständig verstanden hatten. Leider verrechnete sich Vanessa bei ihrem zweiten Probierversuch, sodass sie die Summe 35 nicht treffen konnte. Valeria war im dritten Anlauf erfolgreich mit der Summe 60.

Alina und Marie hatten nicht verstanden, dass nicht nur die drei, sondern auch die Teilsummen addiert werden müssen. Alinas Idee, von 60 schrittweise Dreier zu subtrahieren, ist eine Idee, die hervorgehoben und gemeinsam optimiert werden könnte.

Lehrer / innen-Kommentare

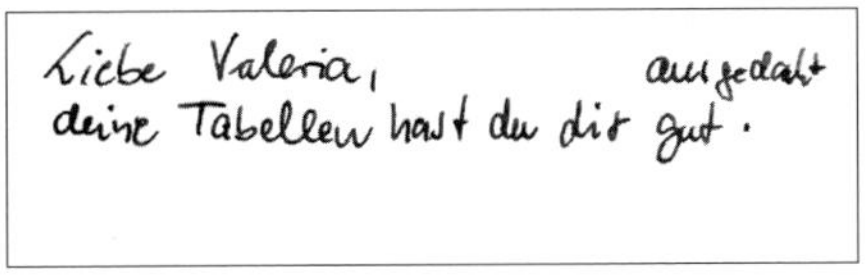

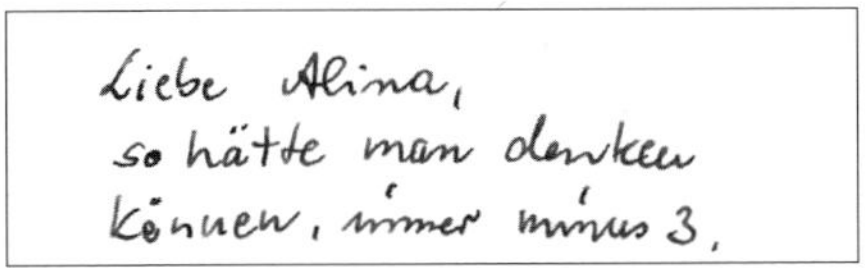

Abb. 179 – 181: Lehrer / innen-Kommentare zu drei der Lösungsdarstellungen

Mit den kurzen Rückmeldungen betonte die Lehrerin zum einen die von den Kindern gewählten Strategien und signalisierte darüber hinaus Verständnis für die Denkwege der Kinder.

Kompetenzentwicklung

Für die Aufgabenvariante mit 60 könnte überlegt werden: Für Montag kennen wir die Zahl nicht, also m (für Montag), am Dienstag die Zahl m + 3, am Mittwoch die Zahl m + 6 (wieder drei mehr), am Donnerstag die Zahl m + 9, am Freitag die Zahl m + 12. Wenn wir die Dreierzahlen addieren, erhalten wir 30 und 30 bleiben bis 60 übrig. Die 30 gleichmäßig verteilt auf die Wochentage, also 30 : 5 = 6, bleibt also für Montag sechs und für die Wochentage im Einzelnen dann sechs, neun, zwölf, 15, 18. Die Variante mit 35 könnte ebenso herausgefunden werden: 35 – 30 = 5 und 5 : 5 = 1, also am Montag war ein Schäfchen auf der Weide, an den folgenden Tagen waren es vier, sieben, zehn, 13 – insgesamt 35.

A

Aufgabe 8 (März)

Drei Räuber fanden einen Schatz Goldmünzen. Da es schon dunkel war, beschlossen sie, den Schatz am anderen Morgen zu teilen. Nachts stand jedoch ein Räuber auf, zählte die Münzen und nahm sich die Hälfte. Dann stand der zweite Räuber auf, zählte die Münzen, nahm sich die Hälfte der verbliebenen Münzen und noch 3 mehr. Als dann am anderen Morgen der dritte Räuber den Schatz begutachtete, waren nur noch 4 Münzen da und von den anderen beiden Räubern fehlte jede Spur.

Wie viele Goldmünzen hatte der Schatz, als ihn die Räuber gefunden hatten, und wie viele Münzen hatten sich die beiden Ausreißer jeweils genommen?

Überlegungen zur Aufgabe

Die Räuberaufgabe ist eine problemhaltige Textaufgabe mit komplexen Informationen.

- *Problemlösen*: Da die Ausgangszahl nicht bekannt ist, wäre eine zielführende Strategie das Rückwärtsarbeiten. Die Operationen müssen in der entsprechenden Reihenfolge umgekehrt werden, also (4 + 3) · 2 · 2 = 28. Grundschulkinder orientieren sich eher am Vorwärtsarbeiten, nehmen eine Ausgangszahl an und versuchen, diese anzupassen. Stößt man beim ersten Halbieren schon auf eine ungerade Zahl, kann es nicht klappen. Man braucht also eine Zahl, die man zweimal halbieren kann.
- *Modellieren*: Die Situation ist für die Kinder vorstellbar. Das Rückwärtsarbeiten ist ungewohnt, deshalb ist die Suche nach einem geeigneten mathematischen Modell schwierig.
- *Lösung:* 28 Münzen hatte der Goldschatz. Der erste Räuber nahm 14 Münzen. Der zweite Räuber nahm sieben und drei, also zehn Münzen. So blieben nur vier Münzen für den dritten Räuber übrig.

Lösungsbeispiele und Interpretation

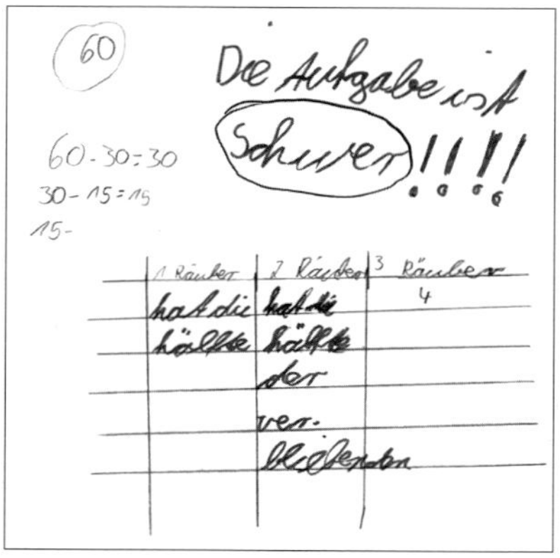

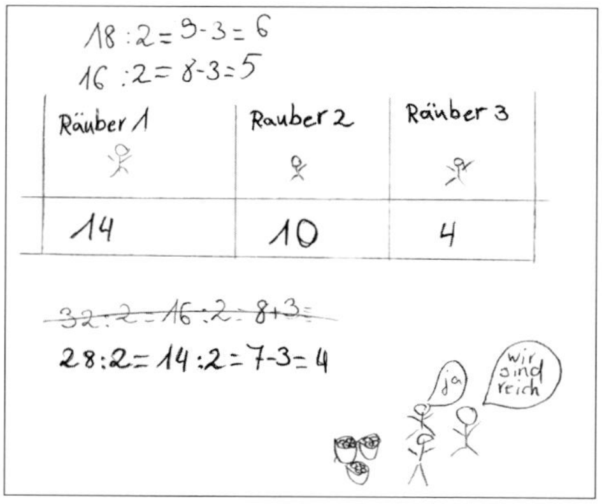

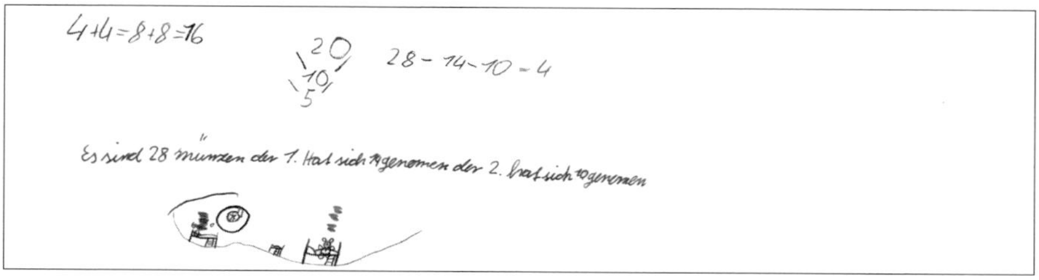

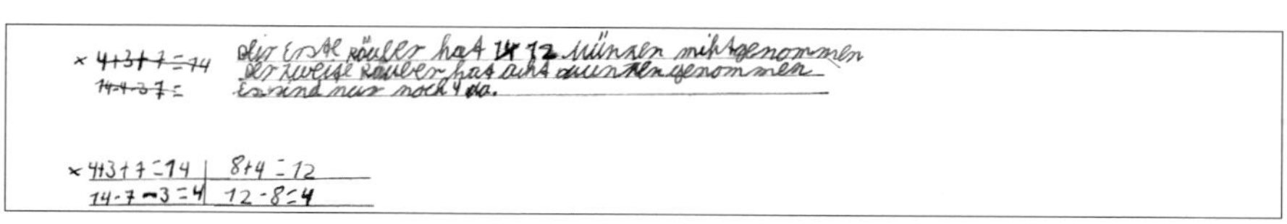

Abb. 182–185: Lösungsdarstellungen von Luisa (oben links), Alina (oben rechts), Marie (Mitte) und Max (unten)

Luisa brachte es zum Ausdruck: Ohne das Handwerkszeug „Rückwärtsarbeiten“ war es einfach schwer, die richtige Ausgangszahl zu finden. Sie notierte die zugrunde liegenden Bedingungen in einer Tabelle.

Alina konzentrierte sich auf die Anzahl Münzen, die der erste und der zweite Räuber genommen haben könnten (18, 16, 14) und kam so näher an die einzige gegebene Zahl, die Vier, heran: 18 : 2 = 9, 9 – 3 = 6; 16 : 2 = 8, 8 – 3 = 5; 14 : 2 = 7, 7 – 3 = 4. Die letzte Aufgabenkette mit den richtigen Lösungen schrieb sie gleich in die Tabelle. Jetzt musste nur die 14 noch einmal verdoppelt werden und sie hatte die Ausgangsgröße erreicht und damit die gesamte Aufgabenkette: 28 : 2 = 14, 14 : 2 = 7, 7 – 3 = 4.

Marie und Max begannen ihren Lösungsweg mit dem Rückwärtsarbeiten. Marie fügte die Drei nicht ein, weshalb das fortgesetzte Verdoppeln nicht zur richtigen Lösung führte. Max hatte mit seiner ersten Überlegung das schwierigste Stück schon geschafft: (4 + 3) + 7 = 14. Er konnte seine Gedanken nicht richtig weiterführen.

Lehrer / innen-Kommentare

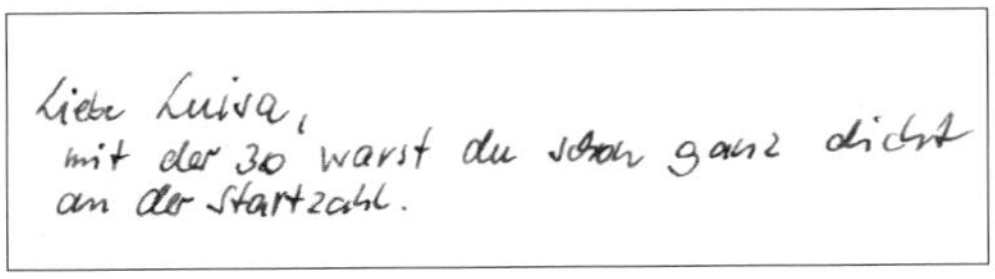
Liebe Luisa, mit der 30 warst du schon ganz dicht an der Startzahl.

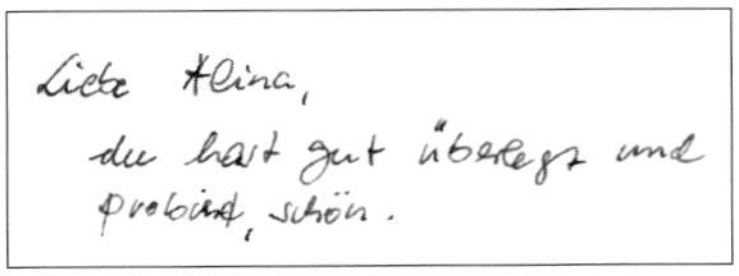
Liebe Alina, du hast gut überlegt und probiert, schön.

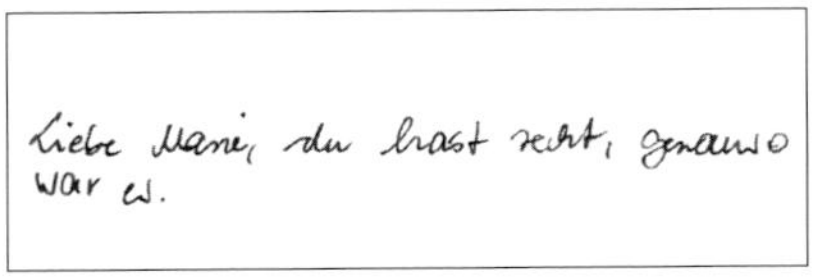
Liebe Marie, du hast recht, genauso war es.

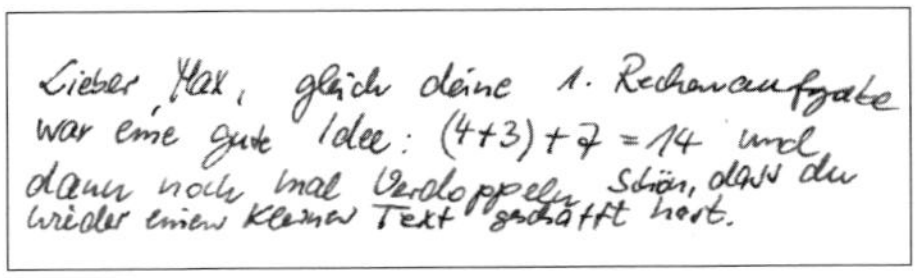
Lieber Max, gleich deine 1. Rechenaufgabe war eine gute Idee: (4+3)+7=14 und dann noch 1mal Verdoppeln. Schön, dass du wieder einen kleinen Text geschafft hast.

Abb. 186 – 189: Lehrer / innen-Kommentare dazu

Die Tatsache, dass die Rückmeldungen möglichst kurz sein sollten, lässt in der Regel nur recht allgemeine Kommentare zu. Auch für Marie wäre das Bekräftigen des Rückwärtsarbeitens sinnvoll gewesen. Und für Alina hätte ihre Idee, bei den Beträgen, die die Räuber genommen haben, mit dem Lösen zu beginnen, hervorgehoben werden können.

Kompetenzentwicklung

In der Reflexion sollte anhand der Ansätze, die die Schüler schon gezeigt haben, das Rückwärtsarbeiten demonstriert werden: (4 + 3) · 2 · 2. Auch (oder) die Strategie von Alina, bei der die Vier als Kontrollzahl besser genutzt werden kann, könnte im Mittelpunkt stehen.

A

Aufgabe 9 (April)

Du kannst eine Aufgabe auswählen:

In Paulas Sportgruppe sind 18 Kinder. Jedes 3. Kind ist ein Junge. Wie viele Mädchen und wie viele Jungen sind in der Sportgruppe?

Oder:

In Paulas Sportgruppe sind 12 Kinder. Jedes 3. Kind ist ein Junge. Wie viele Mädchen und wie viele Jungen sind in der Sportgruppe?

Überlegungen zur Aufgabe

- *Problemlösen*: Die Aufgabe gehört nicht zu den Problemaufgaben. Ungewohnt ist für Drittklässler der Ausdruck „jedes dritte Kind", weshalb nicht alle Schüler die Division erkennen.
- *Modellieren*: Es ist zu erwarten, dass es für Drittklässler einfach ist, ein Situationsmodell zu erstellen. Das mathematische Modell kann auf der Grundlage der Vorstellung von dieser Sportgruppe zugeordnet werden. Eine Lösungssuche über das Skizzieren liegt nahe.
- *Lösung*:
  Aufgabenvariante 1: Sechs Jungen sind in der Sportgruppe.
  Aufgabenvariante 2: Vier Jungen sind in der Sportgruppe.

Lösungsbeispiele und Interpretation

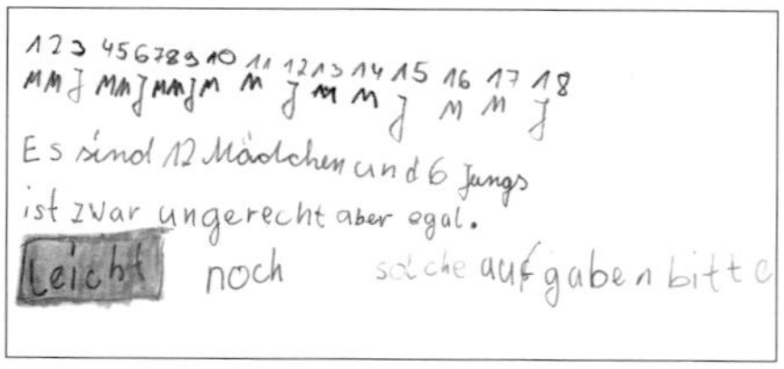

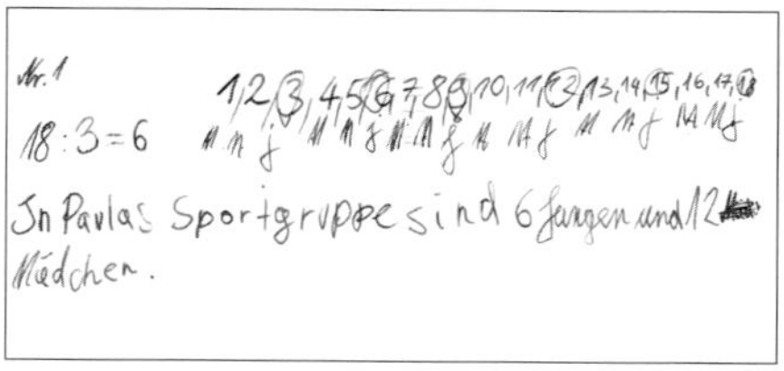

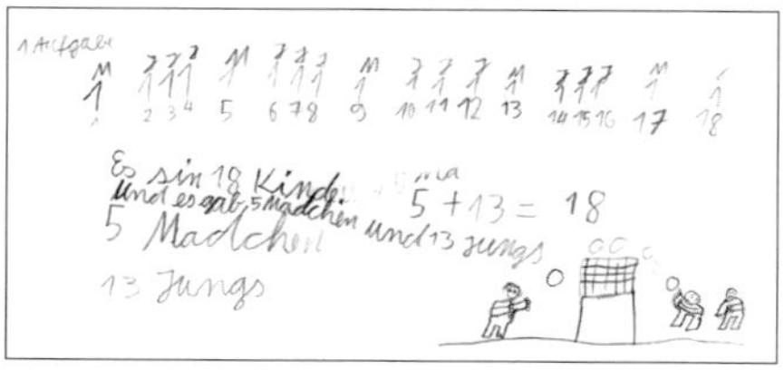

Abb. 190–193: Lösungsdarstellungen von Alina (oben links), Valeria (unten links), Songyl (oben rechts) und Maxime) (unten rechts)

Angesichts des für die Drittklässler gut überschaubaren Zusammenhangs bearbeiteten fast alle Kinder beide Aufgabenvarianten. Die Mehrzahl der Schüler/innen nutzte eine bildhafte (ikonische) Lösungsstrategie. Valeria war eines der wenigen Kinder, die eine Divisionsaufgabe zuordneten. Bei dieser Aufgabe traten nur wenige Verstehens- und Denkprobleme auf. Maxime interpretierte „jedes dritte Kind war ein Junge“ als „immer ein Mädchen und drei Jungen“ und kam so zur Lösung „5 Mädchen und 13 Jungen“.

Lehrer / innen-Kommentare

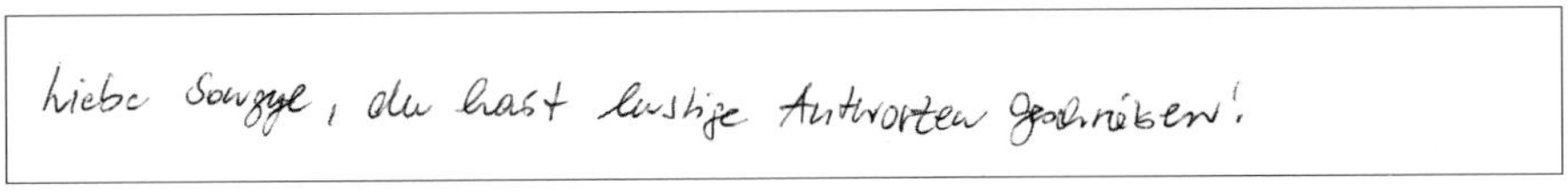

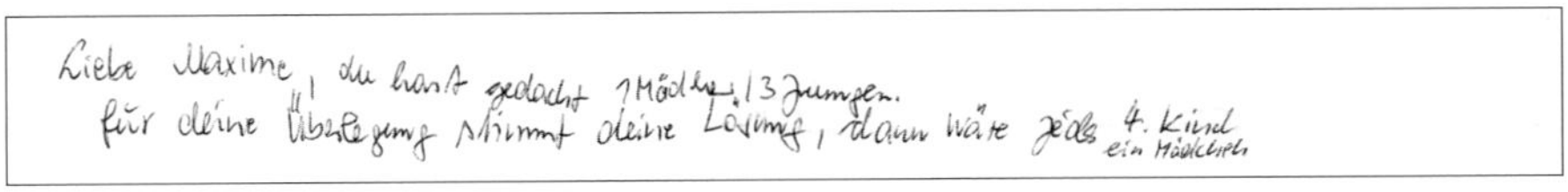

Abb. 194 – 196: Lehrer / innen-Kommentare zu drei der Lösungsdarstellungen

Für Valeria wurden die Divisionsaufgaben (für beide Aufgabenvarianten) verstärkt. Im Kommentar für Maxime bemühte sich die Lehrerin darum, ihren Denkweg aufzugreifen, zu interpretieren und für das Kind bewusster zu machen.

Kompetenzentwicklung

Es könnte noch einmal ein deutlicher Hinweis auf die Division erfolgen. Bei 18 Kindern ist jedes dritte Kind ein Junge. Also kann durch drei geteilt werden. 18 : 3 = 6, sechs Jungen sind in der Sportgruppe. Bei der zweiten Aufgabenvariante lässt sich die Lösung folgendermaßen finden: 12 : 3 = 4.

A

Aufgabe 10 (Mai)

Ein Bauer kaufte bei einem anderen Bauern Hühner und Enten. Er zahlte dabei für ein Huhn 4 € und für eine Ente 5 €. Kann es sein, dass er 62 € ausgegeben hat? Und wenn ja, wie viele Hühner und wie viele Enten könnte er gekauft haben?

Überlegungen zur Aufgabe

Diese Art Aufgaben findet man vor allem in älteren Büchern. Wir haben sie der Euro-Zeit angepasst. Es ist eine Aufgabe mit mehreren Lösungen. Die Möglichkeitsform in der Frage soll darauf hinweisen, dass der Lösungsauftrag schon mit einer Lösung erfüllt ist.

- *Problemlösen*: Die Lösung lässt sich durch Grundschulkinder probierend herausfinden. Das Nutzen des Vierer-Einmaleins und die Überprüfung der Restzahl bezüglich ihrer Teilbarkeit durch fünf könnte eine Strategie sein.
- *Modellieren*: Die Situation ist gut vorstellbar. Anspruchsvoll ist das Entwickeln eines mathematischen Modells, das eine zielgerichtete Lösungssuche ermöglicht.
- *Lösungen*: Es gibt drei mögliche Lösungen: zwei Enten und 13 Hühner; sechs Enten und acht Hühner; zehn Enten und drei Hühner.

Lösungsbeispiele und Interpretation

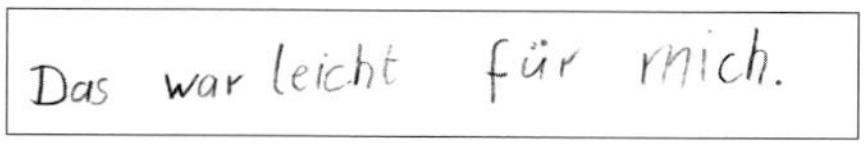

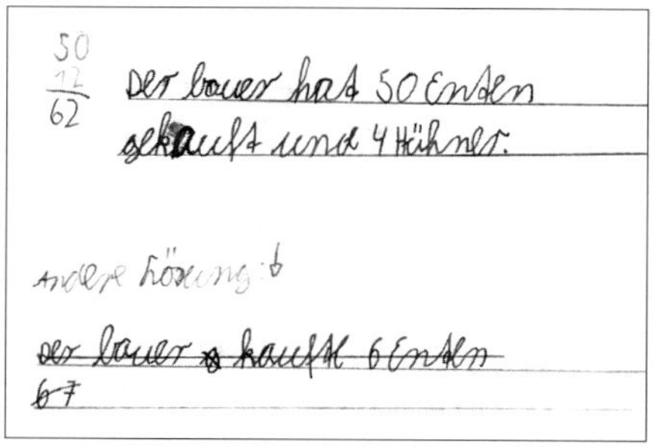

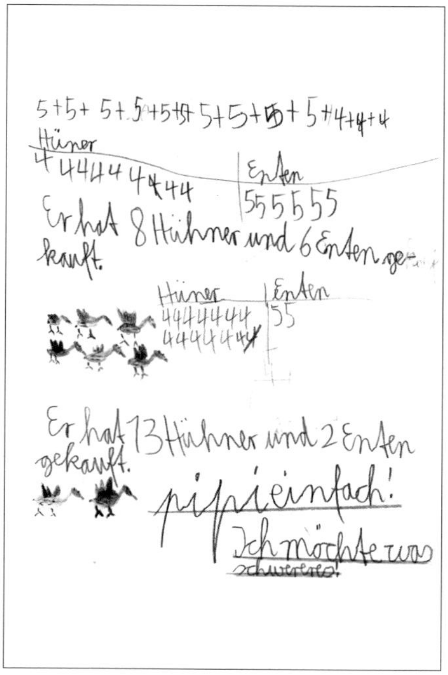

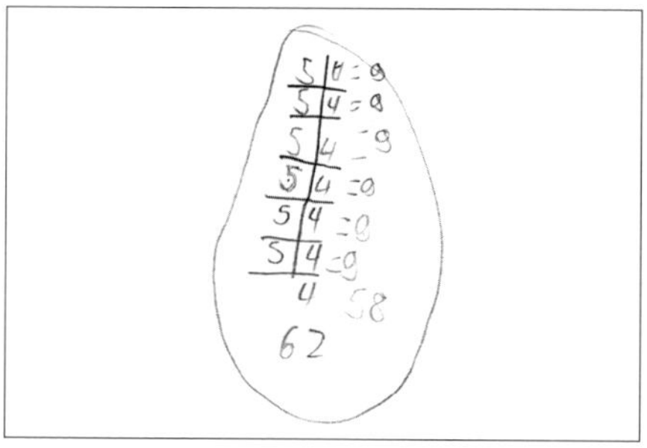

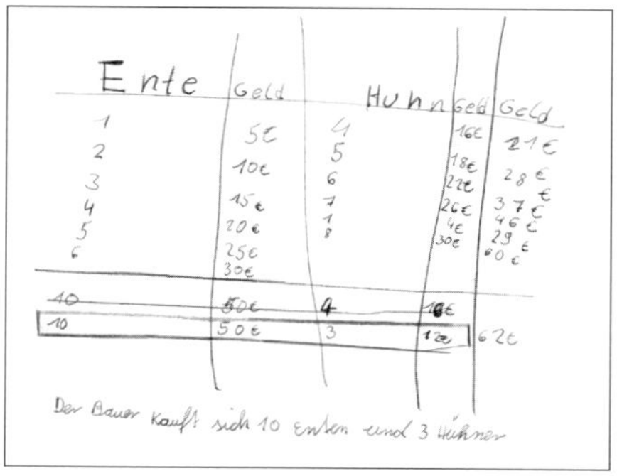

Abb. 197–202: Lösungsdarstellungen von Leon (zwei Darstellungen, oben links und Mitte links), Paula (unten links), Max (zwei Darstellungen, oben rechts und Mitte rechts) und Marie (unten rechts)

Bei dieser Aufgabe gab es wieder besonders viele verschiedene Lösungsstrategien. Paula fand mit ihrer Strategie (Zusammenzählen von Vierern und Fünfern in Tabellen) alle drei Lösungsmöglichkeiten. Zunächst addierte sie die Zahlen, vereinfachte sich dann aber die Darstellung in Tabellen und wandelte damit gedanklich die Vierer und Fünfer in Zähleinheiten um.

Leon entdeckte zunächst beim Kopfrechnen die Zerlegung der 62 in 30 und 32 und konnte jeweils die Fünf und die Vier einpassen. So kam er zu seiner Lösung sechs Enten und acht Hühner und setzte seine Überlegungen in Rechenaufgaben um.

Max verwendete verschiedene Strategien. Bei der Zerlegung der 62 in 50 und zwölf kam er mit den Dimensionen durcheinander und schrieb nicht zehn, sondern 50 Enten auf. Eine zweite mögliche Lösung versuchte er über das tabellenartige Auflisten der Fünfer und Vierer zu finden. Er schaffte dies aber nicht ganz, ein Vierer fehlte und so stimmte am Ende die Summe nicht.

Marie führt in einer Tabelle die Anzahl der Enten und Hühner in einem Betrag zusammen. Sie erhöhte die Beträge in der Entenspalte systematisch und versuchte, die Anzahl in der Spalte mit den Hühnern dann etwas anzupassen. Der Weg bis zur ersten Lösung wurde dadurch recht lang. Eine Lösung mit sechs Enten und acht Hühnern übersah sie durch einen Rechen- oder Schreibfehler beim Einmaleins (8 · 4 = 30).

Lehrer / innen-Kommentare

Schön, dass du die Lösung so leicht finden konntest, Leon.

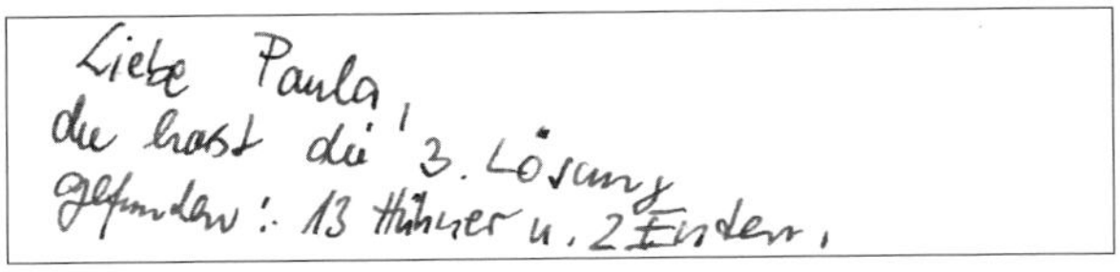
Liebe Paula,
du hast die 3. Lösung gefunden: 13 Hühner u. 2 Enten.

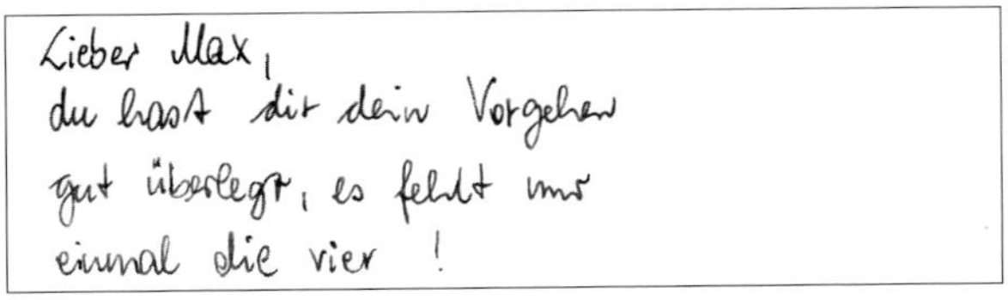
Lieber Max,
du hast dir dein Vorgehen gut überlegt, es fehlt nur einmal die vier!

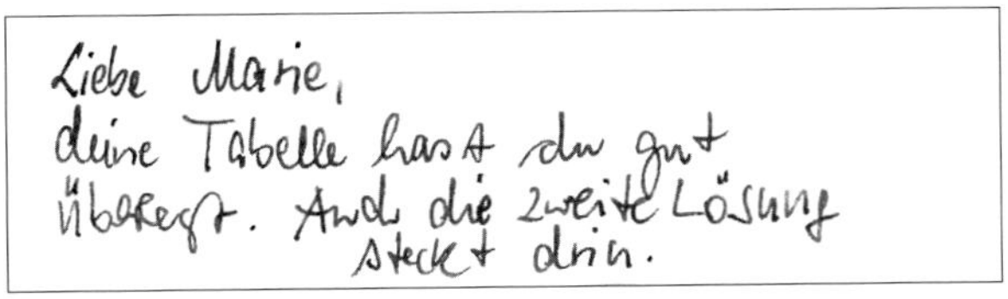
Liebe Marie,
deine Tabelle hast du gut überlegt. Auch die zweite Lösung steckt drin.

Abb. 203 – 206: Lehrer / innen-Kommentare dazu

Die Lehrkraft bekräftigte die Lösungserfolge der Kinder. Sie griff die Aussage Leons – „für mich war es leicht“– auf. Er brachte damit zum Ausdruck, dass er mit seiner Strategie auf Anhieb erfolgreich war – ein schönes Gefühl, das man bei den meist kniffligen Aufgaben nicht immer haben kann.

Dass Paula alle drei Lösungen fand, wurde hervorgehoben. Für Marie und Max wurden insbesondere die genutzten Strategien bekräftigt.

Kompetenzentwicklung

Trotz der vielen interessanten Strategien und Lösungserfolge fiel auf, dass es den Kindern schwerfiel, zwei wachsende (sich verändernde) Größen (die Fünfer- und Vierergruppen) in Abhängigkeit voneinander zu betrachten. Dies griff die Lehrerin in der Reflexion zur Aufgabe auf. Ausgehend von der Viererreihe, wurde der Rest zur 62 und dessen Teilbarkeit durch fünf betrachtet.

A

Aufgabe 11 (Juni)

Valeria wohnt in einem quadratischen Haus. Sie hat einen Gartenzwerg, der hüpfen kann. Er hüpft gern ums Haus, von Ecke zu Ecke. Am Tag hüpft er 6 m weit. Das ist genau die Länge einer Hausseite. Doch immer nachts bläst ihn ein starker Wind um die Hälfte der Tagesstrecke zurück. Wenn er am Montagmorgen los hüpft, wann kommt er dann wieder an der Ausgangsecke an?

Überlegungen zur Aufgabe

Die problemhaltige Fantasieaufgabe gehört zu den sogenannten Bewegungsaufgaben. Bekannte Aufgaben aus dieser Gruppe sind die Aufgabe von der Schnecke im Brunnen oder von der Ameise, die ein Quadrat umrundet. Von letzterer wurde diese Aufgabe abgeleitet.

- *Problemlösen*: Die Besonderheit, die zu beachten ist: Wenn der Gartenzwerg (die Schnecke, die Ameise ...) am Ziel angekommen ist, wird er (sie) nicht mehr zurückgeweht. Die geschilderte Situation hat einen dynamischen Charakter. Dadurch lässt sich das Geschehen mental und auch praktisch an einer Skizze gut nachvollziehen.
- *Modellieren*: Das mathematische Modell ist für die meisten Kinder mit dem Vorwärts- und Rückwärtsbewegen an der Skizze verbunden. Eher selten ist die Zuordnung von Rechenoperationen wie Vervielfachen und Halbieren zu beobachten.
- *Lösung*: Der Gartenzwerg kommt am Sonntag wieder an der Ausgangsecke an. (42 Meter musste er hüpfen, um das Haus zu umrunden.)

Lösungsbeispiele und Interpretation

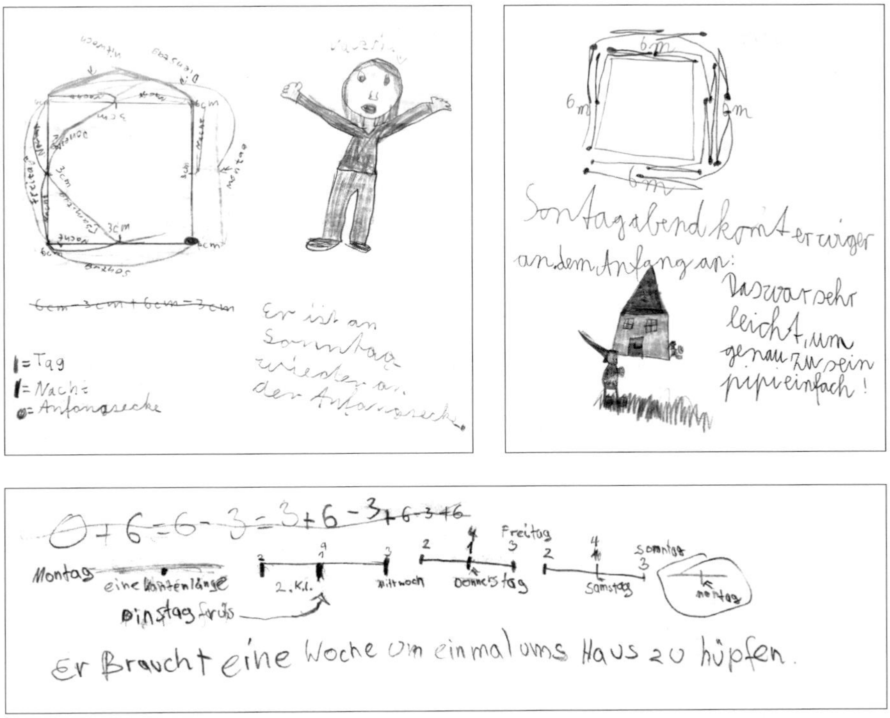

Abb. 207 – 209: Lösungsdarstellungen von Vanessa (oben links), Paula (oben rechts) und Valeria (unten)

Fast ausnahmslos erarbeiteten sich die Kinder die Lösung an einer Skizze. Es gab auch Rechenversuche, wie bei Vanessa und Valeria (siehe durchgestrichene Rechnungen). Trotz guter Ansätze verwarfen beide Kinder diese Strategie wieder und wählten eine skizzenhafte Lösungssuche. Neben der richtigen Lösung (Sonntag) gab es auch verschiedene andere, weil sich die Kinder beim Nachvollziehen des Weges verzählten oder nicht darauf achteten, dass der Gartenzwerg, sobald er an der Ausgangsecke angekommen ist, nicht noch einmal zurückgeweht wird.

Valeria fertigte zunächst eine Hausskizze an (dreidimensional, ohne Abbildung), wählte dann aber einen rechnerischen Weg bzw. im Anschluss mit der Repräsentation der Hausseiten durch Strecken eine etwas abstraktere Darstellung als die meisten anderen Kinder und war damit auch erfolgreich.

Lehrer / innen-Kommentare

Liebe Valeria,
du hast eine gute Skizze gemacht, die das Haus räumlich zeigt.
Du hast recht, in einer Woche ist der Zwerg ums Haus gehüpft.

Liebe Vanessa,
du hast deine Lösung sehr anschaulich gemacht, prima.

Liebe Paula, das hast du gut überlegt und lustig gezeichnet.

Abb. 210 – 212: Lehrer / innen-Kommentare dazu

Die Lehrerin hob in ihrem Kommentar vor allem die Darstellungskompetenzen der drei Mädchen hervor. Dahinter steht das pädagogische Ziel, dass auch den Kindern im Laufe der Zeit bewusst werden soll, dass die Art der Darstellung die Lösungssuche maßgeblich unterstützen kann.

Kompetenzentwicklung

Da die meisten Kinder zwar hilfreiche Skizzen gemacht hatten, aber an der symbolischen Form, den Rechnungen, gescheitert sind, griff die Lehrerin die rechnerischen Ansätze der Lösenden auf und diskutierte diese mit den Drittklässlern: Eigentlich wurde nicht nach den Metern gefragt, die der Gartenzwerg zurücklegen musste, sondern nach der Anzahl der Tage, die er braucht. Vier Hausseiten waren also zu berücksichtigen und das jeweilige Zurückkehren bis zur Hälfte. Man könnte also drei Hausseiten doppelt zählen, also sechs Tage, und die letzte nur einmal (bis zum Ausgangspunkt), also insgesamt sieben Tage. Wenn wir ab Montag sieben Tage abzählen, ist der Ankunftstag der Sonntag. Eine Rechenaufgabe könnte sein: $2 \cdot 3 + 1 = 7$.

A

Aufgabe 12 (Juni)

Du kannst eine Aufgabe auswählen:

Max interessiert sich für Schiffe. Als der Vater mit ihm während des Urlaubs mit dem Schiff nach Hiddensee fährt, freut er sich sehr. Der Vater bezahlt für beide 42 €. Kinder bezahlen den halben Preis der Erwachsenen. Max überlegt, wie viel seine Karte gekostet hat. Was meint ihr, wie hoch ist der Preis für eine Kinderkarte?

Oder:

Max interessiert sich für Schiffe. Als der Vater mit ihm während des Urlaubs mit dem Schiff nach Hiddensee fährt, freut er sich sehr. Der Vater bezahlt 24 €. Kinder bezahlen den halben Preis der Erwachsenen. Max überlegt, wie viel seine Karte gekostet hat. Was meint ihr, wie hoch ist der Preis für eine Kinderkarte?

Überlegungen zur Aufgabe

Die Aufgabe zur Verhältnisteilung gehört zur Gruppe der problemhaltigen Textaufgaben. Zwei Personen bezahlen den Preis von 42 Euro (24 Euro). Ein erster Schritt für Grundschulkinder könnte das Bilden der Hälfte des jeweiligen Preises sein.

- *Problemlösen*: Dass man die Anteile über einen Teil und das Doppelte dieses Teiles erhält, also eigentlich nach drei Teilen suchen muss (42 : 3 = 14, also ein Teil 14 und zwei Teile 28), wird sicherlich für die jungen Lösenden nicht ohne Weiteres sichtbar. Eher zu erwarten ist das Annehmen und Anpassen von Zahlenpaaren.
- *Modellieren*: Die Situation ist für die Kinder gut vorstellbar. Das Zuordnen eines zielführenden mathematischen Modells ist die größere Herausforderung.
- *Lösung:*
  Aufgabenvariante 1: Der Preis für eine Kinderkarte ist 14 Euro
  Aufgabenvariante 2: Der Preis für eine Kinderkarte ist acht Euro.

Lösungsbeispiele und Interpretation

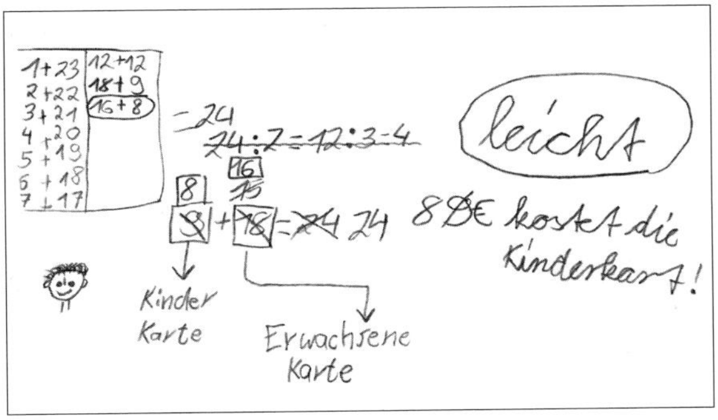

Abb. 213: Lösungsdarstellung von Nils

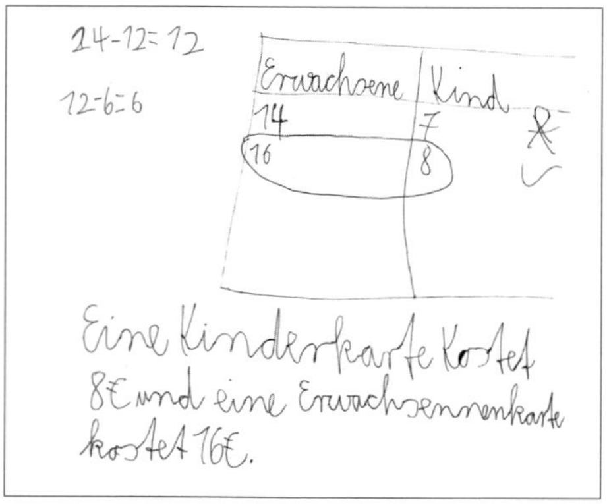

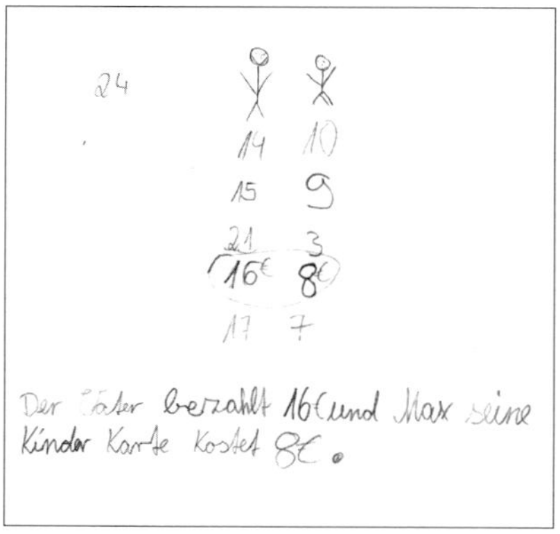

Abb. 214 – 215: Lösungsdarstellungen von Paula (links) und Songyl (rechts)

Es war interessant zu beobachten, wie unterschiedlich die Strategien waren, die die Kinder am Ende der dritten Klassenstufe bei dieser Aufgabe nutzen konnten. Dies gab Zeugnis vom mathematischen Handwerkszeug, das die Schüler / innen inzwischen erworben hatten. Alle drei wagten sich nach der kleineren Aufgabe auch an die Aufgabe mit der größeren Zahl heran (zweite Aufgabe, ohne Abbildung). Nils nutzte gleich mehrere Strategien zur Ermittlung der Lösung: Er zerlegte die 24 systematisch (Konstanz der Summe, bis ein Term passte). Darüber hinaus suchte er die Lösung mit Divisionen (bemerkenswert, dass auch der Divisor 3 in seinen Lösungsgedanken eine Rolle spielte) und über das additive Zusammensetzen der Zahl 24.

Songyl startete auch mit dem Zerlegen der Zahl 24. Dabei ging sie zunächst von einer vom Zahlaufbau naheliegenden Zerlegung (24 in 14 und 10) aus. Interessant, dass sie ihren richtigen Versuch (16 und 8) nicht sofort entdeckte. Der Denkvorgang muss hin- und herswitchen: erst die passende Zerlegung, dann die Bedingungen prüfen, also nicht so einfach. Uns fiel nicht nur bei dieser Aufgabe auf, dass Kinder dadurch mitunter die richtige Lösung übersehen.

Paula strebte nicht vordergründig die Summe 24 bei ihren Überlegungen an, sondern konzentrierte sich auf den doppelten und einfachen Anteil und kam so zur richtigen Lösung. Die gleiche Strategie wandte sie auch erfolgreich bei der zweiten Aufgabe an (ohne Abbildung).

Lehrer / innen-Kommentare

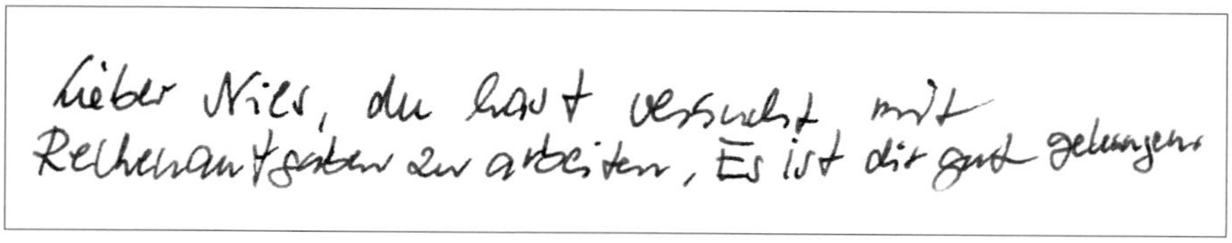

Abb. 216 : Lehrer / innen-Kommentar zur Lösungsdarstellung von Nils

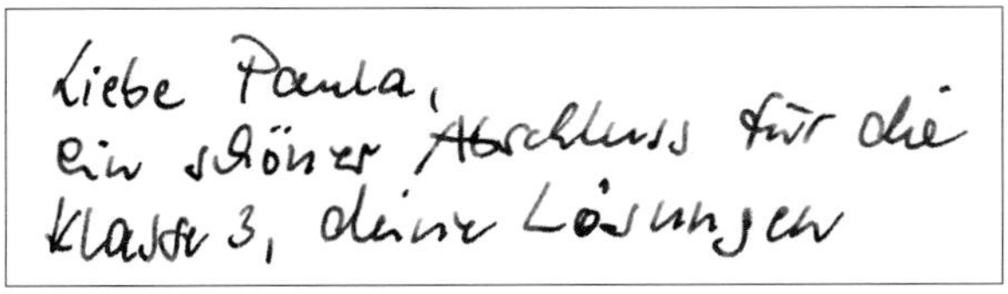
Liebe Paula,
ein schöner Abschluss für die
Klasse 3, deine Lösungen

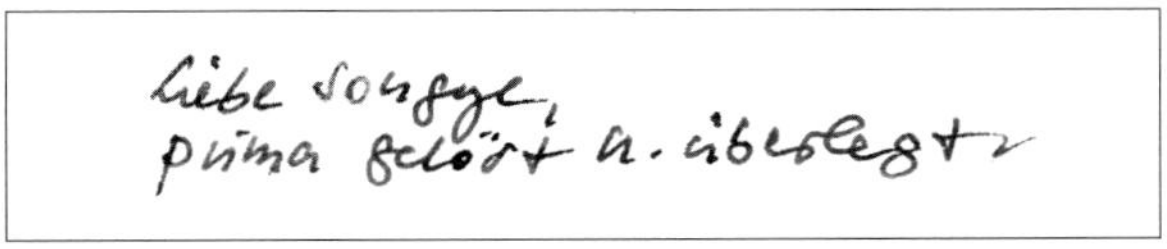
Liebe Songyl,
prima gelöst u. überlegt!

Abb. 217 – 218: Lehrer / innen-Kommentare zur Lösungsdarstellung von Paula und Songyl

Die Rückmeldung für die Kinder fiel recht allgemein aus. Besser wäre es, ihre besonderen Strategien noch einmal hervorzuheben. Aber wie schon erwähnt, reicht zur Motivation der Kinder auch eine kleine allgemeine Bekräftigung.

Kompetenzentwicklung

In einer Reflexion zur Aufgabe sollten die verschiedenen Lösungsstrategien hervorgehoben werden. Eher selten zu beobachten ist die Strategie, die Paula nutzte: Erst eine Zahl überlegen, die kleiner ist als die Ausgangszahl und von der man die Hälfte bilden kann, und dann schauen, ob das Doppelte und die Hälfte zusammen die Ausgangszahl ergeben. Dies ist auf jeden Fall eine Strategie für Kinder mit gutem Zahlgefühl.

3.3.2 Die Textaufgaben im Überblick

Aufgabe 1 (September)
Neulich wurde im Radio die folgende Aufgabe gestellt: Bei einem Festival treten 4 Tanzgruppen nacheinander auf. Die nachfolgende Tanzgruppe ist immer doppelt so groß wie die vorhergehende. Die 4. Tanzgruppe besteht aus 80 Tänzern. Wie viele Personen gehören zur Tanzgruppe, die zuerst aufgetreten ist?

Aufgabe 2 (September)
Du kannst eine Aufgabe auswählen:
Tim will Geschenke für seine Geschwister kaufen. Tim überlegt: Kaufe ich gleiche Geschenke zu je 7 €, dann verbrauche ich mein gespartes Taschengeld restlos. Kaufe ich aber gleiche Geschenke zu je 6 €, dann behalte ich 4 € übrig. Also kaufte er Geschenke zu 6 €. Könnt ihr herausfinden, wie viele Geschenke er kaufte? (Dann wisst ihr auch, wie viele Geschwister Tim hat.)
Oder:
Tim will Geschenke für seine Geschwister kaufen. Tim überlegt: Kaufe ich gleiche Geschenke zu je 3 €, dann verbrauche ich mein gespartes Taschengeld restlos. Kaufe ich aber gleiche Geschenke zu je 2 €, dann behalte ich 4 € übrig. Also kaufte er Geschenke zu 2 €. Könnt ihr herausfinden, wie viele Geschenke er kaufte? (Dann wisst ihr auch, wie viele Geschwister Tim hat.)

Aufgabe 3 (Oktober)
Vivien, Marie und Florian sind bei einem Laufwettbewerb in den Endlauf gekommen. Wer könnte gewinnen? Wer könnte den 2. oder 3. Platz belegen? Überlege und finde alle Möglichkeiten des Einlaufs.

Aufgabe 4 (Oktober)
Max ist 10 Jahre älter als seine Schwester Luisa. In einem Jahr wird Max 3-mal so alt wie Luisa sein. Wie alt sind Luisa und Max in einem Jahr?

Aufgabe 5 (November)
Du kannst eine Aufgabe auswählen:
Die Kinder der 3. Klasse freuen sich über den ersten Schnee. Luisa und Eric werfen ihre Schneebälle besonders weit. Addiert man beide Strecken, sind es 25 m. Eric wirft 1 m weiter als Luisa. Wie weit wirft Eric? Wie weit wirft Luisa?
Oder:
Die Kinder der 3. Klasse freuen sich über den ersten Schnee. Luisa und Eric werfen ihre Schneebälle besonders weit. Addiert man beide Strecken, sind es 18 m. Eric wirft 4 m weiter als Luisa. Wie weit wirft Eric? Wie weit wirft Luisa?

Aufgabe 6 (Januar)

Du kannst eine Aufgabe auswählen:

Endlich rodeln! Die Kleinen aus dem Kindergarten „Zum Fuchsgrund“ freuen sich schon darauf – besonders Marleen, war sie doch im letzten Jahr Rodelmeisterin. 30 Kinder ziehen ihre Schlitten durch den Schnee. 5 Erzieherinnen begleiten die Vorschüler.

Der letzte Rodelberg ist ziemlich steil. Deshalb sollen die Kinder hier nur mit einem Erwachsenen rodeln. Findet heraus, wie oft jeder Erwachsene mitfahren muss, damit alle Kinder einmal drankommen.

Oder:

Endlich rodeln! Die Kleinen aus dem Kindergarten „Zum Fuchsgrund“ freuen sich schon darauf – besonders Marleen, war sie doch im letzten Jahr Rodelmeisterin. 23 Kinder ziehen ihre Schlitten durch den Schnee. 5 Erzieherinnen begleiten die Vorschüler.

Der letzte Rodelberg ist ziemlich steil. Deshalb sollen die Kinder hier nur mit einem Erwachsenen rodeln. Findet heraus, wie oft jeder Erwachsene mitfahren muss, damit alle Kinder einmal drankommen.

Aufgabe 7 (März)

Du kannst eine Aufgabe auswählen:

Von Montag bis Freitag wurden auf einer Weide zusammen 60 Schäfchen geboren. Stell dir vor, jeden Tag immer 3 mehr als am Tag zuvor. Am Dienstag waren es also 3 mehr als am Montag, am Mittwoch 3 mehr als am Dienstag, am Donnerstag 3 mehr als am Mittwoch, am Freitag 3 mehr als am Donnerstag. Kannst du herausfinden, wie viele Schäfchen an den einzelnen Wochentagen geboren wurden?

Oder:

Von Montag bis Freitag wurden auf einer Weide zusammen 35 Schäfchen geboren. Stell dir vor, jeden Tag immer 3 mehr als am Tag zuvor. Am Dienstag waren es also 3 mehr als am Montag, am Mittwoch 3 mehr als am Dienstag, am Donnerstag 3 mehr als am Mittwoch, am Freitag 3 mehr als am Donnerstag. Kannst du herausfinden, wie viele Schäfchen an den einzelnen Wochentagen geboren wurden?

Aufgabe 8 (März)

Drei Räuber fanden einen Schatz Goldmünzen. Da es schon dunkel war, beschlossen sie, den Schatz am anderen Morgen zu teilen. Nachts stand jedoch ein Räuber auf, zählte die Münzen und nahm sich die Hälfte. Dann stand der zweite Räuber auf, zählte die Münzen, nahm sich die Hälfte der verbliebenen Münzen und noch 3 mehr. Als dann am anderen Morgen der dritte Räuber den Schatz begutachtete, waren nur noch 4 Münzen da und von den anderen beiden Räubern fehlte jede Spur.

Wie viele Goldmünzen hatte der Schatz, als ihn die Räuber gefunden hatten, und wie viele Münzen hatten sich die beiden Ausreißer jeweils genommen?

Aufgabe 9 (April)

Du kannst eine Aufgabe auswählen:

In Paulas Sportgruppe sind 18 Kinder. Jedes 3. Kind ist ein Junge. Wie viele Mädchen und wie viele Jungen sind in der Sportgruppe?

Oder:

In Paulas Sportgruppe sind 12 Kinder. Jedes 3. Kind ist ein Junge. Wie viele Mädchen und wie viele Jungen sind in der Sportgruppe?

Aufgabe 10 (Mai)

Ein Bauer kaufte bei einem anderen Bauern Hühner und Enten. Er zahlte dabei für ein Huhn 4 € und für eine Ente 5 €. Kann es sein, dass er 62 € ausgegeben hat? Und wenn ja, wie viele Hühner und wie viele Enten könnte er gekauft haben?

Aufgabe 11 (Juni)

Valeria wohnt in einem quadratischen Haus. Sie hat einen Gartenzwerg, der hüpfen kann. Er hüpft gern ums Haus, von Ecke zu Ecke. Am Tag hüpft er 6 m weit. Das ist genau die Länge einer Hausseite. Doch immer nachts bläst ihn ein starker Wind um die Hälfte der Tagesstrecke zurück. Wenn er am Montagmorgen los hüpft, wann kommt er dann wieder an der Ausgangsecke an?

Aufgabe 12 (Juni)

Du kannst eine Aufgabe auswählen:

Max interessiert sich für Schiffe. Als der Vater mit ihm während des Urlaubs mit dem Schiff nach Hiddensee fährt, freut er sich sehr. Der Vater bezahlt für beide 42 €. Kinder bezahlen den halben Preis der Erwachsenen. Max überlegt, wie viel seine Karte gekostet hat. Was meint ihr, wie hoch ist der Preis für eine Kinderkarte?

Oder:

Max interessiert sich für Schiffe. Als der Vater mit ihm während des Urlaubs mit dem Schiff nach Hiddensee fährt, freut er sich sehr. Der Vater bezahlt 24 €. Kinder bezahlen den halben Preis der Erwachsenen. Max überlegt, wie viel seine Karte gekostet hat. Was meint ihr, wie hoch ist der Preis für eine Kinderkarte?

3.3.3 Weitere Textaufgaben für Klassenstufe 3

Aufgabe 13 (Oktober)
In den vergangenen Wochen habe ich 12 Euro sparen können. Den dritten Teil des Geldes habe ich gestern ausgegeben. Wie viel Geld habe ich noch?

- *Problemlösen*: Der Anspruch an die Problemlösekompetenz ist gering, da ausschließlich Grundrechenoperationen eingesetzt und nacheinander abgearbeitet werden können.
- *Modellieren*: Die Formulierung „dritter Teil" ist nicht für alle Kinder gleich verständlich. Dadurch ist das Situationsmodell nicht sofort zuzuordnen und das mathematische Verfahren liegt nicht gleich auf der Hand. Mitunter gerät auch aus dem Blick, dass der dritte Teil (vier) noch von zwölf subtrahiert werden muss.
- *Lösung*: Ich hatte zwölf Euro, davon gebe ich den dritten Teil, also vier Euro, aus. Ich habe noch acht Euro.

Aufgabe 14 (November)
Du kannst eine Aufgabe auswählen:
Advent ist eine schöne Zeit. Gemeinsam mit Mama und Papa mache ich die Wohnung gemütlich. In 2 Vasen haben wir Tannenzweige gesteckt. Aus dem Keller holen wir die bunten Holzfiguren, um die Zweige zu schmücken. In einer Kiste sind 34 Figuren, in der anderen 42. Für jeden Strauß legen wir die gleiche Anzahl Holzfiguren zurecht. Wie viele Figuren hängen dann an einem Strauß?
Oder:
Advent ist eine schöne Zeit. Gemeinsam mit Mama und Papa mache ich die Wohnung gemütlich. In 2 Vasen haben wir Tannenzweige gesteckt. Aus dem Keller holen wir die bunten Holzfiguren, um die Zweige zu schmücken. In einer Kiste sind 18 Figuren, in der anderen 26. Für jeden Strauß legen wir die gleiche Anzahl Holzfiguren zurecht. Wie viele Figuren hängen dann an einem Strauß?

- *Problemlösen*: Ausgleichsaufgaben gehören zu den leichteren Problemaufgaben. Unterschiedliche Strategien wären denkbar: Es lässt sich die Summe bilden und diese halbieren, um zur Lösung zu kommen, oder man kann über die Differenz denken. In der volleren Kiste sind jeweils acht Figuren mehr, also muss ich vier Figuren „abgeben", um Gleichstand zu erhalten.
- *Modellieren*: Die Situation ist für Grundschulkinder gut vorstellbar. Etwas schwieriger ist die Zuordnung eines passenden mathematischen Modells, da mehrere Denkschritte notwendig sind.
- *Lösung*:
  Aufgabenvariante 1: An jedem Strauß hängen dann 38 Figuren.
  Aufgabenvariante 2: An jedem Strauß hängen 22 Figuren.

Aufgabe 15 (Februar)

Du kannst eine Aufgabe auswählen:

Das ist ein Winter! So viel Schnee! Auf dem Rodelhang habe ich heute 24 Schlitten gezählt. Auf der Hälfte der Schlitten saßen 2 Kinder, auf 2 weiteren Schlitten saßen 3 Kinder und auf den anderen Schlitten sauste immer nur 1 Kind den Berg hinab. Wie viele Kinder sind gerodelt?

Oder:

Das ist ein Winter! So viel Schnee! Auf dem Rodelhang habe ich heute 42 Schlitten gezählt. Auf der Hälfte der Schlitten saßen 2 Kinder, auf 2 weiteren Schlitten saßen 3 Kinder und auf den anderen Schlitten sauste immer nur 1 Kind den Berg hinab. Wie viele Kinder sind gerodelt?

- *Problemlösen*: Schwierig könnte sein, dass zwei Bedingungen miteinander in Beziehung gesetzt werden müssen: die Anzahl der Kinder und die Anzahl der Schlitten. Heuristische Strategie, um zum Ziel zu gelangen, könnte das Veranschaulichen zur Unterstützung der Rechenprozesse sein.
- *Modellieren*: Ein adäquates Situationsmodell und die Zuordnung zielführender mathematischer Modelle sind zu erwarten. Bei der Anwendung mathematischer Verfahren könnte das schon erwähnte „doppelte Zählen" zu Problemen führen: 24 Schlitten, auf zwölf Schlitten sitzen zwei Kinder, also 24 Kinder, auf zwei weiteren Schlitten sitzen je drei, also sechs Kinder. Auf den restlichen Schlitten sitzt jeweils ein Kind: 14 Schlitten (zwölf und zwei) sind schon berücksichtigt, also sind es noch zehn Schlitten, auf denen jeweils ein Kind sitzt, also zehn Kinder. Dann sind es insgesamt 40 Kinder.
- *Lösung*:
  Aufgabenvariante 1: 40 Kinder sind gerodelt.
  Aufgabenvariante 2: 67 Kinder sind gerodelt.

Aufgabe 16 (März)

Du kannst eine Aufgabe auswählen:

Obwohl es noch kalt ist, verschönern die Farben der Frühblüher schon den Garten. In unserem Vorgarten zähle ich 20 Krokusse, gelbe und blaue. Es sind 6 gelbe mehr als blaue. Wie viele Krokusse blühen gelb? Wie viele Krokusse blühen blau?

Oder:

Obwohl es noch kalt ist, verschönern die Farben der Frühblüher schon den Garten. In unserem Vorgarten zähle ich 20 Krokusse, gelbe und blaue. Es sind 2 gelbe mehr als blaue. Wie viele Krokusse blühen gelb? Wie viele Krokusse blühen blau?

- *Problemlösen*: Bei dieser problemhaltigen Vergleichsaufgabe sehen Grundschulkinder einen möglichen Rechenweg in der Regel nicht, z. B. (20 – 6) : 2 und (20 + 6) : 2. Sie sind auf ein probierendes Lösungsverhalten angewiesen und planen ihr Handeln meist, indem sie die Hälfte der Ausgangszahl wählen und die beiden Zahlen bezüglich der genannten Bedingungen anpassen.
- *Modellieren*: Das Situationsmodell ist für Grundschulkinder gut zu konstruieren. Das Zuordnen eines geeigneten mathematischen Modells erfordert die

verschiedensten inhaltlichen Überlegungen, da das Verknüpfen der genannten Rechnungen noch zu komplex ist.

- *Lösungen*:
  Aufgabenvariante 1: Es blühen sieben blaue Krokusse und 13 gelbe Krokusse.
  Aufgabenvariante 2: Es blühen neun blaue Krokusse und elf gelbe Krokusse.

Aufgabe 17 (April)

Sally schimpft mit ihrem Hund Spion. „Du hast Schokoladenriegel gefressen", hebt sie drohend den Zeigefinger. Der Hund verkriecht sich schuldbewusst in die hinterste Zimmerecke. „4,20 € hast du verfuttert", sagt Kitty mit Blick auf die Schokoladenschale ärgerlich. „Ich habe nur Riegel für 1,80 € gegessen, da kannst du mal Sparsamkeit lernen." Spion zuckt zusammen und rutscht unter den Sessel. Was meint ihr, wie viel könnte ein Riegel gekostet haben? Und wie viele Riegel hätten dann die beiden jeweils gegessen?

- *Problemlösen*: Die Überlegung, dass man jeweils gleiche Teiler für 42 und 18 suchen sollte, um die Aufgabe zu lösen, liegt für die Drittklässler nicht auf der Hand. Sie wählen längere Wege und bleiben in der Regel beim Arbeiten mit Geldbeträgen.
- *Modellieren*: Ein Situationsmodell für einen solch offenen Sachverhalt zu entwickeln, ist nicht einfach. Es sollte vielleicht noch erwähnt werden, dass alle Riegel den gleichen Preis hatten. Welcher Riegelpreis könnte in 4,20 € stecken? Vielleicht 60 Cent oder 70 Cent, 30 Cent oder 20 Cent? Welche dieser Preise könnten auch zu 1,80 € geführt haben? Bleiben also die Preise von 60 Cent, 30 Cent oder 20 Cent.
- *Lösungsvarianten*: Ein Riegel könnte 60 Cent gekostet haben, dann hätten Sally drei Riegel und ihr Hund Spion sieben Riegel gegessen. Hätte ein Riegel 30 Cent gekostet, dann hätten Sally sechs Riegel und ihr Hund Spion 14 Riegel gegessen. Hätte ein Riegel nur 20 Cent gekostet, hätten Sally neun und Spion 21 Riegel gegessen.

Aufgabe 18 (Mai)

Jan macht sich auf den Weg zur Kräuterfrau Teefa, die im Wald hinter den 3 Hügeln lebt. Er braucht das Kräutlein Labdichdran, damit die Uroma wieder Appetit bekommt. 2 Flüsse muss er überqueren, bevor er den Wald erreicht.

Über den 1. Fluss führen 2 Brücken (eine 1. und eine 2. Brücke), beim 2. Fluss kann er zwischen 3 Brücken wählen (einer 1., einer 2. und einer 3. Brücke). Welche Wege über die Flüsse könnte er wählen? Wie viele verschiedene Möglichkeiten findest du?

- *Problemlösen*: Der Problemlöseanspruch ist davon abhängig, wie die Schülerinnen und Schüler schon in den Bereich der Kombinatorik eingeführt worden sind. Eventuell können schon Analogien zu ähnlichen Aufgaben und damit auch zu möglichen Lösungsstrategien hergestellt werden.

- *Modellieren*: Die Fragestellungen sind so formuliert, dass nicht nur die perfekte Lösung Anerkennung findet. Ein Baumdiagramm als mathematisches Modell würde sich ebenso eignen wie das Zuordnen der Multiplikation: Es gibt zwei mal drei Möglichkeiten, die Flüsse zu überqueren.
- *Lösung*: Es gibt sechs verschiedene Wege, um die beiden Flüsse zu überqueren.

Aufgabe 19 (Juni)

Papa, morgen habe ich Geburtstag und werde 9 Jahre. Und wie alt bist du? 32, antwortet der Vater. Kann es sein, dass du irgendwann genau doppelt so alt bist wie ich? Und wann wird das sein?

- *Problemlösen*: Diese Aufgabe gehört zu den besonders kniffligen Problemaufgaben für Grundschulkinder. Eine zielführende Strategie ist nicht so leicht auszumachen und es wird eine größere Portion heuristischen Arbeitens (Vermutungen machen, prüfen, verwerfen, erneut vermuten) benötigt.
- *Modellieren*: Dass Elternteile doppelt so alt sein können wie ihre Kinder, wird als Frage formuliert. Grundschulkinder sind mit einer solchen Altersbeziehung nicht vertraut und können sich diese auch kaum vorstellen. Die Idee, dass der Altersunterschied bedeutsam für die Lösung ist, haben viele Kinder. Allerdings ist der Denkweg zum Ziel dann immer noch weit. Hilfreich könnte die Überlegung sein: Wie alt war der Vater, als der Sohn geboren wurde? Wenn man dieses Alter verdoppelt, müssten die Bedingungen erfüllt werden.
- *Lösung*: Ja, das kann sein. Wenn ich 46 Jahre alt bin, werde ich doppelt so alt sein wie du. Bis dahin müssen noch 14 Jahre vergehen. Dann bist du 23 Jahre alt.

3.4 Textaufgaben in Klasse 4

Die gewachsene Sicherheit beim Umgang mit allen vier Grundrechenoperationen und das gewonnene Strategiepotenzial für das Arbeiten mit Textaufgaben sind gute Voraussetzungen für das Lösen anspruchsvoller Aufgaben in Klasse 4. Hinzu kommt allerdings, dass von älteren Grundschulkindern der Schwierigkeitsgrad der Aufgaben bewusster wahrgenommen werden kann und damit auch die mit dem Lösen verbundene Mühe. Dies führt mitunter dazu, dass ältere Schülerinnen und Schüler weniger unbefangen an das Lösen herangehen als Lernanfänger.

3.4.1 Interpretation der Textaufgaben

A

Aufgabe 1 (September): Aufgaben berühmter Mathematiker (Alkuin, 735 - 804)
Ein Hund läuft einem Hasen nach. 150 Fuß ist der Hase voraus. Der Hase macht 2 Fuß weite Sprünge, während der Hund 9 Fuß weit springt. Nach wie vielen Sprüngen holt der Hund den Hasen ein?

Überlegungen zur Aufgabe
Durch diese problemhaltige Aufgabe wird das funktionale Denken angeregt, das sich in der Grundschule erst allmählich entwickelt. Die dynamische Handlung wirkt lösungsunterstützend. Nachdem sich die Grundschulkinder in die Situation eingearbeitet haben und ein Situationsmodell erstellt wurde, ist ein schrittweises Herangehen zum Ermitteln der gesuchten Zahl, eventuell unterstützt durch eine Tabelle, mit der man den funktionalen Zusammenhang gut darstellen kann, denkbar. Der Hund startet bei null Fuß und macht Neunersprünge. Der Hase startet bei 150 Fuß und macht Zweiersprünge.

- *Problemlösen*: Zielführend ist eine Strategie, die die Multiplikation einbindet, sodass die Sprünge effizient aneinandergereiht werden können. Zu erwarten ist aber das schrittweise Aneinanderfügen der Sprünge.
- *Modellieren*: Der Modellierungsanspruch ist hoch. Das Situationsmodell kann grob verstanden, aber nicht sofort mit allen Details aufgenommen werden. Dies geschieht erst in Verbindung mit der Entwicklung des mathematischen Modells. Es ist zu erwarten, dass die Kinder tabellenartige Strukturen einsetzen, um die funktionalen Zusammenhänge abbilden zu können.
- Lösung: Der Hund muss circa 22 Sprünge machen oder, genauer, 21 und einen halben Sprung, um den Hasen einzuholen. Bei 22 Sprüngen hätten der Hase 194 Fuß und der Hund 198 Fuß zurückgelegt. Der Hund muss also den letzten Sprung gar nicht mehr voll ausführen.

Lösungsbeispiele und Interpretation

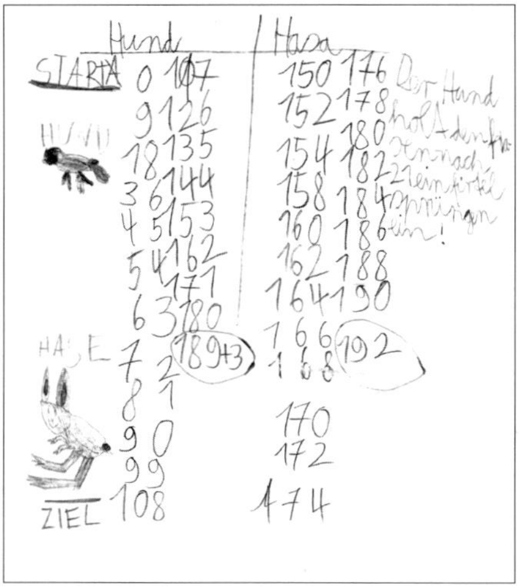

Abb. 219 – 220: Lösungsdarstellungen von Valeria (links) und Paula (rechts)

Ein Großteil der Kinder bewältigte die funktionalen Beziehungen, die zum Lösen der Aufgabe verarbeitet werden müssen, mithilfe einer Tabelle. Valeria fand die richtigen Fußzahlen (198 beim Hund und 194 beim Hasen, farbig markiert, deshalb auf der Abbildung nicht gut sichtbar), zählte die Anzahl der Sprünge aber schon ab null bzw. 150 Fuß anstatt bei neun und 152 Fuß. Dadurch kam sie zur Lösung 23 Sprünge.

Paula fiel auf, dass der Hund eigentlich gar nicht volle 22 Sprünge braucht, um den Hasen einzuholen, sondern ihm dies schon zuvor gelingt. Sie schrieb: „Der Hund holt den Hasen nach 21 ein Viertel Sprüngen ein."

Lehrer / innen-Kommentare

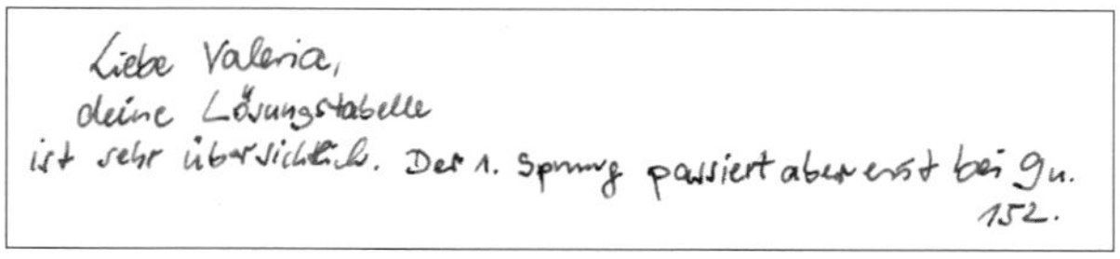

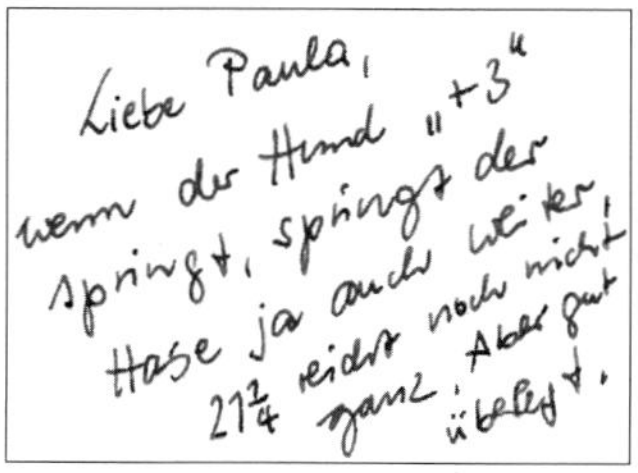

Abb. 221 – 222: Lehrer / innen-Kommentare dazu

Die Lehrerin wies Valeria auf ihren Denkfehler hin und lobte die Tabellenstrategie. Paulas Überlegung, dass nicht mehr ein ganzer Neun-Fuß-Sprung notwendig ist, um den Hasen schließlich einzuholen, hätten wir noch deutlicher bekräftigen können.

Kompetenzentwicklung

Während der Reflexionsphase könnte darüber diskutiert werden, wie man die jeweiligen Sprünge ökonomischer zusammenfassen könnte, um diese nicht schrittweise zählen zu müssen: 150 + ein Vielfaches von 2 und 0 + ein Vielfaches von 9. Man könnte zunächst zum Beispiel 10 mal 2 zu 150 und 10 mal 9 zu Null addieren und von da ausgehend weiter in größeren Portionen denken.

A

Aufgabe 2 (November): Aus alten Schriften entnommen (2600 v. u. Z.)
Du kannst eine Aufgabe auswählen:

In einem Käfig sind Kaninchen und Fasane. Die Tiere haben zusammen 9 Köpfe und 26 Füße. Wie viele Kaninchen und wie viele Fasane sind im Käfig?

Oder:

In einem Käfig sind Kaninchen und Fasane. Die Tiere haben zusammen 18 Köpfe und 60 Füße. Wie viele Kaninchen und wie viele Fasane sind im Käfig?

Überlegungen zur Aufgabe

Verschiedene Bedingungen (Anzahl der Köpfe und die unterschiedliche Anzahl der Füße der beiden Tierarten) müssen beachtet und miteinander in Beziehung gesetzt werden. Der Fasan, ein Hühnervogel und damit ein Tier mit zwei Beinen, ist sicherlich nicht allen Kindern bekannt.

- *Problemlösen*: Zweimal eine Zahl und viermal eine Zahl müssen in die 26 eingepasst und mit der Anzahl der Köpfe abgeglichen werden. Diese Art der Überlegungen könnte zielgerichtet zur Lösung führen.
- *Modellieren*: Hilfreich für die Entwicklung des Situationsmodells ist die Vorstellung, dass es insgesamt neun bzw. 18 Tiere sind, aufzuteilen in zwei Gruppen: Tiere mit zwei Beinen und Tiere mit vier Beinen. Auf dieser Grundlage kann ein mathematisches Modell entwickelt werden. Dies könnte sowohl skizzenhaft als auch auf symbolischer Ebene ausgeführt werden.
- *Lösung*:
  Aufgabenvariante 1: Im Käfig sind vier Kaninchen und fünf Fasane.
  Aufgabenvariante 2: Im Käfig sind zwölf Kaninchen und sechs Fasane.

Lösungsbeispiele und Interpretation

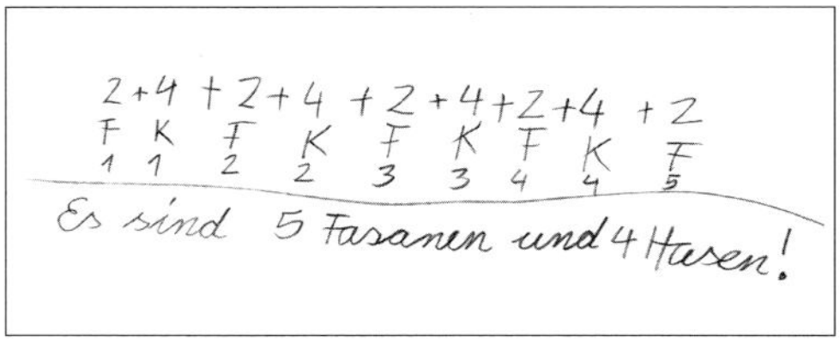

Abb. 223 – 225: Lösungsdarstellungen von Songyl (oben), Vanessa (unten links) und Nils (unten rechts)

Während Songyl von einem Aufgabenmerkmal aus dachte (Anzahl der Köpfe), wählten Florian und Vanessa Strategien, die es ihnen ermöglichten, alle Bedingungen gleichzeitig im Blick zu haben. Nils' Strategie, Füße und Köpfe der beiden Tiersorten abwechselnd zu zählen, war besonders zielgerichtet. Aber auch Vanessa, die noch unmittelbarer die bildhafte Ebene nutzte, war mit ihrer tabellenartigen Anordnung erfolgreich.

Lehrer / innen-Kommentare dazu

Bei dieser Aufgabe fehlen die Rückmeldungen im Original. Alle drei Kinder waren mit ihrer Strategie erfolgreich und so könnte das jeweilige Vorgehen entsprechend bekräftigt werden, beispielsweise für Songyl: „Das hast du gut überlegt, mit den Köpfen beim Überlegen zu beginnen." Für Nils: „Deine Idee, die Tiere abwechselnd zu berücksichtigen, hat dich sicher zur Lösung gebracht." Und für Vanessa: „Deine Tabelle zeigt die Lösung besonders anschaulich."

Kompetenzentwicklung

Während der Reflexion könnten die Kinder auf den distributiven Inhalt, der in der Aufgabe steckt, hingewiesen werden. Sinngemäß: „In der 26 sind eine Zahl mal

4 Füße und eine Zahl mal 2 Füße enthalten. Die Lösungen für die beiden Zahlen habt ihr gefunden. Die Aufgabe, die man schreiben kann, lautet: $4 \cdot 4 + 5 \cdot 2 = 26$."

Aufgabe 3 (Dezember)

Mein Schreibtisch und die Leselampe haben zusammen 150 € gekostet. Der Schreibtisch war 100 € teurer als die Lampe. Wie viel kostet die Leselampe, wie viel kostet der Schreibtisch?

Überlegungen zur Aufgabe

Die Aufgabe ist eine Vergleichsaufgabe, bei der beide Vergleichsmengen unbekannt sind. Eventuell ordnen mathematisch begabte Grundschüler eine rein rechnerische Lösung, wie (100 + 150) : 2 und (150 – 100) : 2, zu.

- *Problemlösen*: Am ehesten ist ein probierendes Lösungsverhalten zu erwarten. Die Viertklässler könnten über die Hälfte denken (150 : 2 = 75) und im Anschluss die beiden Zahlen mithilfe des Konstanzgesetzes so verändern, dass der Schreibtisch genau um den Betrag, der von der Lampe abgezogen wird, teurer wird, bis der Unterschied von 100 erreicht wird. Also eventuell 100 und 50 (25 weg- bzw. dazugenommen – der Unterschied ist 50), 125 und 25 (wieder 25 weg- bzw. dazugenommen – der Unterschied ist 100).
- *Modellieren*: Beim Aufbau des Situationsmodells müssen Summe und Differenz bewusst einbezogen werden. Die gewählten Zahlen (100 und 150) könnten die Lösenden allerdings in die Irre führen. Die Lösungen „50 € und 100 €" scheinen direkt ablesbar und dadurch wird das Situationsmodell eventuell nicht gewissenhaft genug aufgebaut.
- *Lösung*: Der Schreibtisch kostet 125 Euro und die Lampe 25 Euro.

Lösungsbeispiele und Interpretation

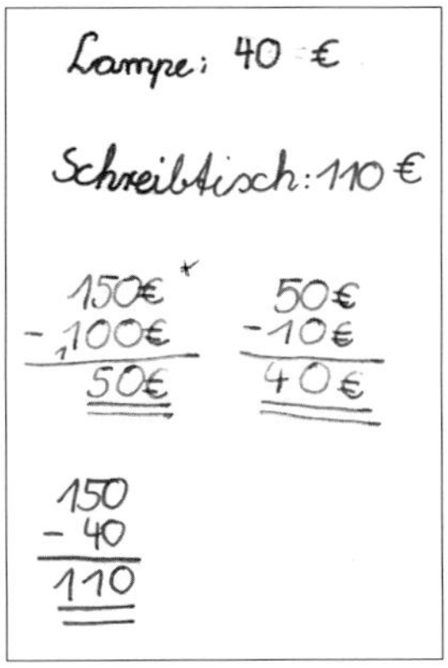

Abb. 226: Lösungsdarstellung von Alice

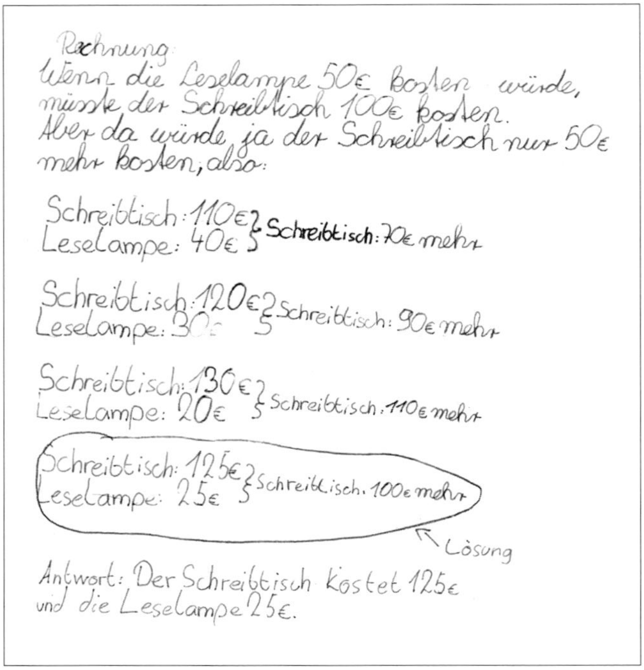

Rechnung:
Wenn die Leselampe 50€ kosten würde, müsste der Schreibtisch 100€ kosten.
Aber da würde ja der Schreibtisch nur 50€ mehr kosten, also:

Schreibtisch: 110€ } Schreibtisch: 70€ mehr
Leselampe: 40€

Schreibtisch: 120€ } Schreibtisch: 90€ mehr
Leselampe: 30€

Schreibtisch: 130€ } Schreibtisch: 110€ mehr
Leselampe: 20€

Schreibtisch: 125€ } Schreibtisch: 100€ mehr
Leselampe: 25€
Lösung

Antwort: Der Schreibtisch kostet 125€ und die Leselampe 25€.

Abb. 227: Lösungsdarstellung von Vivien

Vivien leitete ihre Lösung sehr systematisch über die Differenz her. Sie passte ihre Zahlen immer wieder an, bis sie die Differenz 100 erreichte.

Alice bildete zunächst die Differenz zwischen beiden Beträgen, womit sie einen Rechenschritt vollzog, der sie zur richtigen Lösung hätte bringen können (hätte sie die Differenz noch durch zwei geteilt, dann hätte sie den Preis für die Lampe erhalten). Aber dieses Teilen durch zwei liegt in einem solchen Zusammenhang für Grundschulkinder nicht auf der Hand und so wendete sich Alice der Zehn von der 110 zu, die ihrer Meinung nach noch subtrahiert werden musste, um den Preisunterschied 100 zu erhalten. Dass die beiden Lösungen 40 Euro und 110 Euro dies am Ende nicht ausdrückten, konnte sie eventuell nicht mehr überblicken.

Lehrer / innen-Kommentare dazu

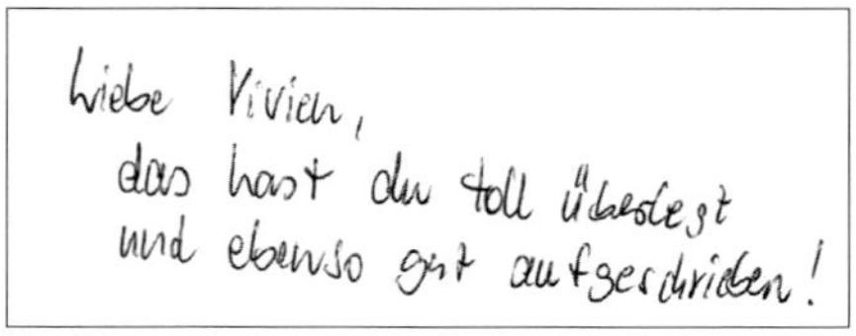

Liebe Vivien,
das hast du toll überlegt und ebenso gut aufgeschrieben!

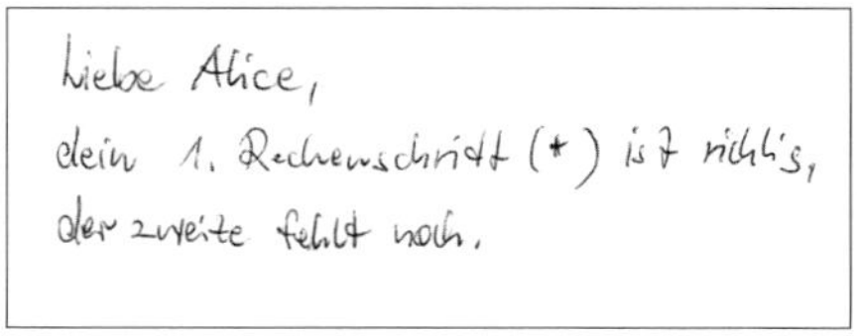

Liebe Alice,
dein 1. Rechenschritt (*) ist richtig, der zweite fehlt noch.

Abb. 228 – 229: Lehrer / innen-Kommentare dazu

Die Lehrerin versuchte bei den Lösungen zu dieser Aufgabe, auch bei den fehlerhaften Vorgehensweisen die Teilstrategien, die richtig waren, zu betonen (Alice). Für Vivien wurde noch einmal die vollständige Dokumentation der Lösung bekräftigt.

Kompetenzentwicklung

Es gäbe verschiedene Möglichkeiten, in der Reflexionsphase laut zu denken, z. B.: „Die zwei Gegenstände kosten zusammen 150 €. Der Schreibtisch könnte mehr als 100 € kosten. Wenn wir annehmen, er kostet 120 €, dann würde die Lampe 30 € kosten. Jetzt kann man nach dem Unterschied zwischen beiden Zahlen schauen, der wäre 90. Also sind wir schon dicht dran. 10 € Unterschied müssen wir noch erzeugen. Damit die Summe gleich bleibt, müssen wir mit 5 auf der einen und mit 5 auf der anderen Seite rechnen (wie bei einer Waage). Probiert es, auf der einen Seite 5 dazugeben, auf der anderen Seite 5 wegnehmen. Nun muss man noch schauen, wo die 5 dazugegeben werden muss und wo sie weg muss, damit 10 Unterschied bleibt: Man kommt zu 125 € und 25 €."

A

Aufgabe 4 (Januar)

Wir sitzen alle feierlich versammelt beim Frühstück. Es ist Sonntag und heute ist mein Geburtstag. Wir: Mama, Papa, Jule und ich, Alex, das Geburtstagskind, stoßen mit Kindersekt an – Sektfrühstück, echt aufregend!

Mein Geburtstagsrätsel für euch: Jeder will mit jedem anstoßen – wie oft stoßen wir an?

Überlegungen zur Aufgabe

Diese Textaufgabe aus dem Bereich der Kombinatorik wird häufiger mit dem Hintergrund „Händeschütteln" gestellt.

- *Problemlösen*: Eine zielführende Strategie für Grundschulkinder ist das Veranschaulichen und schrittweise Zusammentragen der Möglichkeiten.
- *Modellieren*: Die Situation ist auch für Grundschulkinder recht gut vorstellbar, was die Übertragung auf die ikonische Lösungsebene erleichtert. Beim Aufbau des Situationsmodells muss beachtet werden, dass zwei Personen jeweils immer nur einmal anstoßen und dass eine Person nicht mit sich selbst anstößt. Das mathematische Verfahren könnte das Zählen der Anstoßvorgänge sein.
- *Lösung*: Es wird sechsmal angestoßen: Alex stößt mit Mama, Papa und Jule an, also dreimal. Mama stößt mit Papa und Jule an, also zweimal. Papa stößt noch mit Jule an, also noch einmal, insgesamt sechsmal.

Lösungsbeispiele und Interpretation

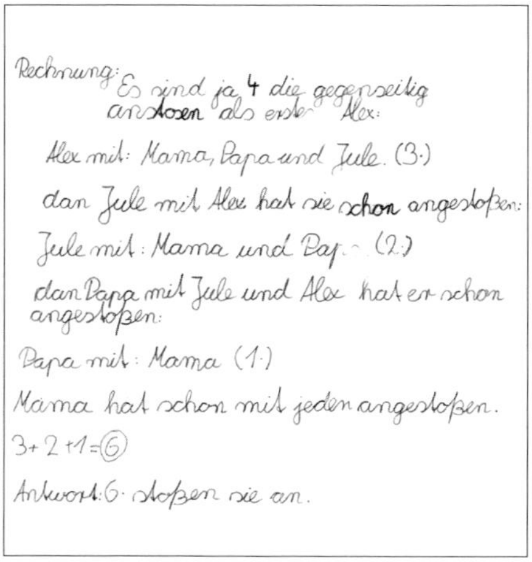
Rechnung: Es sind ja 4 die gegenseitig anstoßen als erste Alex:
Alex mit: Mama, Papa und Jule. (3.)
dan Jule mit Alex hat sie schon angestoßen:
Jule mit: Mama und Papa. (2.)
dan Papa mit Jule und Alex hat er schon angestoßen:
Papa mit: Mama (1.)
Mama hat schon mit jeden angestoßen.
3+2+1=6
Antwort: 6. stoßen sie an.

Abb. 230 – 231: Lösungsdarstellungen von Vivien (links) und Nils (rechts)

Die beiden Lösungen repräsentieren die typischen Denkansätze bei einer solchen Aufgabe. Vivien listete die Anstoßvorgänge detailliert auf und konnte die zu beachtenden Besonderheiten berücksichtigen. Nils übersah, dass ein Paar jeweils nur einmal anstößt.

Lehrer / innen-Kommentare

Mensch, Vivien! Spitze!

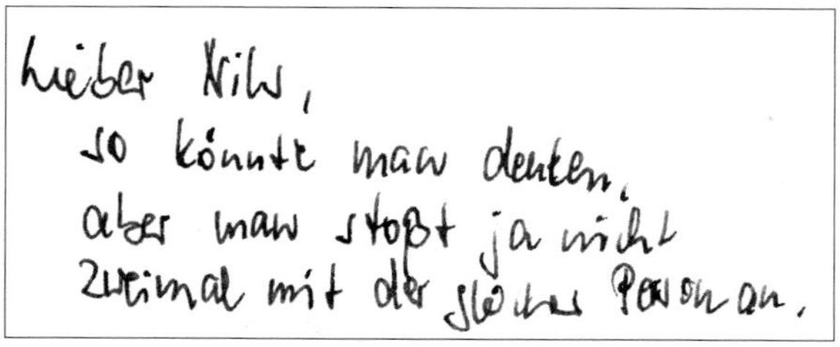
Lieber Nils,
so könnte man denken,
aber man stößt ja nicht
zweimal mit der gleichen Person an.

Abb. 232 – 233: Lehrer / innen-Kommentare dazu

Die Bemerkung für Vivien spiegelt die Anerkennung ihrer besonderen Leistung wider. Für Nils sollte das Verständnis für seinen Lösungsweg zum Ausdruck kommen.

Kompetenzentwicklung

Der häufigste Denkfehler ist der, den auch Nils macht: Es wird übersehen, dass zwei Personen nur einmal miteinander anstoßen. Das perfekte Lösungsmodell, auf das in der Reflexion zur Aufgabe zurückgegriffen werden könnte, lieferte in unserem Fall Vivien: Bei vier Personen entsteht der Zusammenhang 3 + 2 + 1. Man stößt nicht mit sich selbst an, also fällt die Vier heraus.

A

Aufgabe 5 (Februar)

Eigentlich laufe ich ja nicht gern, aber im Wanderurlaub, da heißt es halt laufen! Heute war unser Ziel 25 km entfernt. Bei mir ging das Wandern ausnahmsweise richtig gut – bis zum Kilometer 12. Da fiel meiner kleinen Schwester Jule auf, dass ihre Jacke fehlt. Sie hatte sie bei der letzten Rast liegen lassen. Also zurück! 2 km hatten wir uns inzwischen von diesem Platz schon wieder entfernt. Zum Glück waren wir erfolgreich, die Jacke lag noch auf der Bank.

Finde heraus, wie viele Kilometer wir heute bis zum Ziel gelaufen sind!

Überlegungen zur Aufgabe

Der Aufgabentext ist relativ umfangreich und es müssen mehrere Informationen aufgenommen und eingeordnet werden.

- *Problemlösen*: Es ist eine Routineaufgabe, die keine besonderen Anforderungen an das Operationsverständnis stellt. Der Problemgehalt entsteht, weil nicht alle zum Rechnen notwendigen Angaben aufgeführt werden und Angaben enthalten sind, die man eigentlich nicht benötigt. Ermittelt werden muss die zusätzlich zurückgelegte Entfernung von vier Kilometern.
- *Modellieren*: Der Aufbau des Situationsmodells ist nicht ganz so einfach. Der Ausdruck „Kilometer 12" muss als Ortspunkt verstanden und darf nicht als zum Rechnen notwendige Länge interpretiert werden.
- *Lösung*: 29 Kilometer ist die Familie bis zum Ziel gelaufen.

Lösungsbeispiele und Interpretation

Abb. 234: Lösungsdarstellung von Jonas

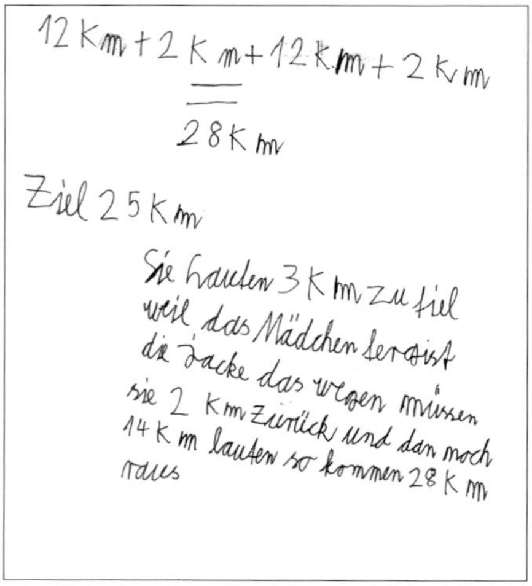

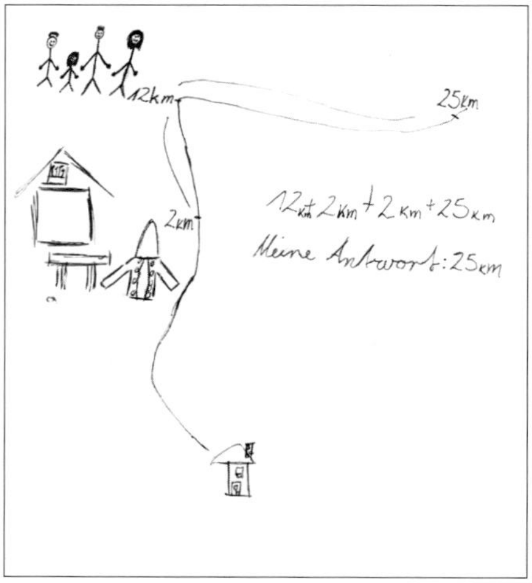

Abb. 235 – 236: Lösungsdarstellungen von Lucas (links) und Nils (rechts)

Jonas gehörte zu den Lösenden, die erkannten, dass die Angabe „zwölf Kilometer" für die Lösung der Aufgabe eigentlich nicht einbezogen werden muss.

Sowohl Lucas als auch Nils konnten zwar die zusätzlichen zwei Kilometer hin und zurück in ihr Denken einbetten, kamen aber zu fehlerhaften Schlussfolgerungen in Bezug auf die Gesamtsituation.

Lehrer / innen-Kommentare

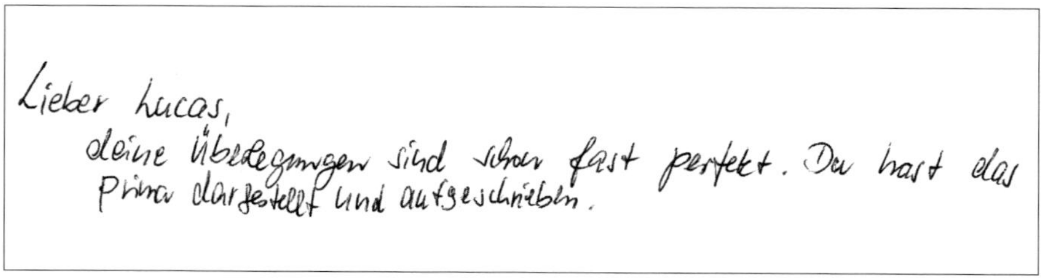

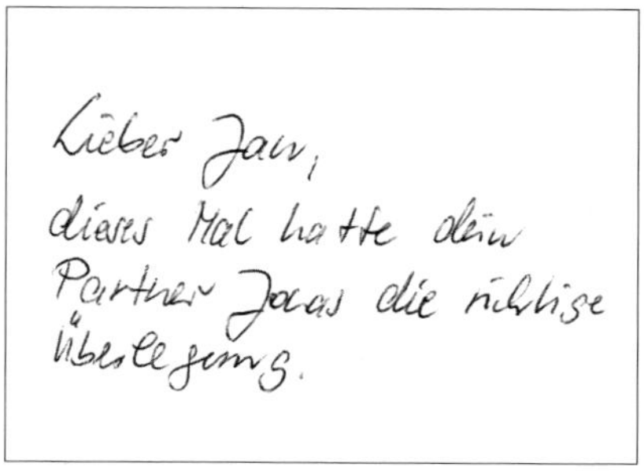

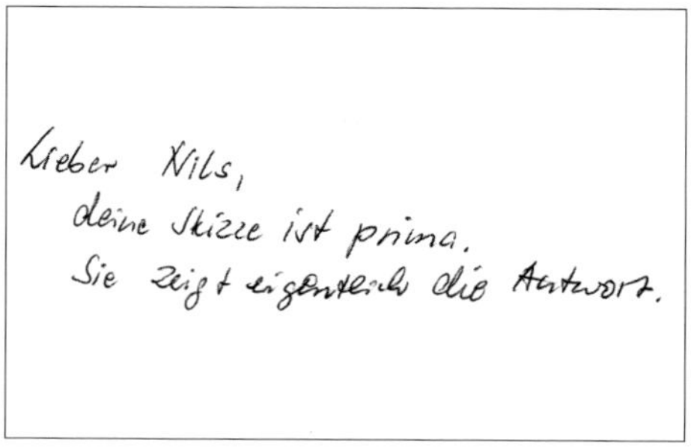

Abb. 237 – 239: Lehrer / innen-Kommentare dazu

Obwohl die Lösung von Lucas nicht richtig ist, wurde sein generelles Vorgehen von der Lehrerin bekräftigt, auch, weil es ihm gelang, seine Lösung zu begründen. Nils konnte das Geschehen in seiner Skizze genau abbilden. Die Lösung von Jonas fanden wir in Jans Heft. Jonas hatte unter Jans falsche Lösung seine Überlegungen in der Austauschphase noch einmal darunter geschrieben.

Kompetenzentwicklung
Zur Reflexion wurde die Skizze von Nils genutzt und die Kinder wurden ermutigt, ihr Denken „an der Skizze entlang zu führen". Häufig fertigen Grundschulkinder zwar eine Skizze an, suchen die Lösung aber letztendlich losgelöst von dieser. An der Wegeskizze konnte gezeigt werden, dass „12 km" eigentlich nur ein Markierungspunkt ist und auf die Gesamtlänge der zu laufenden Strecke keinen Einfluss hat.

A

Aufgabe 6 (März)
Kommissar Pinkerton arbeitet als verdeckter Ermittler. Er verändert öfter sein Aussehen, indem er eine Brille aufsetzt und einen Bart anklebt. Er nutzt 4 verschiedene Brillen und 3 unterschiedliche Bärte. Was meint ihr, wie oft kann er anders aussehen?

Überlegungen zur Aufgabe
Die Textaufgabe, die zur Zeit der Neuen Mathematik erstellt wurde (Alef-Schulbücher), repräsentiert den kombinatorischen Aspekt der Multiplikation.

- *Problemlösen*: In der Regel können sich Grundschulkinder gut in die Situation hineindenken und die Aufgabe auf anschaulichem Hintergrund lösen. Erkannt wird häufig nicht, dass sich eine solche Aufgabenstellung mithilfe einer Multiplikationsaufgabe bewältigen lässt.
- *Modellieren*: Das Situationsmodell kann sicherlich ohne besondere Anstrengung erstellt werden. Das zugrunde liegende mathematische Modell könnte auch ein Baumdiagramm sein. In der Regel werden die einzelnen Möglichkeiten durchdacht (skizziert) und additiv zusammengefügt.
- *Lösung*: Kommissar Pinkerton kann zwölfmal anders aussehen.

Lösungsbeispiele und Interpretation

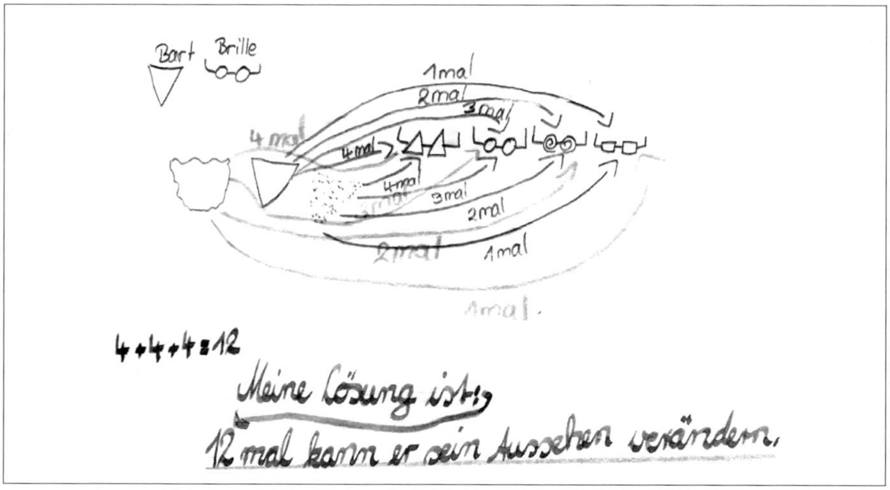

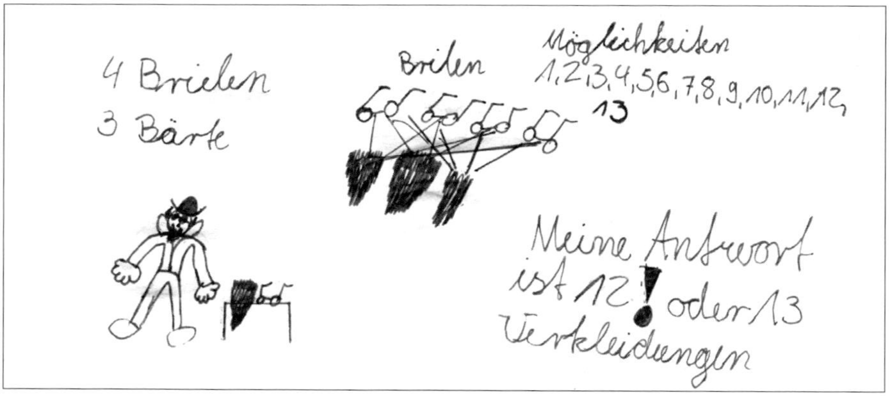

Abb. 240 – 241: Lösungsdarstellungen von Alice (oben) und Nils (unten)

Wie erwartet, veranschaulichten sich die Kinder die Möglichkeiten und zählten diese aus. Da einige Viertklässler auf 13 Möglichkeiten kamen, ergänzte auch Nils diese Lösung sicherheitshalber noch. Ein klassisches Baumdiagramm entstand nicht, auch nicht die Idee, dass die Anzahl der Möglichkeiten durch die Multiplikation berechnet werden kann.

Lehrer / innen-Kommentare

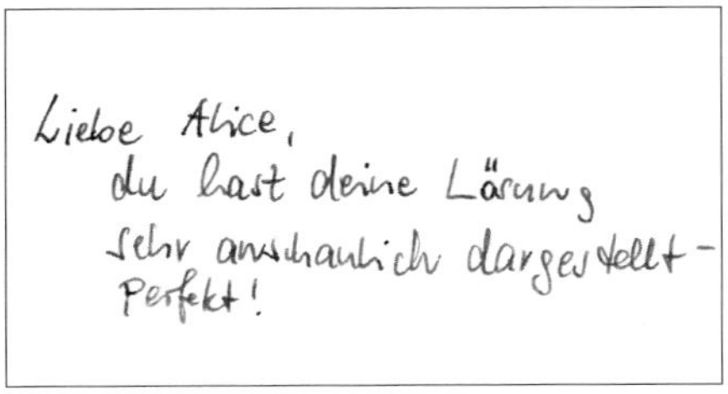
Liebe Alice,
du hast deine Lösung
sehr anschaulich dargestellt –
Perfekt!

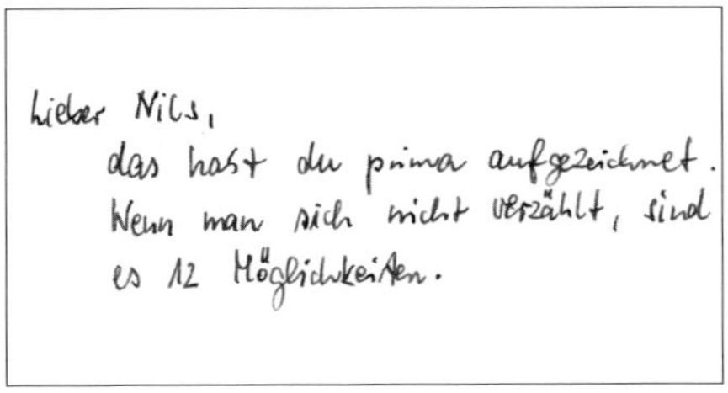
Lieber Nils,
das hast du prima aufgezeichnet.
Wenn man sich nicht verzählt, sind
es 12 Möglichkeiten.

Abb. 242 – 243: Lehrer / innen-Kommentare dazu

Die Lösungen und Lösungsdarstellungen der beiden Kinder wurden bekräftigt und Nils wurde auf die fehlerhafte Möglichkeit, die er noch ergänzt hatte, hingewiesen.

Kompetenzentwicklung

Eine solche Situation kann durch die Multiplikation gelöst werden: Der Kommissar hat 3 x 4 Möglichkeiten, sein Aussehen zu verändern. Durch entsprechende Unterrichtserfahrungen können vor allem leistungsstärkere Kinder lernen, die Multiplikation zuzuordnen.

A

Aufgabe 7 (März)

Katharina, meine große Schwester, richtet sich eine eigene Wohnung ein. Heute haben wir knallgelben Gardinenstoff gekauft. Die Verkäuferin, eine Freundin meiner Schwester, sagte zu uns: „Auf dem Ballen waren 30 m Stoff. Ihr habt 4 m mehr gekauft, als übrig geblieben sind." Wie viele Meter hatten wir gekauft und wie viele Meter konnten noch verkauft werden?

Überlegungen zur Aufgabe

Beide Vergleichsmengen sind gesucht. Zwei Bedingungen, die Gesamtmenge (30 Meter) und die Differenz zwischen den beiden Vergleichsmengen (vier Meter), müssen beachtet werden.

- *Problemlösen*: Denkbarrieren werden beim Hören / Lesen der Aufgabe sofort empfunden. Mit den klassischen heuristischen Strategien kann man der Lösung zumindest näher kommen. Eine skizzenhafte Darstellung der Situation kann die Vorstellung von dieser verbessern. Es könnte eine Lösung angenommen (z. B.: Sie haben vielleicht 18 Meter gekauft.) und dann überlegt werden, wie diese verändert werden kann, um die in der Aufgabe genannten Bedingungen zu erfüllen. Es wäre auch denkbar, dass zwei für Grundschulkinder naheliegende Ausgangszahlen (z. B. 15 und 15) einem probierenden Vorgehen zugrunde gelegt werden.

- *Modellieren*: Die besondere Schwierigkeit besteht darin, sich die geschilderte Situation in Zusammenhang mit dem Stoffballen vorzustellen („Es wurden vier Meter mehr gekauft, als übrig geblieben sind.“). Dies führt dazu, dass das Situationsmodell zu Beginn des Lösungsprozesses in der Regel noch nicht ganz klar ist. Die Lösenden begeben sich auf die Suche nach möglichen mathematischen Modellen, ohne diese Klarheit im Hintergrund zu haben. Dies ist eine Anforderung, die häufig mit dem Problemlösen verbunden ist.
- *Lösung*: Katharina und ihre Schwester haben 17 Meter Gardinenstoff gekauft. Auf dem Ballen sind dann noch 13 Meter Stoff.

Lösungsbeispiele und Interpretation

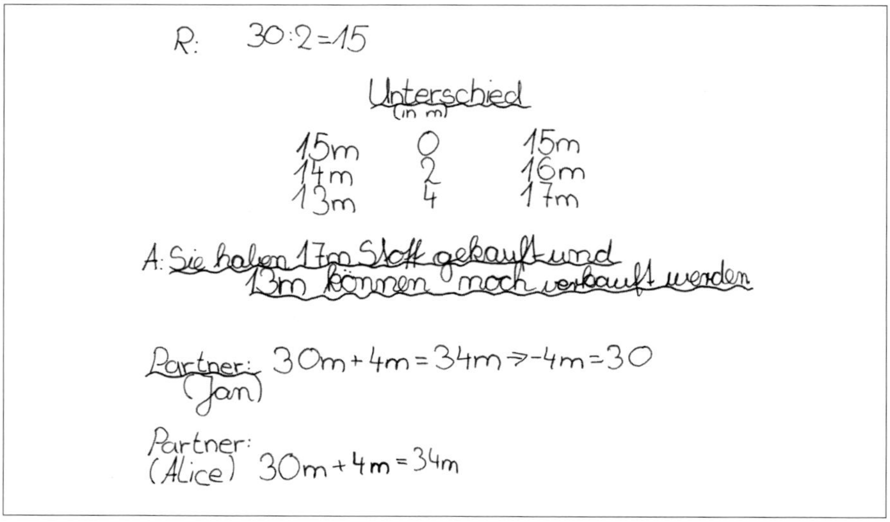

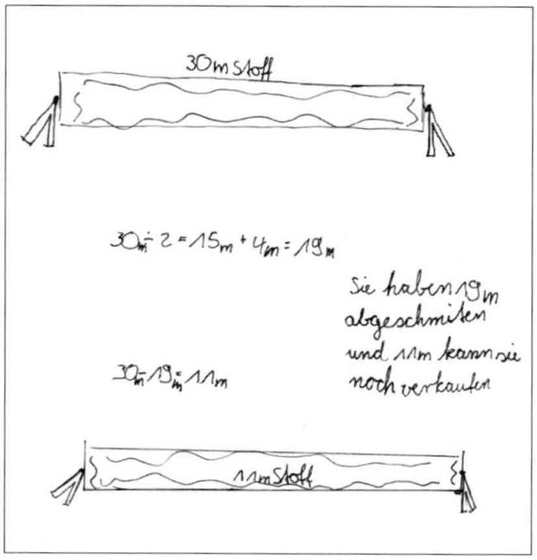

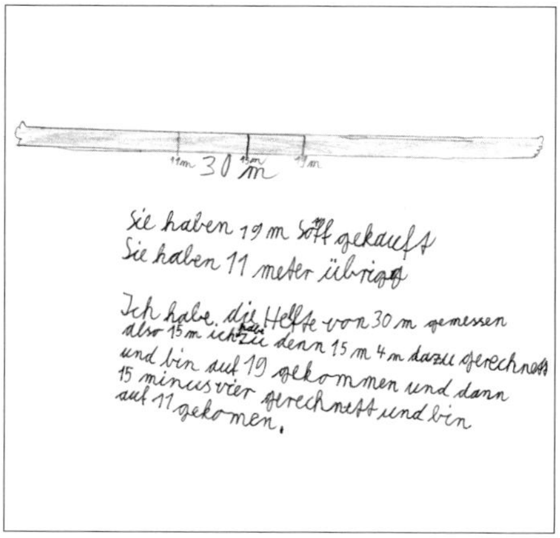

Abb. 244 – 246: Lösungsdarstellungen von Vivien (oben), Nils (unten links) und Lucas (unten rechts)

Viviens Lösungsweg führte über die Hälfte der Ausgangsmenge. Dabei beachtete sie die vorgegebene Differenz. Nils und Lucas gaben den Unterschied bei der einen Hälfte dazu und nahmen diesen bei der anderen weg, sodass schließlich die Differenz doppelt so groß war, also nicht vier, sondern acht im vorliegenden Fall. Durch die komplexe Aufgabensituation und den langen Überlegungsweg werden die erhaltenen Lösungen häufig nicht noch einmal mit den angestrebten Bedingungen in Beziehung gesetzt und überprüft.

Lehrer / innen-Kommentare

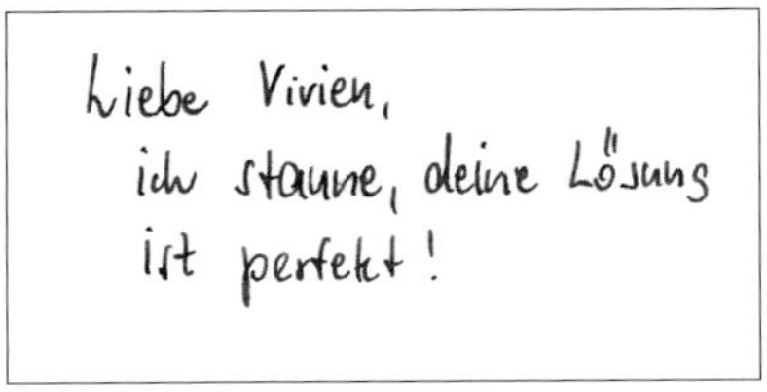

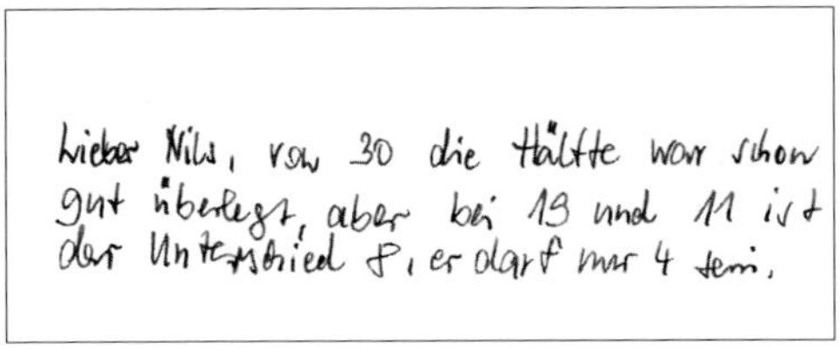

Abb. 247 – 248: Lehrer / innen-Kommentare dazu

Für Nils wurde der richtige Ansatz betont. Vivien erhielt Anerkennung für die richtig durchdachte Strategie.

Kompetenzentwicklung

In der Reflexionsphase könnte auf diese oder eine andere Weise laut gedacht werden: Auf dem Ballen waren 30 Meter Stoff. Die Schwestern haben mehr als die Hälfte gekauft. Nehmen wir an, sie haben 18 Meter gekauft. Dann wären noch zwölf Meter auf dem Ballen. Dann hätten sie sechs Meter mehr als die Hälfte gekauft, es waren aber nur vier Meter mehr. Also haben sie weniger gekauft, vielleicht 17 Meter, dann bleiben 13 Meter auf dem Ballen. Also hätten sie vier Meter mehr gekauft, als übrig bleiben. So muss es stimmen.

A

Aufgabe 8 (April): Vom Rechenmeister zu Wittenberg (1729)

Es reisen 2 Gesellen von Wittenberg nach Spanien. Der eine läuft jeden Tag 7 Meilen, der andere läuft am ersten Tag 1 Meile, am nächsten Tag 2, am dritten Tag 3 Meilen und so fortsetzend, jeden Tag 1 Meile mehr. Kommen die beiden Gesellen je zusammen? Und wenn ja, nach wie vielen Tagen wird das sein?

Überlegungen zur Aufgabe

Diese Problemaufgabe (ähnlich der Aufgabe 1) regt zum funktionalen Denken an und gehört zu den anspruchsvollen Aufgaben für Viertklässler. Es müssen zwei Zahlenfolgen in Abhängigkeit voneinander beachtet werden. Die Art der Zahlenfolgen (sich wiederholend und wachsend) ist unterschiedlich, sodass die Komplexität bei der Aufgabenbewältigung recht hoch ist.

- *Problemlösen*: Voraussetzungen für das Entwickeln einer Strategie haben die Kinder durch ihre Kenntnisse zur Siebener-Malreihe und zum Umgang mit Zahlenfolgen (Musterfolgen). Auf der Suche nach einer Lösungsstrategie kann eine anschauliche Skizze helfen. Auch das Berücksichtigen von zunächst nur einer Bedingung, z. B. das Vorwärtsgehen mit der Siebener-Malreihe, könnte eine gute Strategie sein.
- *Modellieren*: Voraussichtlich kann ein grobes Situationsmodell aufgebaut werden. Die Lösenden können sich die Situation vorstellen. Wie sich die Positionen im Einzelnen entwickeln, kann sicherlich erst im Zusammenhang mit dem Aufbau des mathematischen Modells überblickt werden. Denkbar wäre ein paralleler Aufbau der beiden Musterfolgen. Diese Art des Denkens führt zu einer zweispaltigen Darstellung. Mathematische Verfahren, die zur Anwendung kommen könnten, sind vorwiegend Zählprozesse, eventuell unter Einbeziehung der Siebener-Reihe.
- *Lösung*: Nach 13 Tagen holt der zweite Geselle den, der jeden Tag sieben Meilen gelaufen ist, ein.

Lösungsbeispiele und Interpretation

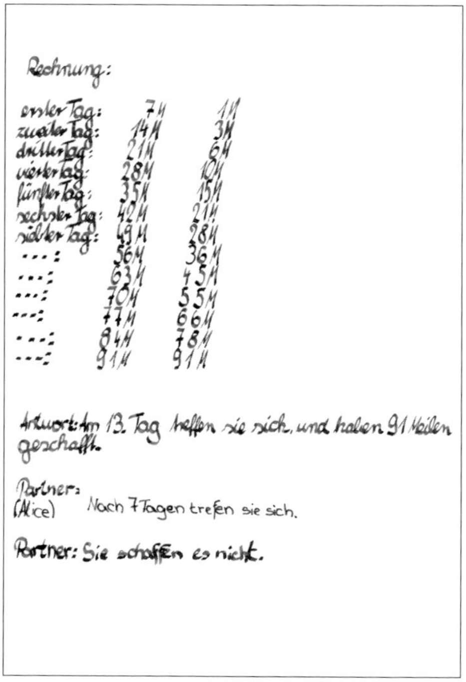

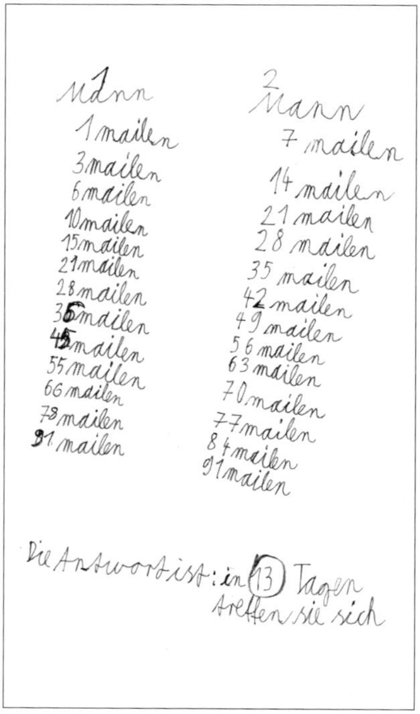

Abb. 249 – 250: Lösungsdarstellungen von Vivien (links) und Lucas (rechts)

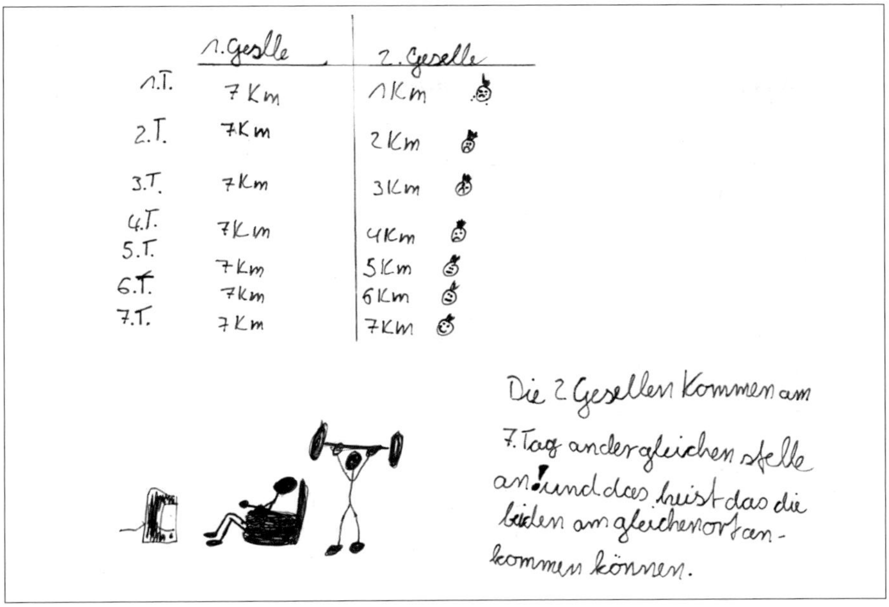

Abb. 251: Lösungsdarstellung von Nils

Vivien und Lucas waren unter anderem auch deshalb erfolgreich, weil sie die zurückgelegten Kilometer der beiden Gesellen fortlaufend addierten und so die Entwicklung der Zahlenfolgen bis hin zum „Gleichstand" verfolgen konnten. Nils führte die einzelnen Längen tageweise auf, ohne eine Summenbildung vorzunehmen, und erhielt somit am siebten Tag einen scheinbaren Gleichstand.

Lehrer / innen-Kommentare

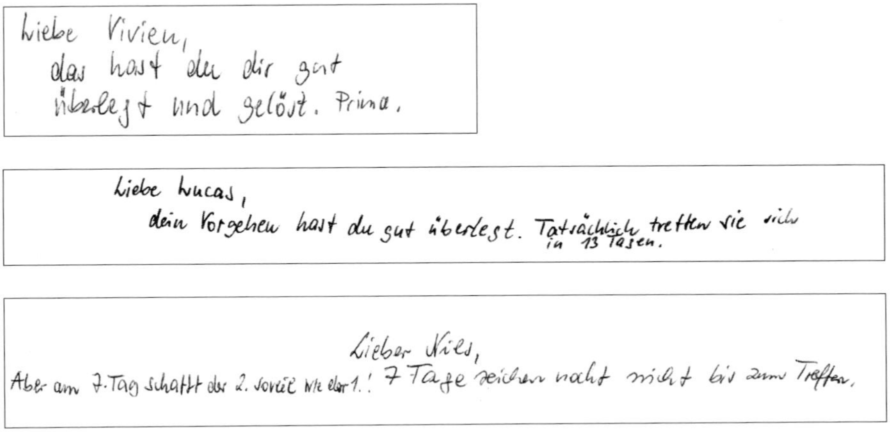

Abb. 252 – 254: Lehrer / innen-Kommentare dazu

Die Lehrkraft bestätigte die erfolgreichen Lösungen von Vivien und Lucas. Nils hätte deutlicher auf seinen Denkfehler aufmerksam gemacht werden können.

Kompetenzentwicklung
Im Rahmen der Reflexion könnte das Vorgehen der Kinder zugrunde gelegt werden. Auf die schrittweise Summenbildung und das Nutzen der Siebener-Reihe sollte verwiesen werden.

A

Aufgabe 9 (April)
Du kannst eine Aufgabe auswählen:
Niklas und Tim sind begeisterte Radfahrer. An diesem Morgen fahren die beiden Brüder in entgegengesetzte Richtungen – der eine nach Süden, der andere nach Norden. Niklas ist mit seinem Sportrad unterwegs. Er fährt pro Stunde ungefähr 14 km. Tims Sportrad ist defekt, weshalb er heute mit seinem älteren Rad fahren muss. Dadurch ist er nicht so schnell wie sonst. Er fährt pro Stunde circa 11 km. Nach 1 ½ Stunden sind beide an ihrem Ziel. Wie weit sind sie ungefähr voneinander entfernt?
Oder:
Niklas und Tim sind begeisterte Radfahrer. An diesem Morgen fahren die beiden Brüder in entgegengesetzte Richtungen – der eine nach Süden, der andere nach Norden. Niklas ist mit seinem Sportrad unterwegs. Er fährt pro Stunde ungefähr 12 km. Tims Sportrad ist defekt, weshalb er heute mit seinem älteren Rad fahren muss. Dadurch ist er nicht so schnell wie sonst. Er fährt pro Stunde circa 10 km. Nach 1 ½ Stunden sind beide an ihrem Ziel. Wie weit sind sie ungefähr voneinander entfernt?

Überlegungen zur Aufgabe
Auch diese Aufgabe ist in die Gruppe der Problemaufgaben für Grundschulkinder einzuordnen. Der besondere Anspruch ergibt sich aus den unterschiedlichen Richtungen, die zu beachten sind, und aus den Größenangaben. Durch die Bruchzahlen entsteht eine weitere Anforderung insbesondere bei Aufgabenvariante 1, bei der sich auch im Ergebnis eine Bruchzahl ergibt.

- *Problemlösen*: „Sich die Situation anschaulich machen" kann als allgemeine heuristische Strategie die Lösungssuche unterstützen. Eine Skizze ist vor allem dann gewinnbringend, wenn sie die in der Aufgabe geschilderten Richtungen exakt widerspiegelt.
- *Modellieren*: Beim Erstellen des Situationsmodells muss die Vorstellung von entgegengesetzten Richtungen aufgebaut werden. Daraus lässt sich ein zielführendes mathematisches Modell, das auf einer additiven Sicht der jeweils zurückgelegten Teilstrecken beruht, entwickeln. Das mathematische Verfahren selbst, das Addieren der Teilstrecken, ist bei der Aufgabenvariante 1 anspruchsvoller.

▸ *Lösung*:
Aufgabenvariante 1: Nach 1½ Stunden sind die beiden Radfahrer 37½ km voneinander entfernt.
Aufgabenvariante 2: Nach 1½ Stunden sind die beiden Radfahrer 33 km voneinander entfernt.

Lösungsbeispiele

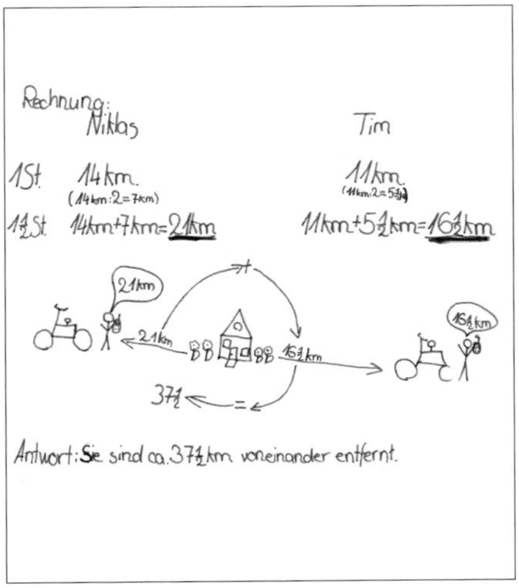

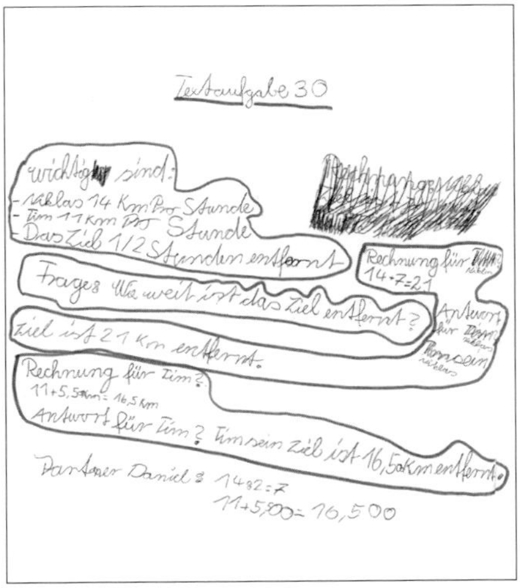

Abb. 255 – 256: Lösungsdarstellungen von Vivien (links) und Jan (rechts)

Vivien gelang eine vollständige und genaue Lösungsdarstellung. Sie veranschaulichte ihre Lösungsüberlegungen zwar noch einmal durch eine Skizze, zum Lösen selbst benötigte sie diese allerdings nicht. Sie konnte sich die Abläufe gut vorstellen und mithilfe von Rechnungen präsentieren. Auch mit den halben Kilometern und dem Halbieren einer ungeraden Zahl kam sie gut zurecht.

Jan beeindruckte durch den gewissenhaften Aufbau des Situationsmodells. Beim Mathematisieren fehlte der letzte Lösungsschritt, das Zusammenfassen der beiden Kilometerangaben (16,5 km + 21 km).

Lehrer / innen-Kommentare

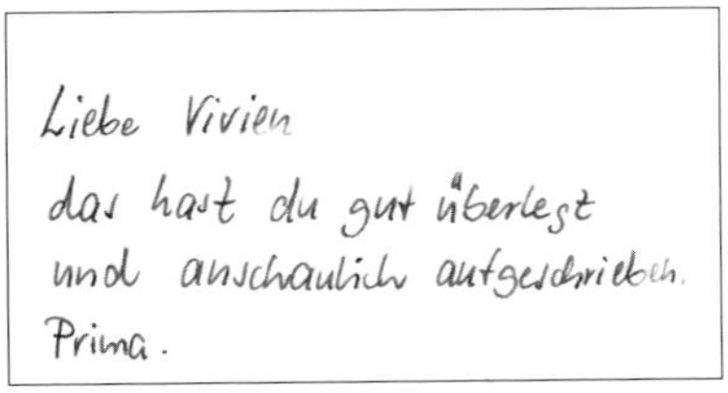

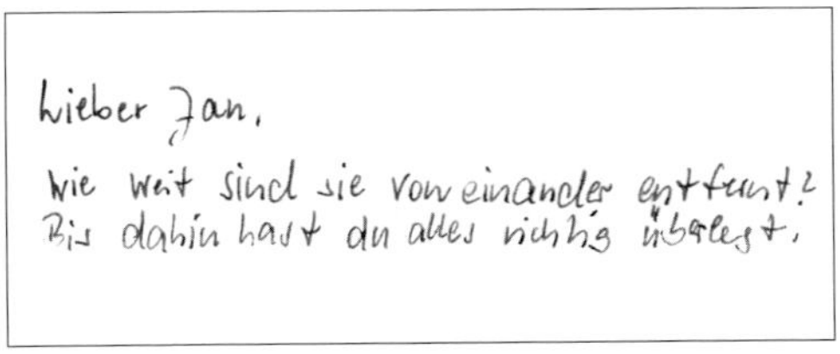

Abb. 257 – 258: Lehrer / innen-Kommentare dazu

Kompetenzentwicklung

An einer Skizze könnte noch einmal überlegt werden: Ein Bruder fährt 14 Kilometer in einer Stunde und dann noch eine halbe Stunde, also noch sieben Kilometer dazu, in die eine Richtung und der andere Bruder fährt elf Kilometer und noch fünf und einen halben Kilometer in die andere Richtung.

Um herauszufinden, wie weit sie nach ein und einer halben Stunde voneinander entfernt sind, müssen die Teilstrecken addiert werden: $14 + 7 + 11 + 5\frac{1}{2} = 37\frac{1}{2}$, also $37\frac{1}{2}$ km.

A

Aufgabe 10 (Mai): Aus einem Rechenbuch von 1770

Ein Amtmann kauft Pferde und Ochsen für insgesamt 1770 Taler. Er zahlt für ein Pferd 31 Taler und für einen Ochsen 21 Taler. Wie viele Pferde und wie viele Ochsen könnten es gewesen sein?

Überlegungen zur Aufgabe

Es gibt mehrere Lösungen. Das Ermitteln einer Lösung ist in der Regel für Grundschulkinder ausreichend. Angesichts der großen Ausgangszahl ist es vorteilhaft, das Abschätzen und Überschlagen zu nutzen.

- *Problemlösen*: Zwei Bedingungen müssen abhängig voneinander beachtet werden. Vor allem die heuristische Strategie „Probieren" könnte zum Einsatz kommen.
- *Modellieren*: Das Situationsmodell kann sicherlich gut aufgebaut werden. Schwieriger ist es, ein mathematisches Modell zu finden, mit dem der formulierte Auftrag gut umzusetzen ist. Durch die großen Zahlen ist auch das Rechnen nicht elementar.
- *Lösungen*: Der Amtmann kauft 30 Pferde und 40 Ochsen oder neun Pferde und 71 Ochsen oder neun Ochsen und 51 Pferde.

Lösungsbeispiele und Interpretation

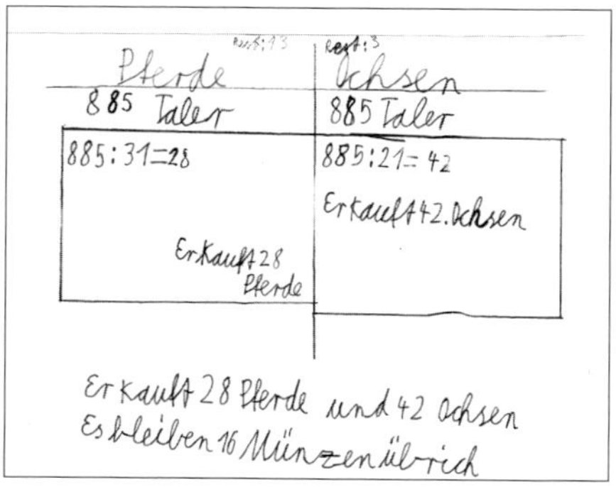

Abb. 259: Lösungsdarstellung von Lucas

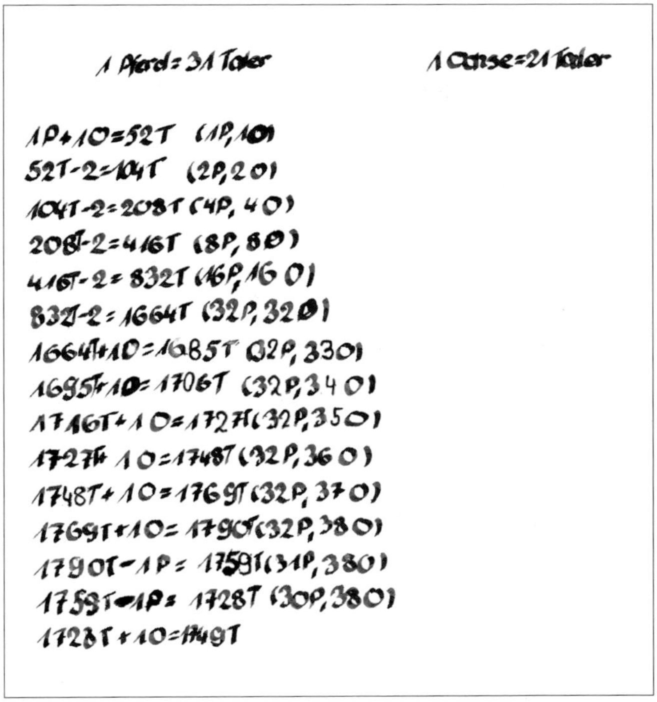

Abb. 260: Lösungsdarstellung von Vivien

Vivien dachte ausgehend von den Kosten für jeweils ein Tier und verdoppelte diesen Preis, bis sie in die Nähe der angestrebten Summe von 1770 Talern kam. In der Folge versuchte sie durch verschiedenen Operationen, die Zielzahl genau zu erreichen, was ihr allerdings nicht ganz gelang.

Lehrer / innen-Kommentare

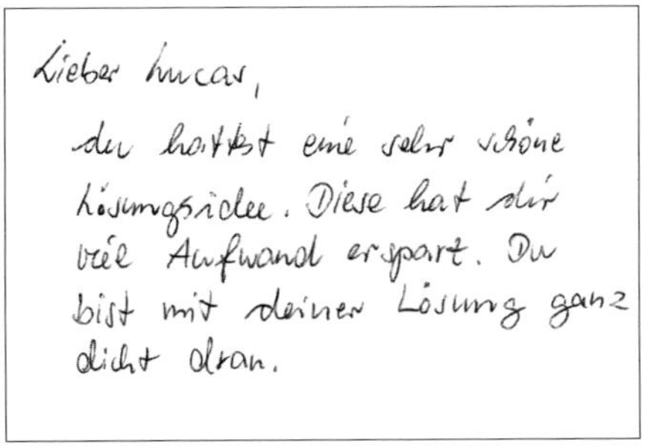

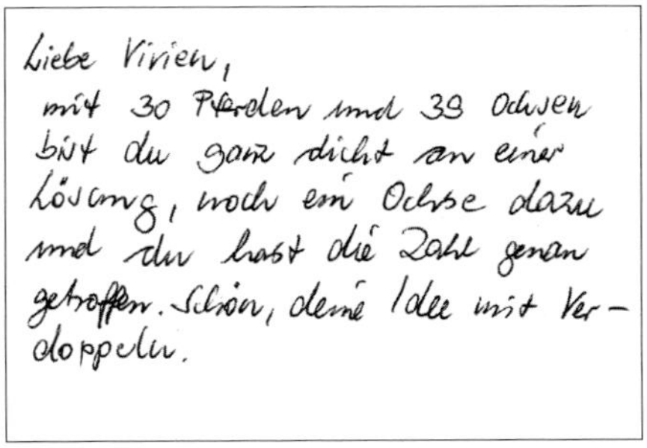

Abb. 261 – 262: Lehrer / innen-Kommentare dazu

Für beide Kinder hob die Lehrerin die jeweils genutzte Strategie hervor.

Kompetenzentwicklung

Das vorwiegend additive Denken bei der Lösungssuche machte diese für die Kinder recht aufwendig. Während der Reflexion zur Aufgabe sollte auf den Einsatz der Multiplikation und das Überschlagen der Lösungen verwiesen werden. Das probierende Lösungsverhalten könnte sich dann verstärkt auf die Suche nach den beiden Faktoren konzentrieren: 31-mal eine Zahl und 21-mal eine Zahl müssen 1770 ergeben. Abschätzen kann man die beiden Lösungen, indem man zunächst die glatten Zehnerzahlen 30 und 20 nutzt.

A

Aufgabe 11 (Mai): von Leonard Euler (1707 - 1783)

Zwei Bäuerinnen besitzen zusammen 100 Eier. Die erste sagt: „Wenn ich die Anzahl meiner Eier durch 8 teile, bleibt ein Rest von 7." Da erwidert die zweite: „Wenn ich die Anzahl meiner Eier durch 10 teile, verbleibt auch ein Rest von 7." Was meint ihr, wie viele Eier könnte jede Bäuerin besitzen?

Überlegungen zur Aufgabe

Bei dieser Aufgabe müssen – ähnlich wie bei der vorangegangenen – mehrere Bedingungen in Abhängigkeit voneinander beachtet werden.

- *Problemlösen*: Das probierende Lösen auf der Grundlage des Nutzens von Zahlbeziehungen und Rechenerfahrungen kommt zur Anwendung. Zum Lösen ist eine recht lange Gedankenkette notwendig: Wenn beim Zehnfachen einer Zahl ein Rest von Sieben bleibt, muss es bei der einen Bäuerin eine Zahl mit Sieben am Ende sein. Die Siebener-Zahlen müssen bis 100 ergänzt werden. So muss bei der zweiten Zahl eine Drei an der Einerstelle sein. Bleibt bei einer solchen Zahl beim Teilen durch acht ein Rest von Sieben, dann hat man auch die Anzahl der Eier bei der anderen Bäuerin entdeckt. Bei der vorliegenden Konstellation trifft dies für die Zahlenpaare 77 und 23 und 37 und 63 zu. Es muss nicht angestrebt werden, dass die Grundschulkinder beide Lösungspaare finden.
- *Modellieren*: Die besondere Herausforderung ist es, ein geeignetes mathematisches Modell zu entwickeln. Eine tabellenartige Anordnung könnte die Lösungsüberlegungen unterstützen.
- *Lösungen*: Eine Bäuerin hat 23 und die andere 77 Eier oder / und die eine Bäuerin hat 63 und die andere 37 Eier.

Lösungsbeispiele und Interpretation

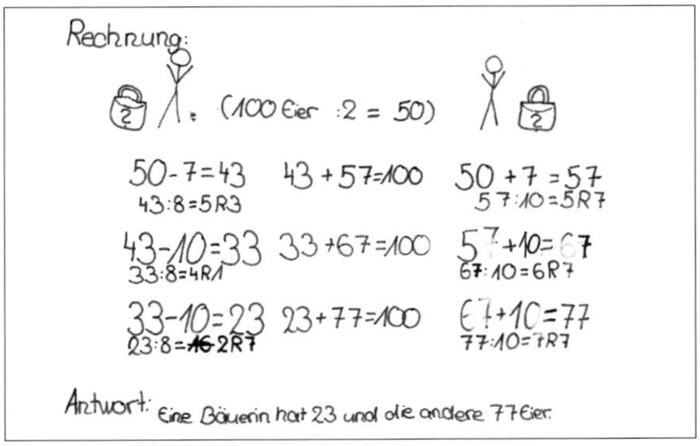

Abb. 263 – 264: Lösungsdarstellungen von Lucas (oben) und Vivien (unten)

Während Lucas seine Lösung darstellte, ohne seine Gedanken zu erläutern, gestatten Viviens Aufzeichnungen das Nachvollziehen ihres Lösungsweges. Zunächst bildete sie die Hälfte und ging von 50 Eiern pro Bäuerin aus. In den nachfolgenden Lösungsschritten stecken die verschiedensten Überlegungen: das Operieren mit dem Rest von sieben, ausgehend von 50. Dadurch gelang es ihr, zweistellige Zahlen mit drei und mit sieben am Ende besonders in den Blick zu nehmen. (Wenn bei der durch zehn zu teilenden Zahl immer sieben am Ende steht, muss bei der anderen Zahl die Ziffer drei am Ende stehen.) Auf diese Weise gelang es ihr, die in Frage kommenden Zahlen einzugrenzen. Und schließlich kam sie recht zielgerichtet zu 77 und 23. Und da 23 beim Teilen durch acht tatsächlich den Rest von sieben lässt, musste das ein Lösungspaar sein.

Lehrer / innen-Kommentar

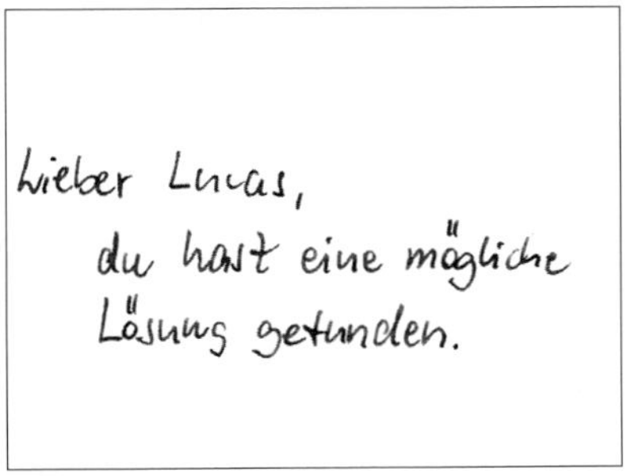

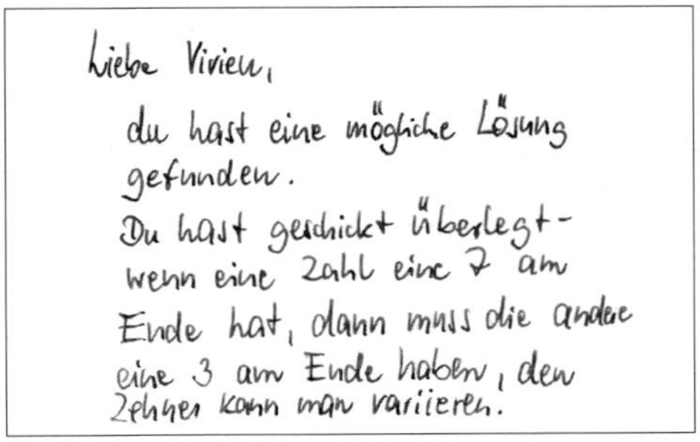

Abb. 265 – 266: Lehrer / innen-Kommentare dazu

Für Lucas ging es um die Bestätigung der richtigen Lösung. Für Vivien hob die Lehrerin die pfiffige Strategie hervor.

Kompetenzentwicklung

Anknüpfend an die Lösungen der erfolgreichen Kinder sollten Strategien, die man zur Lösungssuche heranziehen könnte, im Mittelpunkt stehen, z. B. die von Vivien: Die eine Zahl muss eine Sieben am Ende haben (lässt beim Teilen durch zehn den Rest von sieben), dann muss die andere Zahl mit drei abschließen, wenn beide Zahlen zusammen 100 ergeben sollen.

A

Aufgabe 12 (Juli)

„Lieber Koch, sag uns doch, wie viele Faschingspfannkuchen sind mit Senf gefüllt?“
Darauf meint er: „Zählt zur Zahl der senfgefüllten 9 hinzu, nehmt mal 9 – so sind es 9 mehr als 99. Gleich habt ihr es heraus.“
Kannst du herausfinden, wie viele senfgefüllte Pfannkuchen es sind?

Überlegungen zur Aufgabe

Die Ausgangszahl ist einfach zu bestimmen (neun mehr als 99). Auf dem Weg zur Lösung sind die anderen beiden Operationen umgekehrt auszuführen.

- *Problemlösen*: Da die auszuführenden Operationen genannt werden, gehört die Aufgabe trotz des Anwendens des Rückwärtsarbeitens nicht zu den klassischen problemhaltigen Textaufgaben.
- *Modellieren*: Beim ersten Hören klingt die Textaufgabe etwas kompliziert. Aber durch die genau benannten Operationen ist der Aufbau des Situationsmodells gut zu meistern. Bei der Erstellung des mathematischen Modells müssen die Umkehroperationen beachtet werden. Das Anwenden der mathematischen Verfahren müsste für Viertklässler am Ende des Schuljahres zu meistern sein.
- *Lösung*: Es sind drei Pfannkuchen mit Senf gefüllt.

Lösungsbeispiele und Interpretation

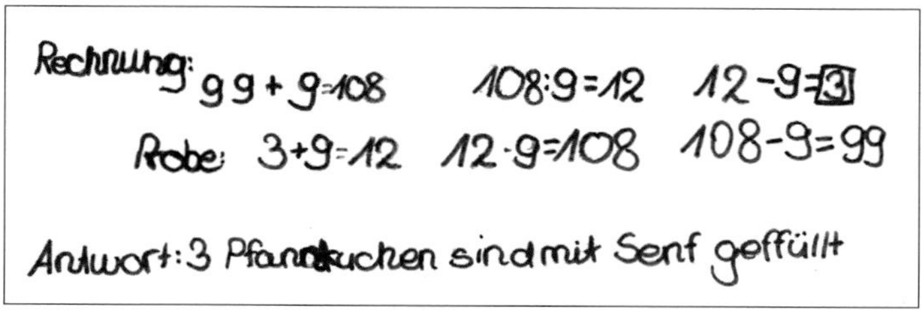

Abb. 267: Lösungsdarstellung von Vivien

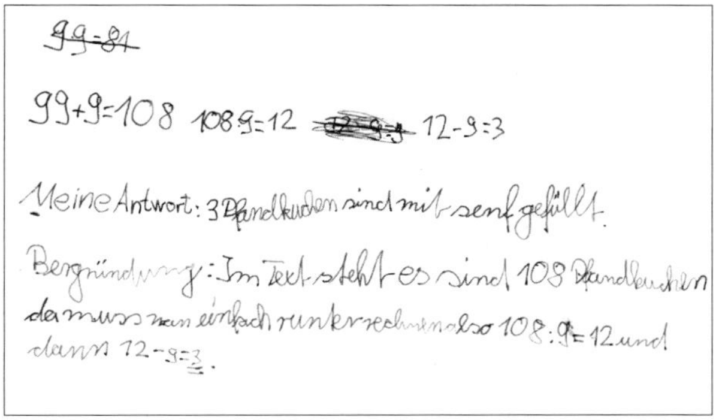
~~9·9=81~~

99+9=108 108:9=12 ~~12-9=3~~ 12-9=3

Meine Antwort: 3 Pfandkuchen sind mit senf gefüllt.

Begründung: Im Text steht es sind 108 Pfandkuchen da muss man einfach runterrechnen also 108:9=12 und dann 12-9=3.

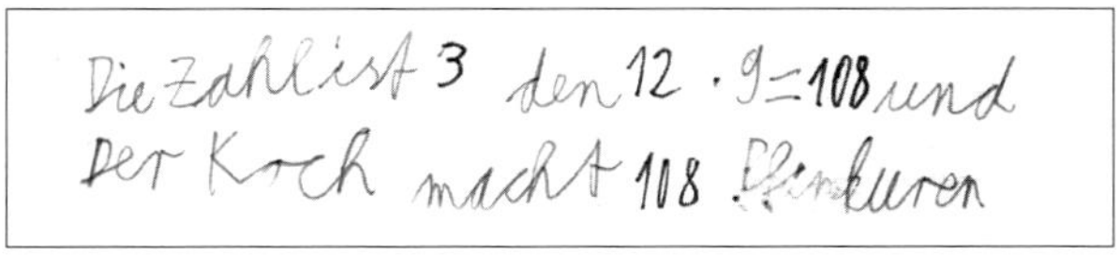
Die Zahl ist 3 den 12 · 9=108 und der Koch macht 108 Pfenkuren

Abb. 268 – 269: Lösungsdarstellungen von Jan (oben) und Lucas (unten)

Sehr schön kann Vivien das flexible Umgehen mit den Rechenoperationen zeigen. Jan verweist in seiner Begründung mit der Charakterisierung der Rechenrichtung „runterrechnen“ auf das Rückwärtsarbeiten.

Lehrer / innen-Kommentare

Für diese Aufgabe stehen keine originalen Kommentare zur Verfügung. Für Vivien könnte die korrekte Anwendung der verschiedenen Rechenrichtungen hervorgehoben werden, durch die sie ihre Lösung belegen kann. Für Jan sollte die überzeugende Herleitung der Lösung und für Lucas der Argumentationsansatz in der Antwort bekräftigt werden.

Kompetenzentwicklung

Für die Reflexionsphase könnte Jans Lösungstext eine Grundlage sein. Unter Hinzuziehen des Aufgabentextes könnte das Rückwärtsarbeiten bzw. das Nutzen von Umkehroperationen thematisiert werden.

3.4.2 Die Textaufgaben im Überblick

Aufgabe 1 (September): Aufgaben berühmter Mathematiker (Alkuin, 735 – 804)
Ein Hund läuft einem Hasen nach. 150 Fuß ist der Hase voraus. Der Hase macht 2 Fuß weite Sprünge, während der Hund 9 Fuß weit springt. Nach wie vielen Sprüngen holt der Hund den Hasen ein?

Aufgabe 2 (November): Aus alten Schriften entnommen (2600 v. u. Z.)
Du kannst eine Aufgabe auswählen:
In einem Käfig sind Kaninchen und Fasane. Die Tiere haben zusammen 9 Köpfe und 26 Füße. Wie viele Kaninchen und wie viele Fasane sind im Käfig?
Oder:
In einem Käfig sind Kaninchen und Fasane. Die Tiere haben zusammen 18 Köpfe und 60 Füße. Wie viele Kaninchen und wie viele Fasane sind im Käfig?

Aufgabe 3 (Dezember)
Mein Schreibtisch und die Leselampe haben zusammen 150 € gekostet. Der Schreibtisch war 100 € teurer als die Lampe. Wie viel kostet die Leselampe, wie viel kostet der Schreibtisch?

Aufgabe 4 (Januar)
Wir sitzen alle feierlich versammelt beim Frühstück. Es ist Sonntag und heute ist mein Geburtstag. Wir: Mama, Papa, Jule und ich, Alex, das Geburtstagskind, stoßen mit Kindersekt an – Sektfrühstück, echt aufregend!
Mein Geburtstagsrätsel für euch: Jeder will mit jedem anstoßen – wie oft stoßen wir an?

Aufgabe 5 (Februar)
Eigentlich laufe ich ja nicht gern, aber im Wanderurlaub, da heißt es halt laufen! Heute war unser Ziel 25 km entfernt. Bei mir ging das Wandern ausnahmsweise richtig gut – bis zum Kilometer 12. Da fiel meiner kleinen Schwester Jule auf, dass ihre Jacke fehlt. Sie hatte sie bei der letzten Rast liegen lassen. Also zurück! 2 km hatten wir uns inzwischen von diesem Platz schon wieder entfernt. Zum Glück waren wir erfolgreich, die Jacke lag noch auf der Bank.
Finde heraus, wie viele Kilometer wir heute bis zum Ziel gelaufen sind!

Aufgabe 6 (März)
Kommissar Pinkerton arbeitet als verdeckter Ermittler. Er verändert öfter sein Aussehen, indem er eine Brille aufsetzt und einen Bart anklebt. Er nutzt 4 verschiedene Brillen und 3 unterschiedliche Bärte. Was meint ihr, wie oft kann er anders aussehen?

Aufgabe 7 (März)
Katharina, meine große Schwester, richtet sich eine eigene Wohnung ein. Heute haben wir knallgelben Gardinenstoff gekauft. Die Verkäuferin, eine Freundin meiner Schwester, sagte zu uns: „Auf dem Ballen waren 30 m Stoff. Ihr habt 4 m mehr gekauft, als übrig geblieben sind."

Wie viele Meter hatten wir gekauft und wie viele Meter konnten noch verkauft werden?

Aufgabe 8 (April): Vom Rechenmeister zu Wittenberg (1729)
Es reisen 2 Gesellen von Wittenberg nach Spanien. Der eine läuft jeden Tag 7 Meilen, der andere läuft am ersten Tag 1 Meile, am nächsten Tag 2, am dritten Tag 3 Meilen und so fortsetzend, jeden Tag 1 Meile mehr. Kommen die beiden Gesellen je zusammen? Und wenn ja, nach wie vielen Tagen wird das sein?

Aufgabe 9 (April)
Du kannst eine Aufgabe auswählen:
Niklas und Tim sind begeisterte Radfahrer. An diesem Morgen fahren die beiden Brüder in entgegengesetzte Richtungen – der eine nach Süden, der andere nach Norden. Niklas ist mit seinem Sportrad unterwegs. Er fährt pro Stunde ungefähr 14 km. Tims Sportrad ist defekt, weshalb er heute mit seinem älteren Rad fahren muss. Dadurch ist er nicht so schnell wie sonst. Er fährt pro Stunde circa 11 km. Nach 1 ½ Stunden sind beide an ihrem Ziel. Wie weit sind sie ungefähr voneinander entfernt?
Oder:
Niklas und Tim sind begeisterte Radfahrer. An diesem Morgen fahren die beiden Brüder in entgegengesetzte Richtungen – der eine nach Süden, der andere nach Norden. Niklas ist mit seinem Sportrad unterwegs. Er fährt pro Stunde ungefähr 12 km. Tims Sportrad ist defekt, weshalb er heute mit seinem älteren Rad fahren muss. Dadurch ist er nicht so schnell wie sonst. Er fährt pro Stunde circa 10 km. Nach 1 ½ Stunden sind beide an ihrem Ziel. Wie weit sind sie ungefähr voneinander entfernt?

Aufgabe 10 (Mai): Aus einem Rechenbuch von 1770
Ein Amtmann kauft Pferde und Ochsen für insgesamt 1770 Taler. Er zahlt für ein Pferd 31 Taler und für einen Ochsen 21 Taler. Wie viele Pferde und wie viele Ochsen könnten es gewesen sein?

Aufgabe 11 (Mai): von Leonard Euler (1707 – 1783)
Zwei Bäuerinnen besitzen zusammen 100 Eier. Die erste sagt: „Wenn ich die Anzahl meiner Eier durch 8 teile, bleibt ein Rest von 7." Da erwidert die zweite: „Wenn ich die Anzahl meiner Eier durch 10 teile, verbleibt auch ein Rest von 7." Was meint ihr, wie viele Eier könnte jede Bäuerin besitzen?

Aufgabe 12 (Juli)

„Lieber Koch, sag uns doch, wie viele Faschingspfannkuchen sind mit Senf gefüllt?“

Darauf meint er: „Zählt zur Zahl der senfgefüllten 9 hinzu, nehmt mal 9 – so sind es 9 mehr als 99. Gleich habt ihr es heraus.“

Kannst du herausfinden, wie viele senfgefüllte Pfannkuchen es sind?

Weiterführende Literatur

Bruder, R. / Collet, C. (2011): Problemlösen lernen im Mathematikunterricht. Berlin: Cornelsen.
Erichson, C. (1992): Von Lichtjahren, Pyramiden und einem regen Wurm. Erstaunliche Geschichten, mit denen man rechnen muss. Hamburg: Verlag für pädagogische Medien.
Erichson, C. (2010; 2012): Geschichten, mit denen man rechnen kann (Heft 1 und 2). Textbezogenes Sachrechnen für die Grundschule: Arbeitshefte für das 2./3. und 3./4. Schuljahr. Stuttgart: Verlag für pädagogische Medien.
Franke, M./Ruwisch, S. (2010): Didaktik des Sachrechnens in der Grundschule. Heidelberg: Spektrum.
Freudenthal, H. (1973): Mathematik als pädagogische Aufgabe. Band 2. Stuttgart: Klett.
Gallin, P./Ruf, U. (1991): Sprache und Mathematik in der Schule. Zürich: Lehrmittelverlag des Kantons Zürich.
Gallin, P. (2010): Dialogisches Lernen. Von einem pädagogischen Konzept zum täglichen Unterricht. Grundschulunterricht, 57 (2), 4–9.
Galperin, P. J. (1980): Zu Grundfragen der Psychologie. Beiträge zur Psychologie. Band 4. Berlin: Volk und Wissen.
Greefrath, G. (2010): Didaktik des Sachrechnens in der Sekundarstufe. Heidelberg: Spektrum.
Klunter, M./Raudies, M./Veith, U. (2014): Sachrechnen. Sachrechenkompetenzen langfristig entwickeln. Braunschweig: Westermann.
Lurija, A, R. (1982): Sprache und Bewußtsein. Berlin: Springer.
Möwes-Butschko, G. (2010): Offene Aufgaben aus der Lebensumwelt Zoo. Problemlöse- und Modellierungsprozesse von Grundschülerinnen und Grundschülern bei offenen realitätsnahen Aufgaben. Münster: WTM-Verlag.
Polya, G. (1949): Schule des Denkens. Vom Lösen mathematischer Probleme. Tübingen und Basel: Francke.
Rasch, R. (2001): Zur Arbeit mit problemhaltigen Textaufgaben im Mathematikunterricht der Grundschule. Eine Studie zu Herangehensweisen von Grundschulkindern an anspruchsvolle Textaufgaben und Schlussfolgerungen für eine Unterrichtsgestaltung, die entsprechende Lösungsfähigkeiten fördert. Hildesheim: Franzbecker.
Rasch, R. (2003/2008): 42 Denk- und Sachaufgaben. Wie Kinder mathematische Aufgaben lösen und diskutieren. Seelze: Kallmeyer.
Rasch, R. (2007): Offene Aufgaben für individuelles Lernen im Mathematikunterricht der Grundschule 3/4. Aufgabenbeispiele und Schülerbearbeitungen. Seelze/Stuttgart: Kallmeyer/Verlag für pädagogische Medien.
Rasch, R. (2011): Offene Aufgaben für individuelles Lernen im Mathematikunterricht der Grundschule 1/2. Aufgabenbeispiele und Schülerbearbeitungen. Seelze/Stuttgart: Kallmeyer/Verlag für pädagogische Medien.
Ruf, U./Gallin, P. (1993): Sprache und Mathematik aus der Schule. Ein Bericht aus der Praxis. Journal für Mathematik-Didaktik, 14, 1–28.
Ruf, U./Gallin, P. (1995): Sprache und Mathematik. Ich mache das so! Wie machst du es? Das machen wir ab. Zürich: Lehrmittelverlag des Kantons Zürich.
Ruf, U./Gallin, P. (1998): Dialogisches Lernen in Sprache und Mathematik. Band 1: Austausch unter Ungleichen. Seelze: Kallmeyer.
Ruf, U./Keller, S./Winter, F. (2008): Besser lernen im Dialog. Dialogisches Lernen in der Unterrichtspraxis. Seelze: Kallmeyer.
Ruwisch, S./Schaffrath, S. (2009): Fragenbox Mathematik: Kann das stimmen? Stuttgart: Ernst Klett Verlag.
Ruwisch, S./Schaffrath, S. (2014): Wald- und Feldtiere in Zahlen – Kartei Grundschule Mathematik. Mit Sachtexten Größenvorstellungen aufbauen. Seelze: Friedrich Verlag.

Schipper, W. (2009): Handbuch für den Mathematikunterricht an Grundschulen. Braunschweig: Schroedel.
Schukajlow, S. (2011): Mathematisches Modellieren. Schwierigkeiten und Strategien von Lernenden als Bausteine einer lernprozessorientierten Didaktik der neuen Aufgabenkultur. Münster: Waxmann.
Sturm, N. (2013): Wie knacke ich das Problem? Zeichnen, auflisten, tabellieren oder doch einfach nur rechnen. Beiträge zum Mathematikunterricht. Münster: WTM-Verlag.
Sturm, N. (2015): Barrieren überwinden - aber wie? Die Grundschulzeitschrift, 29 (283/284), 36-39.
Sturm, N. (2015): Problemhaltige Textaufgaben. Leifaden für den Austausch in Zweierteams. Die Grundschulzeitschrift, Material, 29 (283/284), 2-3.
Wagenschein, M. (1980): Physikalismus und Sprache. Gegen die Nichtachtung des Unmeßbaren und Unmitelbaren. In: Schäfer, G. / Loch, W. (Hg.): Kommunikative Grundlagen des s Unterrichts. Weinheim: Beltz, 11-37.
Walther, G. et al. (2007): Bildungsstandards für die Grundschule: Mathematik konkret. Berlin: Cornelsen.
Wygotski, L. (1964): Denken und Sprechen. Berlin: Akademischer Verlag.

Bildnachweis

Alle Fotos und Abbildungen dieses Buches sind dem Archiv der Autorin entnommen.

Unter **www.friedrich-verlag.de** finden Sie Materialien zum Buch als Download.
Bitte geben Sie den achtstelligen Download-Code in das Suchfeld ein.

DOWNLOAD-CODE: **d31028tg**

Hinweis:

Das Download-Material enthält Arbeitsblätter mit problemhaltigen Textaufgaben für die Klassen 1–4, die Sie bei der Vorbereitung Ihres Unterrichts unterstützen.

Durch den Kauf dieses E-Books (ISBN 978-3-7727-1029-2) haben Sie das Recht erworben, das ergänzende Download-Material in Ihren derzeitigen und zukünftigen Lerngruppen und Klassen einzusetzen und zu vervielfältigen. So können Sie etwa einzelne Seiten ausdrucken und verteilen oder mit Beamer oder Whiteboard verwenden.

Was Sie **nicht** dürfen:
- das Download-Material oder Teile davon an Kolleginnen und Kollegen weitergeben.
- das Download-Material oder Teile davon in Netzwerke einstellen, wie etwa Schulserver oder Cloud-Systeme, sodass Kolleginnen und Kollegen darauf Zugriff erhalten.
- die Lizenzinformation und Quellenhinweise auf dem Download-Material entfernen.
- bei einer Bibliotheksausleihe des Buches das Download-Material herunterladen.

Bitte tragen Sie im Sinne dieser Lizenz dazu bei, dass wir weiterhin digitales Ergänzungsmaterial für Lehrerinnen und Lehrer bereitstellen können. Der Verlag behält sich dabei vor, auch gegen urheberrechtliche Verstöße vorzugehen.

Die Autorin und die Autoren sowie der Verlag wünschen Ihnen viel Erfolg bei der Nutzung der Materialien!

Haben Sie Fragen zum Download? Dann wenden Sie sich bitte an den Leserservice der Friedrich Verlags GmbH. Schreiben Sie uns oder rufen Sie uns an!

Sie erreichen unseren Leserservice
Montag bis Donnerstag von 8 – 18 Uhr
Freitag von 8 – 14 Uhr
Tel.: 0511/40004-150
Fax: 0511/40004-170
E-Mail: leserservice@friedrich-verlag.de

Wir freuen uns über Ihre Rückmeldung und helfen Ihnen gerne weiter!